主 编

龙卫球

副主编

周学峰　赵精武

撰稿人

崔馨元　程　喆　杜丰贝　邓　辉　丁金钰　杜吾青
葛　迎　何傲翾　何　波　侯晨亮　韩富鹏　侯慧芳
黄尹旭　金骑锋　姜　文　林北征　刘　欢　林洹民
李　游　雷志富　雷震文　马　宁　裴　炜　沈　达
田　申　严少敏　魏露露　王　琦　吴　玄　王　旭
王修齐　徐玖玖　谢　琳　徐　实　袁　康　张浩然
张建悦　周瑞珏　张玉涛

ZHONG HUA REN MIN GONG HE GUO
GERENXINXI BAOHUFA SHIYI

中华人民共和国
个人信息保护法
释　义

章节导读　逐条释义　实务指导

龙卫球 ◎ 主编

中国法制出版社
CHINA LEGAL PUBLISHING HOUSE

前 言

2021年8月20日第十三届全国人民代表大会常务委员会第三十次会议正式通过了《中国人民共和国个人信息保护法》（以下简称《个人信息保护法》），标志着我国在网络与信息法治领域迈入了一个新的历史阶段。《个人信息保护法》是互联网与大数据时代和普通民众关系最为密切的一部法律。尽管个人信息自古以来就客观存在，但是，其作为一种社会观念，真正受到人们重视则是在20世纪后半期随着计算机技术应用于信息处理领域之后才开始的，特别是随着互联网、大数据和人工智能等现代信息技术的广泛应用，个人信息得以以非常低的成本进行大规模处理、传输和分析，个人信息的价值通过数据挖掘和商业应用得以显现，个人数据成为发展数字经济的重要要素，与此同时，在个人信息利用领域也出现了许多乱象，个人信息的过度收集、非法获取、非法交易、泄露、滥用等现象屡禁不止，个人信息保护日益成为社会各界关注的社会问题。

《个人信息保护法》是我国在个人信息保护领域的基本法。在《个人信息保护法》颁布之前，我国已有一些法律、法规、规章、规范性文件和标准对个人信息保护问题予以规定。例如，在法律层面，有全国人大常委会《关于加强网络信息保护的决定》《网络安全法》《电子商务法》《消费者权益保护法》《民法典》《数据安全法》和《刑法》等；在行政法规层面，有《征信业管理条例》；在规章层面，有《电信和互联网用户个人信息保护规定》《儿童个人信息网络保护规定》；在规范性文件方面，有《常见类型移动互联网应用程序必要个人信息范围规定》；在标准层面，有《信息安全技术公共及商用服务信息系统个人信息保护指南》《信息安全技术 个人信息安全规范》等。但是，上述法律、法规、规范性文件和标准，或因其规定得过于抽象和宽泛而缺乏可操作性，或因其立法位阶较低而缺乏权威，或因其仅关注个人信息保护的某一方面而欠缺全面性。因此，社会各界一致呼吁立法机关制定一部全面、权威的《个人信息保护法》，作为个人信息保护领域的一般法。关于《个人信息保护法》在我国法律体系中的定位，在立法过程中曾存在一定的争议。最终正式颁布的《个人信息保护法》第1条开宗明义地明确规定："根据宪法，制定本法。"基于此，可以认为，《个人信息保护法》系立法机关为了保护公民的基本权利而制定的法律，从而奠定了该部法律在个人信息保护领域的基本法地位。由于个人信息保护涉及各个行业和社会生活的方方面面，在《个人信息保护法》出台之后，仍可能会有许多相关的法律、法规、规章出台，用来规范某一特定领域的个人信息保护问题，因此，我国未来的个人信息保护法律制度体系应当以《个人信息保护法》为统领，由若干部相关法律、法规和规章共同组成。

《个人信息保护法》具有非常宽泛的适用范围。第一，从个人信息的定义来看，其既包括以电子方式记录的个人信息，亦包括以其他方式记录的个人信息，从而将传统以纸质方式或其他线下方式处理个人信息的活动纳入《个人信息保护法》的规制范围；不同于先前颁布的《网络安全法》《民法典》等法律将个人信息界定为可识别特别自然人身份的信息，《个人信息保护法》将个人信息界定为"与已识别或者可识别的自然人有关的各种信息"，从而实现了"从信息到特定人"和"从特定人到信息"过程的覆盖。值得注意的是，《个人信息保护法》有意区分了匿名化信息与去标识化信息，前者不属于个人信息，而后者仍在个人信息的涵盖范围内。第二，作为《个人信息保护法》规范对象的个人信息处理活动，覆盖了个人信息处理的全过程，包括个人信息的收集、存储、使用、加工、传输、提供、公开、删除等。第三，作为《个人信息保护法》保护对象的个人信息权益，与我国《宪法》所规定的公民基本权利具有密切联系，因此，不能简单地理解为《民法典》规定的民事权益，实际上，《个人信息保护法》所赋予公民的个人信息权益的类型和内涵较《民法典》中的相关规定更为宽广和丰富。第四，作为《个人信息保护法》义务主体的个人信息处理者，立法者将其表述为“在个人信息处理活动中自主决定处理目的、处理方式的组织、个人”。这意味着，其不仅包括各类企业、事业单位、社会组织等主体，国家机关亦包括在内，国家机关的个人信息处理活动亦受《个人信息保护法》的规制。第五，《个人信息保护法》不仅适用于域内的个人信息处理活动，对于域外处理中国境内自然人个人信息的活动，如果其以向境内自然人提供产品或者服务为目的，或分析、评估境内自然人的行为，或具有法律、行政法规规定的其他情形的，亦具有域外适用效力。此外，《个人信息保护法》还以专门章节规定了个人信息跨境提供的规则。在我国国内法中明确规定其具有域外适用效力的法律尚不多见。《个人信息保护法》具有域外适用效力，与网络空间超越国界、对个人信息可以远程处理等因素具有密切关联，旨在为我国公民提供周延的保护。

《个人信息保护法》是一部具有明显的规制法色彩的法律。从《个人信息保护法》的结构来看，除总则以外，“个人信息处理规则”被置于各分章之首，位于个人权利和个人信息处理者的义务之前；从实质内容来看，“个人信息处理规则”一章处于核心地位，后面章节中的许多内容都是建立在第二章所规定的制度基础之上，或经常援引第二章中的相关内容。从第二章“个人信息处理规则”的具体规定来看，其较为详细地规定了个人信息的收集、存储、使用、提供、公开、自动化决策等处理规则。立法者以第二章的内容为基础通过第五章“个人信息处理者的义务”和第六章“履行个人信息保护职责的部门”的具体规定，建立起一套完整的关于个人信息处理的规制体系和监管体系。

《个人信息保护法》对个人信息处理规则的具体规定填补了先前相关立法中的不完善之处。例如，我国《民法典》虽然规定了与个人信息保护相关的民事权益，但是，许多法条都属于不完全法条，多处提到了不得违反“法律、行政法规的规定”或“法律、行政法规另有规定的除外”，而《个人信息保护法》中的具体规定恰好可以填补上述立法中的空白之处，也便于《个人信息保护法》与先前已颁布的相关法律之间的衔接。

就个人信息处理规则而言，《个人信息保护法》的一大亮点在于，其为个人信息处理者处理个人信息提供了多元的正当性途径。在《个人信息保护法》颁布之前，许多法律、法规，如《网络安全法》第41条，均将征得被收集者同意作为收集个人信息的必要前提条件。《个人信息保护法》第13条为个人信息处理者处理个人信息提供了七种合法途径，而“取得个人的同意”仅是其中之一。该规定较好地平衡了保护个人信息与促进个人信息合法利用，以及维护公共利益之间的关系。该法的另一个亮点在于其对于自动化决策作出了专门规定，从而有利于规制人工智能等新兴信息技术在个人信息处理领域的应用。第一，《个人信息保护法》从整体上要求个人信息处理者保证自动化决策的透明度和结果的公平、公正，并进一步特别要求，个人信息处理者不得对个人在交易价格等交易条件上实行不合理的差别待遇，旨在回应社会公众反映强烈的“大数据杀熟”的问题；第二，个人信息处理者利用个人信息进行自动化决策，应当事前进行风险评估，并予以记录；第三，立法有意区分了利用个人信息进行自动化的商业营销、信息推送行为与利用个人信息通过自动化决策方式做出对个人权益有重大影响的决定行为，并分别赋予受影响的个人以不同性质的权利。对于前者，立法者要求其同时提供不针对其个人特征的选项，或者向个人提供拒绝的方式，从而将决定权交给受影响的个人，其目的不仅在于保护个人信息，也有利于解决营销误导和“信息茧房”的问题；对于后者，立法者赋予个人请求个人信息处理者予以说明的权利和个人拒绝权，其目的在于增强算法的透明度、强调处理程序的正当性，并赋予受影响的个人以救济的权利。

我国《个人信息保护法》所建立的个人信息保护的监管体系，不同于欧盟集中统一的监管体系，而是基于中国现实情况而设计的具有中国特色的统分相结合的监管体系。依照该法第60条规定，国家网信部门负责统筹协调个人保护工作和相关监督管理工作，同时，国务院有关部门在各自法定职责范围内负责个人信息保护和监督管理工作。

《个人信息保护法》是一部彰显互联网时代权利保护的法律。从表面看，《个人信息保护法》保护的对象是个人信息，实质上，其保护的是个人信息背后的个人信息权益。在全国人大常委会对《个人信息保护法草案（三次审议稿）》进行审议时，全国人大宪法和法律委员会在关于《个人信息保护法草案》修改情况的汇报中提到："我国宪法规定，国家尊重和保障人权，公民的人格尊严不受侵犯，公民的通信自由和通信秘密受法律保护。制定实施本法对于保障公民的人格尊严和其他权益具有重要意义。"① 由此可以看出，《个人信息保护法》所保护的个人信息权益与宪法所规定的公民基本权利具有密切关系。《个人信息保护法》的方方面面都体现了对公民基本权利的尊重与保护，特别是该法以专门的章节对国家机关处理个人信息的规则作出了规定，明确宣布国家机关处理个人信息的活动适用《个人信息保护法》。

第一，《个人信息保护法》，对公民人格尊严的尊重，体现在其对个人信息权益采取严格保护的立法态度上，其要求个人信息处理者在处理个人信息时应当遵循比例原则，要求其具有明确、合理的目的，并应当与处理目的直接相关，采取对个人权益影响最小的方式。同时，对收集个人信息采取严格限制的政策，强调其应当限于实现处理目的的最小范围，禁止过度收集个人信息。在公共场所安装图像采集、个人身份识别设备，应当为维护公共安全所必需。

第二，在规定个人信息处理规则时，将"告知—同意"作为一项核心原则贯穿始终，赋予个人对其个人信息处理的决定权，立法明确要求：个人信息处理者在处理个人信息之前应当先行尽到充分告知的义务并取得个人同意，并且，允许个人撤回同意；重要事项发生变更的，应当重新取得个人同意；不得以个人不同意为由拒绝提供产品或者服务。

第三，《个人信息保护法》赋予个人对其个人信息处理的多项具体权利，其包括：知情权；决定权；拒绝权；请求查阅和复制的权利；请求更

① 《全国人民代表大会宪法和法律委员会关于〈中华人民共和国个人信息保护法（草案）〉审议结果的报告》，载中国人大网，http：//www. npc. gov. cn/npc/c30834/202108a528d76d41c44f33980eaffe0e329ffe. shtml，2021 年 8 月 21 日访问。

正、补充的权利；请求删除的权利；请求解释、说明的权利等，从而给个人信息权益主体提供了周延的保护。

第四，《个人信息保护法》对人格独立、自由发展的维护，充分体现在对儿童（14岁以下的未成年人）个人信息的特殊保护方面。众所周知，儿童是互联网产品和服务的主要受众群体之一，而儿童时期是一个人人格发展的关键时期，为了防止儿童受到不良影响或侵害，《个人信息保护法》将儿童的个人信息作为敏感个人信息来对待，并要求个人信息处理者在处理此类个人信息时必须在事前进行风险评估。

第五，《个人信息保护法》对于利用个人信息进行自动化决策和信息推送的限制，对于保护公民的人格自由、维护人格尊严、保障公民的个人自主决定权、防止歧视亦有重要意义。

此外，立法还授权国家网信部门统筹协调有关部门针对人脸识别、人工智能等新技术、新应用，制定专门的个人信息保护规则、标准，有利于防范新技术、新应用给个人信息权益带来的损害风险。

《个人信息保护法》不仅是一部权利保护法，亦是一部权利救济法。由于个人信息一旦被个人信息处理者所收集，个人信息主体将在事实上失去对其个人信息的控制，诸如个人对个人信息的查阅、复制、更改、补充、删除等权利，都需要个人信息处理者予以配合。为了防止因个人信息处理者的不作为导致个人信息权利无法行使，《个人信息保护法》第50条第2款明确规定：个人信息处理者拒绝个人行使权利的请求的，个人可以依法向人民法院提起诉讼。立法还进一步规定，当个人信息权益遭受损害时，个人可以请求个人信息处理者承担损害赔偿等侵权责任。关于个人信息处理者承担损害赔偿责任应当适用何种归责原则，在《民法典》中未有明确规定，在《个人信息保护法》的立法过程中亦存在相关争议，最终，正式通过的《个人信息保护法》采用了过错责任推定原则。关于损害赔偿数额的确定，鉴于举证责任的困难，立法者采取了弹性的处理方法，允许法院根据实际情况确定赔偿数额。《个人信息保护法》并非单纯的私法，而是融合了公法规范和私法规范。因此，其为个人信息权益主体提供的救济方式并没有局限于私法救济，还规定了公法救济方式，其要求履行个人信息保护职责的部门应当建立投诉、举报机制，接受并及时处理与个人信息保护有关的投诉、举报，为受侵害的个人信息权益主体提供快捷的救济。

《个人信息保护法》采取了分类规制的方法。如前所述，《个人信息保护法》的适用范围非常宽泛，社会生活纷繁复杂，采用“一刀切”的方法显然是不适合的，因此，立法者采取了分类规制的方法。首先，立法将个人信息区分为一般个人信息与敏感个人信息，并对后者采取了更为严格的保护措施。其次，立法对个人信息处理主体采取了分类规制。个人信息处理主体可以区分为国家机关和国家机关以外的主体。前者因履行法定职责处理个人信息而具有特殊性，因而，在个人信息处理规则方面被特殊对待，如其原则上不适用征得个人同意的规则。

对于国家机关以外的个人信息处理者，立法者在设定其法律义务时亦进行了区分对待。第一，对于自然人因个人或者家庭事务处理个人信息的，可豁免适用《个人信息保护法》。第二，对于小型个人信息处理者，《个人信息保护法》虽然未明确予以豁免适用，但是，考虑到小型企业的特点，以及《个人信息保护法》的实施有可能给小型企业带来的合规成本，立法授权国家网信部门统筹协调有关部门针对小型个人信息处理者制定专门的个人信息保护规则、标准。第三，要求个人信息处理者设置专门的个人信息保护负责人是该法的亮点之一，但是，立法并未要求所有的个人信息处理者均设置该岗位，仅要求处理个人信息达到国家网信部门规定数量的个人信息处理者应当设置。第四，对于提供重要互联网平台服务、用户数量巨大、业务类型复杂的个人信息处理者，立法对其施加了额外的法律义务，如要求其成立主要由外部成员组成的独立机构对个人信息保护情况进行监督，并且，针对作为网络平台的属性，对于其制定相关的平台规则和实施平台强制措施也作出了针对性规定。

虽然《个人信息保护法》出台了，但是，个人信息保护的法律问题并未就此终结，我们仍然需要予以持续的关注：立法授权国家网信部门统筹协调有关部门制定个人信息保护具体规则、标准，对此，可拭目以待；

《个人信息保护法》与《刑法》《民法典》《网络安全法》《数据安全法》等法律之间的相互衔接与协调，亦需要在《个人信息保护法》实施之后予以解决。最后，也是最为重要的是，对《个人信息保护法》的解释，将会在法律适用的过程中不断得以明确。

为了帮助公众准确地理解《个人信息保护法》，我们组织国内的资深专家、青年学者编写了这一部释义，希望能够对《个人信息保护法》的贯彻实施有所帮助。尽管参与编写的各位作者都认真负责，但是，由于时间匆忙、水平有限，难免有疏漏之处，敬请读者指正和谅解。最后，感谢中国法制出版社的高效工作，特别是韩璐玮、王紫晶、吕静云、贺鹏娟编辑的辛勤付出，才使得本书得以面世。

目　　录

Contents

第六章 履行个人信息保护职责的部门

第七章 法律责任

第八章 附 则

第一章　总　　则

【导读】

本章规定的是个人信息保护的基本法律制度。全章共 12 个条文，分别规定了个人信息保护的立法目的和依据（第 1 条）、适用范围（第 2 – 3 条）、基本概念（第 4 条）、基本原则（第 5 – 10 条），以及国家促进个人信息保护的政策导向（第 11 – 12 条）。总则部分的内容对全法具有统领作用，一方面搭建出我国个人信息保护制度的总体框架，另一方面也体现出我国网络空间治理的整体思路。根据全国人大常委会法制工作委员会的说明，《个人信息保护法》的制定不仅为个人信息提供法律保障，同时也承担着促进数字经济健康发展、维护网络空间良好生态的重要功能。这一点也在总则第 1 条中有所体现，即强调“保护—规范—促进合理利用”三个目的相统一。总体而言，本章有以下几个方面的事项需要特别注意。

首先，关于《个人信息保护法》的立法依据，本法首先表明“根据宪法，制定本法”，此前《网络安全法》《数据安全法》等网络空间治理的重要法律文件均未采用此种表述，反映出的是国家对于个人信息保护的高度重视，是从公民人格尊严受法律保护等宪法性权利推导而出，无论是权利赋予、义务设定还是管理设置，其依据直接源于宪法。从这个角度讲，《个人信息保护法》具有较高的法律位阶，不应将其简单视为已有网络信息立法的下位法。同时，也正是基于个人信息与人格权益的紧密关系，《个人信息保护法》仅适用于自然人的个人信息，这也与《民法典》对于个人信息保护相关权益的定性和保护思路相一致。由此引发一个相关的问题，即在网络信息法的整体框架下，是否以及如何保护非个人信息。可以注意到的是，《个人信息保护法》与《数据安全法》采用了“信息”与“数据”这样不同的概念表述，因此对于非个人信息并不能直接划归到后者的框架之中。但对“非个人信息”的界定具有其重要性，一方面，非个人信息可能承载着除重要的人格权益以外的其他重要权益，特别是对于市场经营活动和社会治理活动而言，非个人信息往往承担重要作用；另一方面，非个人信息对于厘清个人信息边界、避免个人信息保护过度扩张同样具有重要意义，特别是在个人信息概念本身具有较为宽泛的外延且非个人信息易于转化为个人信息的背景下，明确二者各自适用的范围和规则有助于更好地实现本法“促进个人信息合理利用”的目的。

其次，关于《个人信息保护法》的空间适用范围，本法在确认适用于境内信息处理行为的同时，在一定程度上扩展了本法的域外适用效力，即适用于以向境内自然人提供产品或者服务为目的，或者为分析、评估境内自然人的行为等发生在我国境外的个人信息处理活动。这一范围与当前世界主要国家或地区的个人信息保护立法探索相类似，一方面是对网络空间弱地域性和数据全球范围流动特征的重要回应，另一方面也构成我国参与个人信息保护国际规则制定，推动与其他国家、地区、国际组织之间个人信息保护规则、标准互认的重要基础。对于境外的数据处理行为，其规制难点主要在于具体运行机制之上，对此本法也采用了目前国际社会的常见做法，即要求境外处理者在我国境内设立专门机构或指定代表，来处理个人信息保护相关事务（第53条）。对于本法的空间适用范围的理解存在两方面的挑战。第一是关于“境内”的理解，特别是需要明确“处理行为”发生在境内的具体含义，需要看到其既可能指向物理空间的行为，也可能指向虚拟空间的行为，二者所遵循的逻辑与适用的判断标准并不相同。第二是关于“法律、行政法规规定的其他情形”的理解，这一兜底性条款在适用时，应当采用与本法立法目的相一致的逻辑，以保护我国公民或境内非公民自然人的个人信息合法权益。

再次，关于《个人信息保护法》的适用对象，本法针对的是个人信息处理者的信息处理行为，对此需要特别注意两点。第一，“处理行为”涵盖的范围较广，一个行为只要作用于个人信息即可能落入本法规定的范围之中，而是否造成个人信息的变动或产生后续影响则在所不论。换言之，即便是单纯的个人信息存储行为，亦可能构成对个人信息的不当干预，进而引发相应的法律责任。需要注意的是，本法着重关注了个人信息收集、使用、加工、传输、买卖、提供或公开行为的合法性（第 10 条）。这一规定主要沿用了《民法典》第 111 条的表述，但需要看到的是，《个人信息保护法》所涉及的信息处理行为并不限于上述几种，特别是在最终正式公布的文本中特别增加了“删除”这一行为（第 4 条第 2 款），反映出的是立法者对于个人信息处理全方位、全流程、全环节的保护思路。从这个角度讲，不应当认为第 10 条限缩了本法规制的行为范围。第二，本法并不区分信息控制者与信息处理者，而是统一采用了信息处理者的概念，这是本法与欧盟《一般数据保护条例》等域外规则的重要区别，其反映出的是对于行为本身而非行为目的的关注，即只要出现了信息处理行为，不论该行为基于何种目的、是否为自己之利益而实施，均承担本法规定的各项个人信息保护义务。同时，本法进一步加强了委托个人信息处理的规制（第 21 条）。从这个角度来看，受托处理个人信息的主体将受到两方面的规制：其一是仍然构成信息处理者，因此承担本法规定的各项个人信息保护义务；其二是作为受托者，其同时受到委托合同的限制，并需要接受作为委托方的数据处理者的监督。

最后，关于个人信息保护的原则，本法强调处理个人信息应当遵循合法、正当、必要和诚信原则，具有明确、合理的目的并与处理目的直接相关，采取对个人权益影响最小的方式，限于实现处理目的的最小范围，公开处理规则，保证信息准确，采取安全保护措施等。上述原则自《网络安全法》颁布以来已经基本确立，本法更多的是对于既有原则的重申。上述原则的落实依赖于进一步的细化规则和标准，特别是对于“直接相关”、“最小范围”、保障个人信息安全的“必要措施”等关键概念予以明确，从而加强相关规则的可操作性。近年来，我国相继制定了一系列个人信息保护领域的司法解释、[1] 行政法规或规章、[2] 国家或行业标准[3]等，为明确个人信息处理行为的基本原则奠定了基础。

（撰稿人：裴炜）

第一条 【立法目的】为了保护个人信息权益，规范个人信息处理活动，促进个人信息合理利用，根据宪法，制定本法。

【释义】

本条明确了《个人信息保护法》的立法目的，即在保护个人信息权益的同时，促进个人信息的合理利用。一方面，当前社会实践的普遍状况是，各种非法收集、使用，甚至公开买卖、大规模泄露个人信息的事件常有发生，引发个人隐私侵害、电信诈骗等下游违法犯罪行为的情况屡见不鲜，因个人信息处理不当导致人民群众的人身权利和财产权利受到侵害的实例也日渐增多，本条规定实际上是法律对社会实践发展的及时回应，反映出社会主义法治不断满足人民日益增长的美好生活需求的特点。另一方面，随着近年来大数据、云计算、人工智能、移动互联网等新型科学技术的广泛运用，智能化、个性化的人类生活越来越离不开对个人信息数据的挖掘利用，促进个人信息合理使用成为法治回应科技发展的必然要求。本

---

① 例如 2021 年最高院《关于审理使用人脸识别技术处理个人信息相关民事案件适用法律若干问题的规定》、2018 年最高检《检察机关办理侵犯公民个人信息案件指引》、2017 年“两高”《关于办理侵犯公民个人信息刑事案件适用法律若干问题的解释》，以及“两高”相继发布的多件个人信息保护典型案例等。

② 例如 2021 年《常见类型移动互联网应用程序必要个人信息范围规定》、2019 年《互联网个人信息安全保护指南》、2019 年《儿童个人信息网络保护规定》、2019 年《App 违法违规收集使用个人信息行为认定方法》、2014 年《寄递服务用户个人信息安全管理规定》、2013 年《电信和互联网用户个人信息保护规定》等。

③ 例如《信息安全技术 个人信息安全规范》（GB/T 35273—2020）、《信息安全技术：个人信息安全影响评估指南》（GB/T 39335—2020）、《信息安全技术：个人信息去标识化指南》（GB/T 37964—2019）、《信息安全技术：移动智能终端个人信息保护技术要求》（GB/T 34978—2017）、《信息安全技术：公共及商用服务信息系统个人信息保护指南》（GB/T 28828—2012）、《网络安全标准实践指南：移动互联网应用程序（App）个人信息保护常见问题及处置指南》（TC 260—PG—20203A）等。

条规定旨在维护个人信息“权益保护”与“合理利用”之间的平衡，体现了法律上公正价值和效率价值的统一，立法目的呈现出多元化的特点。当然，个人信息“权益保护”与“合理利用”这两项根本立法目的，是辩证统一的关系，个人信息权益保护是首要的立法目的，个人信息合理利用则是次要的立法目的，两者相互补充、不可或缺。本条规定将“保护个人信息权益”置于“个人信息合理利用”之前，正是揭示了多元化立法目的之间的轻重权衡。

本条规定在《个人信息保护法草案（一次审议稿）》中表述为：为了保护个人信息权益，规范个人信息处理活动，保障个人信息依法有序自由流动，促进个人信息合理利用，制定本法。该草案二次审议时删去了“保障个人信息依法有序自由流动”的表述。缘何如此？个人信息能否自由流动？面对这些问题，立法者在二次审议时明显采取了更为谨慎的态度。事实上，个人信息能否自由流动不是一个绝对的问题，应当具体情况具体分析，笼统地声明个人信息允许自由流动是片面的，将其直接作为立法目的加以表达不甚恰当。笔者认为，个人信息能否自由流动的问题，至少涉及四个层面上的法益冲突：一是个体的个人信息自决权与信息处理者或占有者的商业利益之间的冲突，涉及人格权等问题；二是不同商业主体之间围绕个人信息下的经济利益冲突，涉及反不正当竞争、反垄断等市场竞争问题；三是个人或商业主体对个人信息的私有利益与社会公共利益之间的冲突，涉及个人信息监管等问题；四是个人信息跨境流动时的利益冲突问题，涉及国家安全与信息主权。因此，个人信息自由流动实际上牵扯了多方面的利益平衡问题，较为复杂、敏感，目前暂无统一且合理的意见。此时将“保障个人信息依法有序自由流动”写入立法目的，不仅容易造成人们对“个人信息保护”内涵的误解，而且可能会影响部分法律规范的正确实施。另外就表达方法而言，“保障个人信息依法有序自由流动”也可构成后文“促进个人信息合理利用”的部分内容，由“促进个人信息合理利用”进行笼统概括也不失为立法技术的良好展现。综上考虑，立法者将“保障个人信息依法有序自由流动”的表述予以删除，不仅进一步澄清了

《个人信息保护法》的立法目的，而且表现出审慎的立法态度与高超的立法技巧。

本条规定除删除“保障个人信息依法有序自由流动”的表述外，正式实施的《个人信息保护法》与二审稿相比，还加入了“根据宪法，制定本法”的表述，阐明了本法与宪法之间的内在联系，奠定了本法的正当性与合法性基础。这一表述在近年来同样涉及互联网数据处理的《网络安全法》《电子商务法》等法律中并没有出现，体现出《个人信息保护法》区别于其他相近法律的鲜明特点：作为宪法规定的公民基本权利的蔓连。个人信息受保护这一基本立场源于《宪法》第38条人格尊严条款，是公民基本人格权利的蔓连。自然人有权独立自主地处理包括个人信息在内的个人事务，是自然人的人格尊严之所在；个体的人格尊严产生了相应的人格权利，进一步分化衍生出个人信息保护权。同样地，我国2017年《民法总则》第五章“民事权利”与2020年《民法典》第四编“人格权”均规定“自然人的个人信息受法律保护”，再次确认了宪法之人格尊严、民法之人格权利与个人信息保护权之间的逻辑联系。

《个人信息保护法》增加“根据宪法”规定，除阐明宪法与个人信息保护法之间的内在联系外，对人们正确理解个人信息保护法的立法宗旨、掌握位于我国法律体系中的功能定位、促进个人信息平衡协同治理等具有重要意义。它表明，个人信息保护权源于人格尊严、人身权利，在权利位阶体系中具有重要地位，不管是商业主体出于合理利用的经济发展需要，还是行政机关出于依法履职的社会管理需要，在个人信息处理活动中，维护人的尊严和自主性都应处于首要位置。个人信息保护法不是规范部分主体个人信息处理活动的普通法律，而是起源于宪法、承接自民法，用以保护人格尊严、人格权利的基本法律，是同时具有公法与私法属性的社会性法律。最终，建立起宪法与个人信息保护法、人格尊严与个人信息保护权之间的联系，可能意味着同时建立起个人利益与社会利益之间的联系，任何个人信息处理活动均需权衡个人权利与社会公益，开启个人与社会协同治理的新型个人信息保护模式。综上而言，加入“根据宪法”规定，不仅使个人信息保护法成为保护人民利益的法律，而且成为增进社会共同福祉的法律。

充分理解本条规定，要点在于理解个人信息“权益保护”与“合理利用”之间的辩证关系；而准确适用本条规定，要点也在于权衡和处理好个人信息“权益保护”与“合理利用”之间的矛盾关系，在个人权益与社会公益之间取得平衡。本条规定开宗明义，基本奠定了全篇个人信息保护法的格局，即以权益保护为主、合理利用为辅的个人信息治理模式。在理解个人信息保护法其余的规定时，不可遗忘该立法目的；从目的解释出发，将有助于诸条规定的正确实施，有助于个案正义的精准维护。

【关联规定】

《中华人民共和国宪法》第 58 条，《中华人民共和国民法典》第 1034 条

（撰稿人：赵精武、张建悦）

第二条　【个人信息受法律保护】 自然人的个人信息受法律保护，任何组织、个人不得侵害自然人的个人信息权益。

【释义】

本条开宗明义地宣示了个人信息受法律保护、个人信息权益不受侵害的基本原则，奠定了整部《个人信息保护法》的规范基础和逻辑起点。个人信息保护是世界各国高度关注的问题，在我国历来也受到高度重视。继 2012 年 12 月 28 日第十一届全国人民代表大会常务委员会第三十次会议通过全国人民代表大会常务委员会《关于加强网络信息保护的决定》之后，2013 年修订的《消费者权益保护法》、2017 年施行的《网络安全法》、2019 年施行的《电子商务法》以及 2021 年施行的《民法典》均对个人信

息保护作出了规定。《个人信息保护法》以专门立法的形式作出系统性具体规范，并提纲挈领地重申了个人信息保护的原则。

随着信息技术的发展和信息社会的到来，个人信息的收集、存储、加工、使用和传输能够以更加便捷高效的手段实现，这在给社会带来巨大便利的同时也给个人信息保护带来了巨大的挑战。通过个人信息可以识别自然人的身份隐私、财产状况、兴趣偏好以及其他敏感信息，个人信息的过度收集、不当使用、随意公开甚至非法转卖，都严重威胁着公民的财产利益和人格权益。将个人信息纳入法律保护，规范个人信息处理活动，确保个人信息权益不被侵犯，既是维护信息时代社会秩序的必要手段，也是保护私权的应有之义。

首先，本条的表述既是《民法典》第111条、第1034条“自然人的个人信息受法律保护”之规定的继承与延续，也是对个人信息法律保护模式的正本清源和体系拓展。在《民法典》的立法过程中，对于个人信息保护的规定一直存在“民事权利说”和“民事利益说”两种不同的看法。理论界有学者认为自然人对个人信息享有“个人信息权”，并将其视为一种新型的具体人格权。[①] 但是最终《民法典》仅规定“自然人的个人信息受法律保护”，没有将个人信息上升为一项民事权利，而是将其定位为一种受保护的人格权益予以规范。[②] 即从《民法典》的规定来看，自然人对其个人享有的是一种人格权益，而非公法上的权利。[③]《个人信息保护法》作为特别法并未对此进行突破，没有直接规定个人信息权，而是直接沿用了《民法典》中“自然人的个人信息受法律保护”的表述，并且明确了“个人信息权益”的概念，可以视为一种继承与延续。但是从《个人信息保护法》的立法定位来看，其在义务主体、调整范围和执行机制等方面均

---

① 参见王利明：《论个人信息权在人格权法中的地位》，载《苏州大学学报（哲学社会科学版）》2012年第6期；张里安、韩旭至：《大数据时代下个人信息权的私法属性》，载《法学论坛》2016年第3期。

② 申卫星：《大数据时代个人信息保护的中国路径》，载《探索与争鸣》2020年第11期。

③ 参见程啸：《论我国民法典中个人信息权益的性质》，载《政治与法律》2020年第8期。

超越了《民法典》对个人信息作为私法权益的保护模式，[①] 而是以兼具公法属性和私法属性的制度规范对个人信息予以直接且具体的保护。虽然《个人信息保护法》依然未直接确认个人信息权，但通过个人信息处理规则、个人在个人信息处理活动中的权利、个人信息处理者的义务等规范明确了个人信息处理中相关主体的行为模式和法律后果，从而能够确保自然人的个人信息权益不受侵犯。

其次，本条将个人信息保护的范围限定为自然人。个人信息概念中的"个人"即是指自然人，从语义上即将法人和非法人组织排除在外。尽管法人和非法人组织也会存在各种信息，如工商登记信息、经营信息、财务信息、技术信息等，但其中大部分信息都属于依法应予公开或自身就有必要公开的信息，例如企业的相关信息均可在企业信用信息公示系统中公开查询，公众和其他主体可以处理已进入公共领域的相关已公开信息。即便相关主体的有些信息如技术信息、客户名单等无需公开甚至相关主体采取了保密措施的可能也有受侵害之虞，但都可以通过商业秘密保护等既有规范体系予以保护，而无需将其纳入《个人信息保护法》的范畴。另外，个人信息权益属于人格权益，且为自然人所享有的具体人格权益，《民法典》并未承认法人和非法人组织也享有个人信息权益。从个人信息保护的规范意旨来看，法律对个人信息的保护旨在避免专属于自然人的人身自由、人格尊严等人格权益受到侵害。将法人和非法人组织纳入个人信息保护的范畴既不现实，也无必要。

再次，"任何组织、个人不得侵害自然人的个人信息权益"强调的是法律对个人信息权益的普遍性保护，即禁止任何权利/权力属性的主体以任何理由对自然人的个人信息权益实施不法侵害。在现实中，自然人参与社会活动或使用相关主体提供的产品或服务时需要提供个人信息，这些个人信息的提供是否必要、个人信息是否可以收集和存储、个人信息将在何种程度和多长期间被使用、个人信息是否会被提供给第三方等，往往超出

① 参见周汉华：《个人信息保护的法律定位》，载《法商研究》2020年第3期。

了自然人知悉和控制的范畴，从而会损害自然人的个人信息权益。保护个人信息，必须要对加害个人信息权益的行为予以禁止。一方面，任何性质的组织和个人都不得侵害个人信息权益。不论是政府这样的公权力主体，还是社会组织这样的团体权力主体，以及企业、个人这样的私权利主体，都不得超出法律规定的限度，以履行职权、提供服务或其他理由侵害个人信息权益。另一方面，任何组织和个人既不能公开地侵害个人信息权益，也不得暗地私下侵害个人信息权益。禁止明目张胆地公开实施加害行为自不待言，以不为个人信息权益主体所知悉的方式和手段暗地私下地实施加害行为也必须予以禁止。在大数据时代，个人信息数据的处理通常具有较强的隐蔽性，这就导致自然人对其个人信息权益加害行为的感知不足，但这并不能成为放任这种违法加害行为的理由，只要是发现存在侵害个人信息权益的行为，都应该予以坚决禁止并要求加害主体承担相应的法律责任。再一方面，任何组织和个人都不能基于其优势地位强制或者诱导自然人让渡或放弃个人信息权益。实践中大量存在有些主体借助其与作为规制对象或服务对象的自然人之间的不对等地位，要求自然人超出必要范围提供个人信息或者对个人信息处理进行概括授权的现象，如 App 在隐私协议中设置霸王条款，若用户不概括同意即拒绝提供服务，同时也存在有些主体在个人信息处理授权中采用模糊性表达或者不突出显示的方式诱导缺乏相关知识和意识的用户进行盲目授权的现象。这些行为都构成了对个人信息权益的侵害。

最后，本条规定是个人信息保护的原则性规定，构成了个人信息保护的“一般条款”。从立法体系上看，本条规定是整部《个人信息保护法》的核心意旨和基本原则，《个人信息保护法》中相关规范都是围绕本条规定所作的具体设置，其目的均为对个人信息提供充足且有力的法律保护。从法律适用上看，本条规定可以作为一般条款为个人信息的法律保护提供底线支撑。不得否认，立法的滞后性与侵害个人信息权益行为的不可预见性之间存在矛盾，随着时代的发展以及技术的变迁，未来社会将出现何种形式的侵害个人信息权益的行为并不总是能够完全地提前预判。当《个人信息保护法》中的具体规范不足以有效规制侵害个人信息权益的行为时，本条规定可以发挥其原则性和灵活性的优势，结合司法机关和执法机关的自由裁量权，通过其适用为个人信息保护筑起最后一道防线。

【关联规定】

《中华人民共和国民法典》第 111 条、第 1034 条

（撰稿人：袁康）

第三条　【适用范围】在中华人民共和国境内处理自然人个人信息的活动，适用本法。

在中华人民共和国境外处理中华人民共和国境内自然人个人信息的活动，有下列情形之一的，也适用本法：

（一）以向境内自然人提供产品或者服务为目的；

（二）分析、评估境内自然人的行为；

（三）法律、行政法规规定的其他情形。

【释义】

本条规定了我国《个人信息保护法》的适用范围，也从侧面明确了我国对个人信息处理活动的管辖原则。本条第 1 款确立了明确的“属地原则”，即在我国境内进行的个人信息处理活动，均适用《个人信息保护法》。而本条第 2 款则可以被认为确立了一种“异化”的“属人原则”，即在特定情形下，针对位于我国境内的自然人进行的个人信息处理活动，也适用《个人信息保护法》，这些情形具有典型的“目的性”或“针对性”，主要包括“以向境内自然人提供产品或服务为目的，以及分析、评估境内自然人的行为”。

本条与欧盟《一般数据保护条例》（GDPR）第 3 条的规定[①]相似，但却更具创新性，法律适用的延展度更强，行为规制的效果也更为周延，在适用时需要特别注意以下几点规范性细节：

第一，本条第 1 款摒弃了 GDPR 第 3 条第 1 款中关于“设立地原则”的限制，并不要求个人信息处理者在我国境内拥有设立（establishment）的“实体”（例如中国公司、分公司或其他代理机构）。为此，包括我国和外国的所有个人和组织，只要在我国境内进行了针对自然人的个人信息处理活动，都应当适用我国的《个人信息保护法》，这大大简化了 GDPR 关于“适格数据控制者和处理者”烦琐而模糊的认定过程，使法律适用更具有确定性和便利性。

第二，本条第 1 款对于接受个人信息处理的自然人没有地域限制，也就是说，该自然人既可以位于我国境内，也可以位于我国境外（这一点需要注意和本条第 2 款的区分）。这可能产生非常极端的法律适用情况，例如位于 A 国的企业在我国境内存储和处理位于 B 国的自然人的个人信息（这一场景在云服务业务中极为常见）。为此，本条第 1 款可以被认为建立了非常清晰的“行为地原则”，即只要个人信息处理活动发生于我国境内，就均需要适用我国的《个人信息保护法》，而不论个人信息处理者和自然人与我国是否存在法律意义上的“关联性”。

第三，本条第 2 款是对第 1 款适用原则的例外补充，事实上明确了我国《个人信息保护法》的域外适用效力。通常，一国法律的适用范围应当以本国的司法管辖区为限，这是国家主权原则的必然要求。但在基于“属人管辖”、“保护管辖”或“普遍管辖”等一些特殊法益诉求下，一国法律的适用范围便可能有所突破。具体到本款规定，我国《个人信息保护

---

① GDPR 第 3 条第 1 款规定，本条例适用于设在（establishment）欧盟境内的数据控制者和处理者所进行的个人数据处理活动，而不论该处理活动是否发生在欧盟境内。

第 2 款规定，当数据处理活动涉及以下情形时，本条例适用于非设立于欧盟境内的数据控制者或处理者对位于欧盟境内的数据主体的个人数据所进行的数据处理活动：

（a）为欧盟境内的数据主体提供货物或服务，而不论数据主体是否被要求付费；

（b）对数据主体在欧盟境内的行为进行监控。

法》的域外适用需要满足三个前提条件：一是个人信息处理活动发生在我国境外；二是接受个人信息处理的自然人位于我国境内；三是个人信息处理活动需要具备明确的“目的性”或“针对性”。

第四，在适用本条第2款时，需要特别注意对个人信息处理活动“目的性”或“针对性”的理解和把握。事实上，在通过“目的性”或“针对性”标准判断我国《个人信息保护法》的适用效力时可能会受到非常明显的挑战。例如，在通常情况下，发生个人信息处理活动时（典型的如前期个人信息的收集），提供产品和服务以及分析、评估自然人行为的活动往往并没有同步发生，那么，在“行为”和“目的”之间建立关联性可能就变得非常困难，这需要对个人信息处理者主观性进行认定。GDPR在序言中同样表达了这种担忧，认为确定数据控制者或处理者是否向欧盟境内的数据主体提供产品或服务，应当判定其是否“显然意欲为之”，但这可能因个案而有所不同。例如，可在欧盟境内访问数据控制者和处理者的网站、电子邮箱或使用数据控制者所在国家的常用语言，都不足以判定这种意图；但如果适用欧盟成员国的常用语言或货币，或者提及欧盟境内的数据主体，则可能会明显表明此种意图。欧盟数据保护委员会（EDPB）同样在3/2018号指南①中确认了这种复杂性，并对如何判定“为欧盟境内的数据主体提供产品或服务”给出了更为细致的建议②。同时，EDPB强调，单独考虑上述某一因素也并不足以明确表明数据控制者或处理者的意图，在具体分析中需要多因素综合考虑。为此，在我国《个人信息保护法》的域外适用时，需要首先辨明个人信息处理活动与“涵盖情况”之间

---

① GDPR适用范围指南（Guidelines 3/2018 on the territorial scope of the GDPR）。

② 针对如何判定“为欧盟境内的数据主体提供产品或服务”，可以综合考虑以下因素：（1）产品或服务提供时提及了欧盟或至少一个成员国；（2）数据控制者或处理者向搜索引擎服务商支付费用，以方便欧盟消费者访问其网站；或者控制者或处理者针对欧盟国家的消费者发起了营销和广告活动；（3）有关活动具有国际性质，如某些旅游活动；（4）提及欧盟国家的专用地址或电话号码；（5）使用顶级域名，而非控制者或处理者所在第三国的域名，如“.de”，或使用中性顶级域名，如“.eu”；（6）从一个或多个其他欧盟成员国到提供服务地点的旅行指示说明；（7）提及由居住在不同欧盟成员国的客户组成的国际客户；（8）使用非交易商所在国的通用语言或货币，尤其是使用一个或多个欧盟成员国的语言或货币；（9）数据控制者在欧盟成员国提供货物交付。

的关联性。此外，我国《个人信息保护法》对于“涵盖情况”还设置了兜底条款（法律、行政法规规定的其他情形），使域外适用效力更加具有弹性，能够在法律的稳定性和数字经济发展的巨大变动性之间形成相对稳定的协调关系，并与我国《网络安全法》和《数据安全法》等重要立法之间实现衔接。在数据跨境“常态化”的态势下，这能够最大限度地保障我国境内自然人的个人信息合法权益。

第五，本条对于“自然人”没有作出限定，其是否专指我国公民目前尚不明确，这也会影响我国《个人信息保护法》的适用范围。典型的如，在我国境外针对位于我国境内的外国公民的个人信息进行处理，是否可能适用我国《个人信息保护法》？笔者认为，基于《个人信息保护法》对个人信息权利的尊重和保护意愿，其在一定程度上体现了国家个人信息保护的能力和水平。既然本条未使用“我国公民”的表述，那么就意味着我国《个人信息保护法》希望实现一种平等保护的状态，“自然人”不仅包括我国公民，也包括外国公民。为此，笔者在上述表达中将其称为一种“异化”的属人原则。事实上，GDPR 也秉承相同的保护理念，其在序言第 14 条中明确阐述道，本条例提供的保护应适用于自然人，无论其国籍或居住地如何。[①] 当然，这也会引发一些特殊场景的适用探讨，例如，个人信息处理者在我国境外对在我国临时过境或短期停留（例如旅游）的外国公民的个人信息进行处理，是否仍然有必要适用我国《个人信息保护法》。

第六，在适用本条时需要注意到《个人信息保护法》附则中的除外适用情形，自然人因个人或者家庭事务处理个人信息的，不适用本法。法律对各级人民政府及其有关部门组织实施的统计、档案管理活动中的个人信息处理有规定的，适用其规定。

---

① See GDPR Whereas（14），https：//eurlex. europa. eu/legalcontent/EN/TXT/PDF/？ uri = CELEX：32016R0679&from = en.

【关联规定】

本法第 1 条，《中华人民共和国电子商务法》第 2 条，《电信和互联网用户个人信息保护规定》第 2 条，《网络交易监督管理办法》第 2 条

（撰稿人：马宁）

第四条 【个人信息的概念】 个人信息是以电子或者其他方式记录的与已识别或者可识别的自然人有关的各种信息，不包括匿名化处理后的信息。

个人信息的处理包括个人信息的收集、存储、使用、加工、传输、提供、公开、删除等。

【释义】

本条第 1 款是关于“个人信息”的界定，此款规定对此前我国相关立法规范中[①]的“个人信息”概念进行了重大改良，将个人信息的认定标准从“识别说”转向“关联说”。

我国此前主要采取“识别说”理论来界定“个人信息”，即只有相关信息能够直接或间接（与其他信息相结合）识别特定自然人，才被认定为

---

① 在《个人信息保护法》之前，我国已经有多部立法和标准对“个人信息”进行过界定，典型的如：我国《民法典》第 1034 条规定，个人信息是以电子或者其他方式记录的能够单独或者与其他信息结合识别特定自然人的各种信息，包括自然人的姓名、出生日期、身份证件号码、生物识别信息、住址、电话号码、电子邮箱、健康信息、行踪信息等。我国《网络安全法》第 76 条第 5 项规定，个人信息，是指以电子或者其他方式记录的能够单独或者与其他信息结合识别自然人个人身份的各种信息，包括但不限于自然人的姓名、出生日期、身份证件号码、个人生物识别信息、住址、电话号码等。我国《个人信息安全规范》（尽管该规范只属于推荐性标准，并无法律意义上的规范性和强制力，但在相当长的《个人信息保护法》缺位期间内，该规范普遍被作为个人信息保护执法和个人信息安全遵从的重要依据，具有很强的参照性）规定，个人信息是指，以电子或者其他方式记录的能够单独或者与其他信息结合识别特定自然人身份或者反映特定自然人活动情况的各种信息。个人信息包括姓名、出生日期、身份证件号码、个人生物识别信息、住址、通信通讯联系方式、通信记录和内容、账号密码、财产信息、征信信息、行踪轨迹、住宿信息、健康生理信息、交易信息等。

个人信息。但我国《个人信息保护法》则采取了“关联说”理论，即只要相关信息与已识别或者可识别的自然人相关，就被认定为个人信息。其二者之间的认定逻辑存在本质区别：在此前的“识别说”规定中，是由信息“推至”个人，“识别”是对信息的限定，即只有通过目标信息能够识别出特定个人，才被认定为个人信息。而在本条规定的“关联说”中，则是由个人“推至”信息，“识别”是对个人的限定，即只要个人是明确而特定的——并不一定是通过目标信息识别的——则该目标信息如果与该个人相关，仍然会被认定为个人信息。

举个简单的例子，在“识别说”的场景下，即便同其他信息相结合，仅通过个人所使用的设备标识符（尽管其具有唯一性）也很难识别出该个人（简单来说就是不知道这个设备的使用者是谁），那么该设备标识符实际上就不可能称为个人信息。但在“关联说”的场景下，即便设备标识符本身并不能识别出（包括直接和间接）使用者，但如果该使用者是明确而特定的（具有特定的社会身份属性），则该设备标识符因与使用者存在关联性（曾经使用过），也会被认定为个人信息。

可见，本条确立的“关联说”远比此前沿用的“识别说”具有更广泛的个人信息保护范围。在理论上，现代社会的任何个人都是“已识别”或“可识别的”（如通过身份管理制度），那么所有与该个人相关的信息都将被认定为个人信息。这是个人信息处理者需要特别注意的一点，《个人信息保护法》语境下的个人信息不再仅仅强调信息本身的“识别性”，而是关注与个人之间的“关联性”。

此次我国《个人信息保护法》对于“个人信息”概念的调整无疑扩大了以往个人信息保护的范围，强化了个人信息保护力度。这一举措也与国际个人信息保护的实践趋势保持一致①，更有利于保障我国公民的个人信息相关合法权益。

此外，个人信息处理者还需要关注个人信息的法定表现形式，本条基

① 例如，欧盟《一般数据保护条例》（GDPR）规定，个人数据是指与已识别或者可识别的自然人（数据主体）相关的任何数据。

本沿用了我国此前相关立法规范中的规定，明确个人信息包括“电子或者其他方式”，这意味着个人信息的范围不仅仅局限于以二进制代码为表征的数据电文等形式，还囊括了传统资料文档等非电子形式。对于各种形式的个人信息，信息处理者都需要附加必要的保护注意义务，采取对应相关信息形式的保护措施（例如封装）。

同时，本条对“个人信息”的范围也进行了除外规定，明确“匿名化处理后的信息”不属于个人信息①。根据《个人信息保护法》附则第73条第4项的规定，匿名化，是指个人信息经过处理无法识别特定自然人且不能复原的过程。据此，我国的“匿名化”强调两个关键要素：一是“无法识别”；二是“不能复原”。所谓“无法识别”，是指采取特定的技术措施“割裂”信息与个人之间的关联性，使其不再具有法定的个人信息认定属性，不再属于个人信息，并“豁免”适用相关保护规则。而所谓“不能复原”，是指匿名化信息需要维持这种“不可识别”的状态，并无法逆转地改变这种状态。

需要注意的是，尽管本条中没有进行特别说明，但匿名化信息的“不可识别性”和“不可复原性”应被理解为针对不特定的个人信息处理者，即成功的匿名化过程应保证任何人都不能借助匿名化信息识别该特定个人。

本条第2款是关于“个人信息处理”的界定，这一定义是对所有涉及个人信息“利用活动”的概括式规定，包括对个人信息的“收集、存储、使用、加工、传输、提供、公开、删除等”，涵盖了个人信息的整个生命

---

① 对于匿名化信息的适用除外性，在GDPR序言第26条中已经有过深入阐述，其指出，匿名化是指将个人数据移除可识别个人信息的部分，并且通过这一方法，数据主体不会再被识别。匿名化数据不属于个人数据，因此无须适用条例的相关要求，机构可以自由地处理匿名化数据。欧盟29条工作组在针对匿名化技术的2014/05号意见中进一步指出，经匿名化处理的数据，控制者或第三方“即便使用所有合理的方法”也无法再识别特定的自然人，其中的重要因素是，处理过程是“不可逆的”。日本《个人信息保护法》（APPI）规定与GDPR类似，但更为精准和具有可操作性，其规定的“匿名化信息”是指，针对个人信息采取措施，删除该个人信息中所含有的部分记述等（包括以使该部分的记述等丧失有可能恢复的规律性的方式，将该部分记述等转换为其他记述等），以保证无法识别特定个人。

周期[①]。可以认为，我国《个人信息保护法》规范下的个人信息处理是一种"行为"或"活动"的集合。这种概括式的界定增加了概念本身的"弹性"，使个人信息保护规则在表述更为精练的同时，提升了可适用性和可解释性。同此前的二审稿相比，本条增加了关于"删除"的明确规定，使个人信息处理活动的范围更为周延，对于在个人信息保护实践中广泛出现的"不当删除"、"不便删除"、"怠于删除"和"无效删除"等侵犯个人信息权益的行为，将起到更为有效的规制效果。

【关联规定】

《中华人民共和国民法典》第1034条，《中华人民共和国网络安全法》第76条，《电信和互联网用户个人信息保护规定》第4条，《最高人民法院关于审理使用人脸识别技术处理个人信息相关民事案件适用法律若干问题的规定》第1条，《最高人民法院、最高人民检察院关于办理侵犯公民个人信息刑事案件适用法律若干问题的解释》第1条

（撰稿人：马宁）

第五条　【合法、正当、必要与诚信原则】 处理个人信息应当遵循合法、正当、必要和诚信原则，不得通过误导、欺诈、胁迫等方式处理个人信息。

【释义】

《个人信息保护法》中合法、正当、必要和诚信原则，是个人信息处理原则中重要的限制性原则，收集、储存、使用、加工、传输、提供、公开等个人信息处理环节都应当遵守上述原则的要求。

---

① 我国《数据安全法》也有类似的界定，其第3条第2款规定，数据处理，包括数据的收集、存储、使用、加工、传输、提供、公开等。

保护公民个人信息的合法权益，是个人信息保护相关立法的重要价值基点。我国个人信息保护相关立法，一以贯之地专门强调收集、使用等个人信息处理行为需要满足合法性、正当性等原则的要求。正如全国人大常委会法工委在《关于〈中华人民共和国个人信息保护法（草案）〉的说明》中指出："违法收集、使用个人信息等行为不仅损害人民群众的切身利益，而且危害交易安全，扰乱市场竞争，破坏网络空间秩序。"① 因此，我国个人信息保护立法进程中数部重要的法律都将合法性、正当性等原则作为个人信息处理的基本原则加以规定。2012 年，全国人大常委会通过的《关于加强网络信息保护的决定》首次就合法性原则和必要性原则进行规定。② 2013 年修改的《消费者权益保护法》在消费者权益保护领域具体化了合法性、正当性原则。③ 2016 年通过的《网络安全法》针对网络平台和服务大量收集使用公民个人信息的情形进行了进一步的规范，④ 并且以专门条款强调个人信息处理需要满足合法性要件。⑤ 2018 年通过的《电子商务法》进一步延续了个人信息使用的合法性要求，对电商平台等电子商务经营者处理用户个人信息的行为进行规范。⑥ 2020 年通过的《民法典》基于"个人信息的处理直接关系到信息主体的人格尊严"的考量，⑦ 在人格

---

① 王晨：《关于〈中华人民共和国个人信息保护法（草案）〉的说明》，载全国人大网 2020 年 5 月 22 日，http：//www. npc. gov. cn/npc/c30834/202005/50c0b507ad32464aba87c2ea65bea00d. shtml，2021 年 5 月 28 日访问。

② 《关于加强网络信息保护的决定》第 2 条规定："网络服务提供者和其他企业事业单位在业务活动中收集、使用公民个人电子信息，应当遵循合法、正当、必要的原则，明示收集、使用信息的目的、方式和范围，并经被收集者同意，不得违反法律、法规的规定和双方的约定收集、使用信息。"

③ 《消费者权益保护法》第 29 条第 1 款规定："经营者收集、使用消费者个人信息，应当遵循合法、正当、必要的原则，明示收集、使用信息的目的、方式和范围，并经消费者同意。经营者收集、使用消费者个人信息，应当公开其收集、使用规则，不得违反法律、法规的规定和双方的约定收集、使用信息。"

④ 《网络安全法》第 41 条规定："网络运营者收集、使用个人信息，应当遵循合法、正当、必要的原则，公开收集、使用规则，明示收集、使用信息的目的、方式和范围，并经被收集者同意。"

⑤ 《网络安全法》第 22 条第 3 款："网络产品、服务具有收集用户信息功能的，其提供者应当向用户明示并取得同意；涉及用户个人信息的，还应当遵守本法和有关法律、行政法规关于个人信息保护的规定。"

⑥ 《电子商务法》第 23 条规定："电子商务经营者收集、使用其用户的个人信息，应当遵守法律、行政法规有关个人信息保护的规定。"

⑦ 黄薇主编：《中华人民共和国民法典人格权编释义》，法律出版社 2020 年版，第 197 页

权编中专门设置了“隐私权和个人信息保护”一章，其中第1035条对“处理个人信息应当遵循的基本原则及应当满足的条件作了规定，是关于个人信息保护的核心内容”[①]。《民法典》第1035条明确规定处理个人信息应当遵循合法、正当、必要原则，不得过度处理。

《个人信息保护法》的制定继承了我国个人信息保护立法的既有经验和制度成果。在《个人信息保护法草案》中就将“处理个人信息应当采用合法、正当的方式”放置在较为突出的第5条的位置，在《个人信息保护法草案（二次审议稿）》中，针对过度收集、使用个人信息等较为突出的问题，增加了“不得通过胁迫方式处理个人信息”的表述。最终通过的《个人信息保护法》进一步完善了个人信息处理原则，明确个人信息处理应当遵循合法、正当、必要、诚信原则，既有利于《个人信息保护法》与《民法典》规范的衔接和协调，也实现了在个人信息保护专门立法中，更有针对性和更具系统性地强调处理个人信息需要以合法、正当、必要的方式进行的立法目的。

首先，对于“处理个人信息应当遵循合法原则”的理解可以从两个维度展开。

一是处理个人信息需要满足法律、行政法规的规定。诚如有学者所言，合法性原则首先要求“使用者追求的利益合乎现行法律的规定，不得以非法目的展开个人信息处理”[②]。“合法”中的“法”应当理解为广义的法律，包括全国人大及其常委会制定的法律，以及行政法规、地方性法规、部门规章等。一方面，法律规范的事项存在《立法法》的必要约束。例如，《立法法》第8条第8项规定民事基本制度必须制定法律，因此，个人信息处理的部分制度设计如果属于民事基本制度，则必须由法律统一规定。另一方面，《个人信息保护法》具体规定了个人信息处理规则，这些规则可以视为对个人信息处理合法性原则的具体化，在处理个人信息的

① 黄薇主编：《中华人民共和国民法典人格权编释义》，法律出版社2020年版，第198页。
② 高富平：《个人信息使用的合法性基础》，载《比较法研究》2019年第2期。

不同环节和领域，应当优先遵循具体规则，尤其是要注意“法律”的内涵不尽相同，需要遵循的法律层级有所不同。例如，对于个人信息处理的“告知—同意”规则，《个人信息保护法》第18条规定了“应当保密或者不需要告知”的事项可以不向个人告知，所依据的法律仅包括法律和行政法规。再如，对于个人信息的保存期限应当限制在实现处理目的所必要的最短时间（第19条），但个人信息处理者同时需要遵循法律、行政法规对个人信息保存期限的特别规定。而在个人信息跨境提供规则中，个人信息处理者需要满足法律、行政法规或国家网信部门规定的其他条件（第38条第1款第4项），即网信部门的部门规章也可以作为个人信息跨境提供的合法性依据。

二是处理个人信息需要满足信息主体的知情同意。在《个人信息保护法》第13条确立的个人信息处理一般规则中，“取得个人同意”“法律、行政法规规定的其他情形”或者“为履行法定职责或法定义务所必需”等情形都是合法处理个人信息必须择一满足的要件。第14条第1款对于信息主体的“同意”作了进一步专门规定：“基于个人同意处理个人信息的，该同意应当由个人在充分知情的前提下自愿、明确作出。法律、行政法规规定处理个人信息应当取得个人单独同意或者书面同意的，从其规定。”可以说，《个人信息保护法》将自然人的知情同意作为处理个人信息的一项重要的合法性前提，与《民法典》第1035条确定的个人信息处理原则的理解保持了一致。[①] 但是，《个人信息保护法》作为个人信息保护专门立法，既有效保障了信息主体在个人信息处理中的主导地位，又兼顾了灵活性，对于无需信息主体同意而依法处理个人信息的场景和领域进行了更为详细的规定。例如，《个人信息保护法》第13条明确规定，对于“为订立、履行个人作为一方当事人的合同所必需”“按照依法制定的劳动规章制度和依法签订的集体合同实施人力资源管理所必需”“为履行法定职责或者法定义务所必需”等情形下处理个人信息都无需取得个人同意。

---

① 黄薇主编：《中华人民共和国民法典人格权编释义》，法律出版社2020年版，第199页。

其次，处理个人信息应当遵循正当原则。主要是指处理个人信息的目的和手段要正当，尤其是个人信息处理者应当依据特定的使用目的并将该目的告知信息主体。从目的层面而言，如果是信息主体同意使用个人信息的，应当符合收集个人信息时告知信息主体的使用目的，如果是依法使用个人信息的，应当严格按照法定目的处理个人信息。《个人信息保护法》围绕使用目的特定具体设计了相关条款。例如，《个人信息保护法》第17条规定："个人信息处理者在处理个人信息前，应当以显著方式、清晰易懂的语言真实、准确、完整地向个人告知下列事项：……（二）个人信息的处理目的、处理方式，处理的个人信息种类、保存期限……"同时，第14条第2款还规定："个人信息的处理目的、处理方式和处理的个人信息种类发生变更的，应当重新取得个人同意。"这意味着如果在处理个人信息过程中，需要新增处理目的，应当重新取得个人同意，这是个人信息处理正当性原则的重要体现。从手段层面而言，个人信息处理者不得采用捆绑服务、诱导授权、违规窃取等不正当方式获取个人信息，如工信部对于手机App违规调用通信录、位置信息等问题多次进行处置，相关App的行为就是在手段上违反了正当原则的典型行为。

再次，处理个人信息应当遵循必要原则。个人信息的处理应当限定在必要限度内，不得进行与处理目的无关的个人信息处理。必要原则在《个人信息保护法草案（二次审议稿）》中被放置在第6条，但在最终的《个人信息保护法》中被统一放置在第5条规定的各项原则中。必要原则要求个人信息处理应当依据特定、明确的目的进行，是一种手段和目的之间的"工具理性关联"，但第6条的"最小范围限制"则是一种手段和手段之间的比较，要求选取对公民权益影响最小的方式开展个人信息处理活动。因此，《个人信息保护法》将必要原则放置在第5条，与第6条的"最小范围限制"分别进行规定更为科学合理。以收集个人信息为例，公权力机关要将收集个人信息的范围限制在履行公共职能的必要限度内，《个人信息保护法》第34条规定："国家机关为履行法定职责处理个人信息，应当依照法律、行政法规规定的权限、程序进行，不得超出履行法定职责所必需的范围和限度。”而公民、法人和其他社会组织收集个人信息也应当限制在提供相应商业服务等职能的范围内。

最后，“诚信原则”是指个人信息处理者应当秉持诚信，不得通过误导、欺诈、胁迫等方式处理个人信息。诚信原则是民法特别是债法中的“帝王原则”。《民法典》第 1035 条对于处理个人信息“正当原则”的规定，已经包含了“遵守诚实信用原则”的要求。[①] 但由于实践中，“大数据杀熟”等严重违背诚信原则的热点事件不断出现，《个人信息保护法草案》将“诚信原则”从正当性原则中独立出来，并且以负面列举的方式明确规定：“不得通过欺诈、误导等方式处理个人信息。”在《个人信息保护法草案（二次审议稿）》中，该条款修改为“不得通过误导、欺诈、胁迫等方式处理个人信息”，增加了“胁迫”的行为方式。这一变化主要是针对实践中以“胁迫”的手段处理个人信息的情况较为突出，尤其是以停止提供服务等作为条件胁迫个人提供个人信息或同意个人信息处理者使用、加工个人信息。《个人信息保护法》第 16 条专门针对此种情形进行了规范：“个人信息处理者不得以个人不同意处理其个人信息或者撤回同意为由，拒绝提供产品或者服务；处理个人信息属于提供产品或者服务所必需的除外。”《个人信息保护法》对于“诚信原则”的规定，也要求个人信息处理者在收集、存储、加工、传输、提供、公开等各个处理环节严守合同和允诺，不得随意违背合同损害公民合法的个人信息权益，更不得以误导、欺诈、胁迫的方式取得公民的同意或处理公民个人信息。

【关联规定】

《中华人民共和国网络安全法》第 41 条、第 44 条，《中华人民共和国数据安全法》第 32 条，《中华人民共和国消费者权益保护法》第 29 条，《中华人民共和国未成年人保护法》第 72 条，《网络交易监督管理办法》

---

① 参见黄薇主编：《中华人民共和国民法典人格权编释义》，法律出版社 2020 年版，第 200 页。

第13条，《最高人民法院关于审理使用人脸识别技术处理个人信息相关民事案件适用法律若干问题的规定》第2条

（撰稿人：杜吾青、赵精武）

第六条　【个人信息处理的基本原则】 处理个人信息应当具有明确、合理的目的，并应当与处理目的直接相关，采取对个人权益影响最小的方式。

收集个人信息，应当限于实现处理目的的最小范围，不得过度收集个人信息。

【释义】

本条确立了处理个人信息的基本原则：目的性原则、必要性原则与收集个人信息的基本原则“最小范围原则”。所谓目的性原则，是指个人信息处理活动必须具有明确的目的，处理目的必须具有一定的合理性，全部个人信息处理活动必须围绕该目的展开。所谓必要性原则，是指个人信息处理活动应与处理目的直接相关，采取对个人权益影响最小的方式。所谓“最小范围原则”，是指个人信息收集活动应限于实现处理目的的最小范围，尽可能少地收集个人信息，不可过度收集个人信息。《个人信息保护法》第6条确立了收集处理个人信息的基本原则，是个人信息收集处理主体开展相应活动的基本行动指南，也是国家机关处置个人信息受侵害案件的基本指导思想，是实用性和指导意义较强的一项原则性规定。

本条规定在审议颁布的过程中，经历的重要修改有两次：一是新增了“采取对个人权益影响最小的方式”规定，补充完善了必要性原则的具体内涵；二是将“个人信息处理活动”与“个人信息收集活动”区分开来，并为个人信息收集活动规定了“最小范围原则”。新增“采取对个人权益影响最小的方式”规定表明，立法者将其关注的焦点由个人信息处理过程

扩展到处理结果，由处理行为扩展到处理对象，更加贴近个人信息权益保护的立法宗旨，突出了自然人在个人信息处理活动中的主体地位。而把“个人信息处理”与“个人信息收集”区分开来，意味着立法者对个人信息的生命周期与处理活动有了更为清晰的认识，司法实践中也更具有可操作性。本条第 2 款最后部分新增的禁止性规定，似有表意重复之嫌，但却是对近期社会实践中部分应用软件过度收集个人信息现象的有效回应。整体而言，两次修改进一步完善确立了目的性原则、必要性原则与最小范围原则，使该条规定逐步臻于完善，具有更好的法律可行性。

本条规定所确立的目的性原则、必要性原则与最小范围原则，实际上是行政法研究中常见的比例原则于个人信息保护方面的扩大化运用，所以也可笼统地简称为“比例原则”“最小化原则”等。行政法上的比例原则是指行政机关在执行具体行政行为时，应当在全面权衡公共利益与个人利益的基础上，选择对相对人影响最小的方式，不能超过必要限度。比例原则的核心内容在于考察执行此手段所实现的目标价值与损害公民基本权利的减少价值之间的权衡关系。理解这一要义有助于正确适用个人信息保护法的“最小化原则”——核心内容是个人信息处理者执行信息处理手段所实现的目标价值与损害公民个人信息保护权的减少价值之间的权衡关系，亦即“信息利用”与“信息保护”之间的权衡关系。在此基础上，尽可能使个人信息处理活动对个人权益影响最小、收集个人信息范围最小便可。

个人信息保护法的最小化原则早有先例。2016 年《网络安全法》第 41 条明确规定“收集、使用个人信息，应当遵循合法、正当、必要的原则”“网络运营者不得收集与其提供的服务无关的个人信息”。国家标准《个人信息安全规范》中对最小化原则进行了更为详细的解释：一是收集的个人信息类型应与其产品或服务的业务功能直接关联，缺失这些个人信息则产品或服务的业务功能无法实现；二是自动采集条件下个人信息的采集频率应是产品或服务正常所需的最小化频率；三是间接获取的个人信息数量应当是所必需的最小数量。这些规范具有极强的法律可行性与可操作性，适用个人信息保护法的最小化原则时，可予参考。

欧盟2018年出台《一般数据保护条例》，其中规定了“目的受限”（Purpose Limitation）与“数据最小化”（Data Minimization）两项数据处理基本原则。目的受限原则要求，数据处理者必须从开始就明确处理目的，并于文档中记录和公开处理目的，处理活动限于处理目的所描述的范围。数据最小化原则提出了数据的三项检查要素：充足性，足以正确实现指定的处理目的；相关性，与处理目的具有合理联系；必要性，不超过处理目的所必要的数据范围。GDPR中有关目的受限、数据最小化的实施标准，有助于正确把握和适用我国个人信息保护法的最小化原则。

以《个人信息保护法》为核心，下游的政策法规、司法解释、国家标准等规范正逐步形成体系，个人信息最小化与比例原则将有更详细、更规范、更可行的司法依据。例如，国内手机App过度收集个人信息之风日盛，据2018年中国消费者协会一份报告数据显示，国内100款主流手机App中，有多达91款存在过度收集个人信息的情况，有47款隐私政策不及格。[①] 2021年3月，工信部、公安部等部门联合发布《常见类型移动互联网应用程序必要个人信息范围规定》，以“列举明示即排除其他”的方式，就常见类型App的必要数据范围作出详细限定。结合《个人信息保护法》规定，相信可以有效遏制手机App过度收集个人信息的不良现象。

综上来说，本条规定所确立之目的性原则、必要性原则与最小范围原则，或言“比例原则”“最小化原则”，存在行政法、相关法、域外规范、政策法规、司法解释与国家标准等法源内容，理解这些法源内容，有助于本条原则性规定的正确理解和适用。正确理解和适用个人信息保护法的最小化原则，关键点和难点均在于如何平衡“信息保护”与“信息利用”、个人权益与社会公益之间的关系，根据具体情况具体把握此间轻重。

---

① 《100款App个人信息收集与隐私政策测评报告》，载中国消费者协会官网2018年11月28日，http://www.cca.org.cn/jmxf/detail/28310.html，2021年5月31日访问。

【关联规定】

《中华人民共和国网络安全法》第 41 条，《中华人民共和国数据安全法》第 32 条，《电信和互联网用户个人信息保护规定》第 9 条，《规范互联网信息服务市场秩序若干规定》第 16 条，《网络交易监督管理办法》第 13 条

（撰稿人：徐实、张建悦、赵精武）

第七条　【公开透明原则】处理个人信息应当遵循公开、透明原则，公开个人信息处理规则，明示处理的目的、方式和范围。

【释义】

本条规定宣示了个人信息处理行为基本原则之一，即公开透明原则，重点体现为个人信息处理活动的对外公开和处理过程透明。与一审稿、二审稿相应条款相比，最终稿进一步细化了“明示”的实际范围和个人信息处理规则的公开性，即原稿中的“明示个人信息处理规则”变更为“公开个人信息处理规则，明示处理的目的、方式和范围”，其意在增强公开透明原则的具体适用范围，避免出现要求义务主体事无巨细地明示所有个人信息处理规则的极大情况，在平衡个人信息权利主体和个人信息处理者之间权益诉求的同时细化公开透明原则的适用方式和具体场景。尽管本法第 7 条规定的内容属于“基本原则”，属于宣示性内容，但鉴于个人信息处理实践场景的复杂性和动态性，如果仅仅停留于“明示处理规则”这类表述方式，看似为未来可能发生的个人信息处理活动创新预留解释空间，但这种解释空间实际上却大大增加了公开透明原则适用的不确定性，即个人信息处理者在不确定“明示”的具体范式时，出于降低

合规成本和避免承担侵权责任，倾向选择将所有个人信息处理规则均展示给个人信息权利主体，这大大增加了个人信息处理者的个人信息处理业务流程，同时，“信息轰炸式”的个人信息处理规则也增加了权利主体查阅、筛选和判断与自身个人信息权益相关规则的时间成本和理解难度。因此，本条所规定的公开透明原则是“有范围”“有边界”的公开透明，法律既无可能也无必要强制要求个人信息处理者承担公开所有个人信息处理的相关规则。

在文义解释层面，公开透明原则是指个人信息处理活动应当满足的“处理规则公开”和“处理过程透明”两项要求，义务主体（个人信息处理者）应当以恰当的方式向社会公众和特定个人告知个人信息处理规则，权利主体（自然人）应当能够通过业已公开的处理规则和透明化的处理过程自行作出是否接受个人信息处理方式以及选择何种个人信息处理方式。公开透明原则在理解上应有两层含义：一是个人信息处理活动应当是基于权利主体与义务主体之间的合意而得以进行。在商业实践中，权利主体所面临的最主要侵权风险是App、小程序和公众号等网络服务提供者未经自然人同意私自收集个人信息或者收集非必要的个人信息，而公开透明原则的功能作用则表现为确保自然人能够实现一定程度的个人信息自决权益，例如了解自己的个人信息是否会传输至第三方机构、个人信息的存储期限有多久等信息。在法律实施效果层面，良性健康的个人信息处理业务生态有赖于个人信息处理者和权益主体之间就个人信息处理目的、方式和范围等重要事项达成合意。故而公开透明原则的立法目的也可以理解为确认个人信息处理行为是否符合法律规定、个人信息处理者是否存在主观过错以及个人信息权益主体知晓个人信息活动的实际范围，这也成为本法有关个人信息处理者义务具体条文的直接依据。二是个人信息处理活动的公开透明是有限度的。公开透明原则的直接目的是保障自然人的知情权，但“知情”不是事无巨细地知晓，而是有针对性地知晓涉及个人信息权益的核心事项。倘若个人信息处理者将所有的个人信息处理内容均以文字形式告知用户，这种义务履行方式并不能发挥预防个人信息权益侵害风险的预期效果，因为“信息轰炸”的告知方式只会增加用户了解个人信息处理方式真实情况的难度，这与立法本意相悖。进一步而言，公开透明原则的实际范围早已在一审稿和二审稿的变动中有所体现，“明示处理目的、范围和方式”的表述将个人信息处理者需要公开透明的内容限定为“处理目的”、“处理范围”和“处理方式”。公开透明原则作为个人信息保护的基本原则，广泛适用于所有个人信息处理活动，这也意味着所有业务领域的个人信息处理者均应当公开自己处理个人信息的目的、范围和方式。不过，所谓的“目的”、“范围”和“方式”的公开方式和程度是否也应当详尽？显然不可一概而论，需要认识到公开透明原则的普适性决定了该条条款内容不可能详尽列明具体的义务要求，结合公开透明原则的立法本意，公开的“目的”、“范围”和“方式”同样以保障自然人知情权为限度，以达成自然人能够清楚知悉自己个人信息处理流程这一现实效果为目标。例如，在告知用户个人信息处理方式时，公司内部业务部门之间的个人信息管理职责、部门之间合作运用个人信息的方式等信息显然不属于应当告知的事项。因为对于用户而言，真正关心的是“谁拥有我的个人信息”“我的个人信息是否会被传输至第三方机构”“我的个人信息被用来做什么”等关系到自身权益的事项，而个人信息处理者的全部技术方案、底层代码设计等信息虽然事关个人信息处理方式，但对这些信息的了解并不能帮助用户真正了解个人信息所处的处理状态，且也涉及个人信息处理者自身的商业利益，超出立法的调整范围。因此，公开透明原则的含义可以理解为在有限范围内公开个人信息处理活动的相关信息，并尽可能保障个人信息处理流程对于自然人是相对透明可见的。

本条的适用难点主要表现为公开透明原则与其他个人信息保护具体规则之间的衔接关系，具体包括两个层面：第一，个人信息处理活动相关的公开透明方式应当是能够确保自然人知情且理解的程度。在商业实践中，部分个人信息处理者为了达成业务合规的基本要求，在隐私保护政策、个人信息保护政策或者用户注册协议中将所有可能要求的信息都予以罗列或者以晦涩难懂、排版密集的文字表述告知用户个人信息处理相关信息，其实际结果是自然人根本无法获悉自己的个人信息究竟将会被如何处理，即便自然人愿意字斟句酌地阅读协议内容，但协议内容的技术专业化表述限制了自然人正确理解个人信息处理方式。所以，公开透明原则的隐藏含义也延伸出《个人信息保护法》第18条的个人信息处理者在处理个人信息前，应当以显著方式、清晰易懂的语言向个人告知下列事项之表述。第二，公开透明原则通常被认为是实现知情权的必要前提，故而能够满足立法者所期待的知情效果往往是认定满足公开透明原则的直接标准。不过，需要注意的是，这种“知情”需要根据公开透明的事项有所区别。如果公开透明的事项是与个人信息处理相关的一般事项，告知行为满足“方式清晰易懂”“事前告知”等条件即可视为已经满足公开透明原则；但如果公开透明的事项是与个人信息处理相关的特殊事项，则需要以单独特别的方式再次向用户告知，如个人敏感信息的收集、个人信息处理目的的调整以及向第三方机构传输个人信息等事项。

公开透明原则作为个人信息保护领域的核心原则，在《网络安全法》第41条、《最高人民法院关于审理使用人脸识别技术处理个人信息相关民事案件适用法律若干问题的规定》第2条第2款等规定具有一致性标准，即公开透明的限度、方式和内容均是以是否能够有效保障个人信息权益、规范个人信息处理活动和降低侵权风险作为直接目标。

【关联规定】

本法第18条、第19条、第23条、第31条、第35条、第39条等，《中华人民共和国网络安全法》第41条，《中华人民共和国民法典》第1035条，《最高人民法院关于审理使用人脸识别技术处理个人信息相关民事案件适用法律若干问题的规定》第2条第2款，《电信和互联网用户个人信息保护规定》第8条

（撰稿人：周瑞珏）

第八条 【个人信息质量原则】 处理个人信息应当保证个人信息的质量，避免因个人信息不准确、不完整对个人权益造成不利影响。

【释义】

本条规定确立了信息质量原则，也称信息品质原则，是各国个人信息保护立法中较为普遍的基本原则之一。信息质量原则的核心要求是个人信息的准确性与完整性，避免个人信息处理活动的结果出现片面或偏差，而对个人权益造成不利影响。准确性是指，个人信息处理者应当确保所处理的个人信息与信息主体的事实情况相符；完整性是指，个人信息处理者为特定目的处理个人信息时，不应当存在遗漏、不全面等情况。

此次《个人信息保护法》在第 8 条对信息质量原则予以确认，不仅规定了对个人信息处理者保证个人信息质量的义务，而且还强调了该项要求的最终指向是对于个人权益的保护，回应了本法第 1 条“保护个人信息权益”的立法宗旨。信息社会中，个人信息的价值不再仅局限于“人格尊严和人格自由”，还开始承载起经济价值维度的意蕴，“为营销之目的而被广泛使用”①。个人信息处理者通过海量个人信息的收集、使用、加工等活动，就特定个人形成一系列相关的信息数据库。人不再仅仅是以生物体形式得以呈现的物理意义上的存在，海量的数据使得人的社会性开始更多地被数据加以描述，具体的个人信息甚至能够描绘出特定个人的“数字画像”。因此，在传统人格尊严的基础上，信息社会中的个人还需要面临其通过数据所呈现出的“数字化”的公共形象②。而不准确、不完整的个人信息不但会直接影响个人信息的价值，而且可能会使个人信息处理活动产

---

① ［英］戴恩·罗兰德、伊丽莎白·麦克唐纳：《信息技术法》，宋连斌等译，武汉大学出版社 2004 年版，第 298 页。

② 参见［美］艾伦·托克音顿：《美国隐私法——学说、判例与立法》，冯建姝等译，中国民主法制出版社 2004 年版，第 206 ~ 208 页。

生判断的谬误：较为轻度的负面影响，如基于错误的个人信息进行用户偏好分析，个人信息处理者所推送的无用营销广告可能会产生一定程度的骚扰；较为严重的负面影响，如不准确的征信信息可能会对个人正常的工作、学习和生活产生直接的限制和约束。从这一意义上而言，个人信息的质量（准确性和完整性）将会影响人格利益在数据维度所延伸的合法权益。《个人信息保护法》对于信息质量原则的规定，其意旨是对于信息主体人格权益的尊重和保护，避免个人信息合法权益受到损害。

个人信息的质量对于个人信息权益的保护具有重要的作用，因而成为其他国家和国际组织个人信息保护法制的基本要求之一。国际个人信息保护规则对于信息质量原则的要求，主要体现为个人数据应当准确、完整以及必要时及时更新。早在 1980 年，经济合作与发展组织制定了《关于隐私保护与个人数据国际流动的指针的建议书》，提出个人数据保护的八项原则，成为许多国家个人信息保护立法原则的基本内容，其中数据品质原则就要求个人数据应当与利用目的有关，并且对这些目的而言是准确、完整和最新的。此后，有关国家多通过立法将质量原则确立为个人信息保护法律原则的重要条款。例如，欧盟《一般数据保护条例》（GDPR）第 5 条个人数据处理原则中第 1 款第（d）项要求，个人数据应当准确，并在必要时保持更新；应当采取一切合理措施能够及时删除或更正对于数据处理目的而言是不准确的数据（“准确性”）。与 GDPR 第 5 条第 1 款第（d）项的要求相似，英国 2018 年《数据保护法》第 38 条将数据质量原则作为数据保护第四原则进行确立，并在此基础上细化规定个人数据的质量在传输或提供前应当被核实，采取合理措施确保不准确、不完整或未更新的个人数据不被传输或提供。日本《个人信息保护法修正案》第 19 条规定，“确保数据内容的准确性等。个人信息处理业，在实现使用目的必要的范围内，应尽力确保个人信息是准确和最新的，并在个人信息使用不再必要时，及时删除”。新加坡《个人数据保护法》（2020 年修正）第 23 条规定了个人数据的准确性要求，“机构作出合理努力以确保由机构或代表机构收集的个人数据是准确且完整的，如果个人数据：（a）可能被机构用来作出影响与该个人数据相关的主体的决定；或（b）可能被该机构披露给另一机构”。韩国《个人信息保护法》（2020 年修正）第 3 条第 3 项规定，“个人信息处理者应确保在达到处理目的所必要范围内，个人信息是准确、完整、更新的”。个人信息质量原则成为各国在个人信息保护基本法律原则方面的共识。

《个人信息保护法草案（一次审议稿）》第 8 条规定，“为实现处理目的，所处理的个人信息应当准确，并及时更新”。而草案二审稿和三审稿第 8 条规定，“处理个人信息应当保证个人信息的质量，避免因个人信息不准确、不完整对个人权益造成不利影响”。变化有三：一是将个人信息“应当准确”改为“应当保证个人信息的质量”；二是强调因数据质量导致的后果，即因个人信息不准确、不完整对个人权益造成不利影响；三是删除“及时更新”的表述。

对于《个人信息保护法》文本修改的理解以及本条规定的适用要点，主要包含以下三个要点：

第一，明确“个人信息的质量”是对于信息质量原则表述更加科学的扩展和周延。草案一审稿所采用的“准确”的表述主要是针对个人信息存在错误等现象，未能包含特定个人信息准确但不完整等情形。草案二审稿和三审稿采用了“保证个人信息的质量”的表述，丰富了个人信息品质的维度，将“质量”作为一项具体的要求，并且在条文中以准确性和完整性两个方面进行阐释，将个人信息缺漏可能对个人信息权益产生影响的场景纳入规制范畴。在具体适用时，个人信息处理者应当实现个人信息处理全生命周期的质量管理，形成数据质量内部控制机制以及相应的评估、监测、验核体系，根据应用场景和个人信息类型细化个人信息质量管理的具体标准。

第二，强调“避免因个人信息不准确、不完整对个人权益造成不利影响”，是对于本条立法意旨和判断标准的明确。《个人信息保护法》对于信息质量原则的要求，其落脚点仍然需要回归到本法第 1 条“为了保护个人权益”上来。本条规定的上位法依据源于《民法典》第 1037 条第 1 款的规定，自然人可以依法向信息处理者查阅或者复制其个人信息；发现信息有错误的，有权提出异议并请求及时采取更正等必要措施。与之相应地，本法第 46 条赋予个人在信息处理活动中享有更正补充的权利，个人发现其个人信息不准确或者不完整的，有权请求个人信息处理者更正、补充。个人请求更正、补充其个人信息的，个人信息处理者应当对其个人信息予以核实，并及时更正、补充。

第三，个人信息的时效性要求仍然属于信息质量原则的基本内容之一。草案二审稿和三审稿中将个人信息“及时更新”的要求删除，并非《个人信息保护法》对个人信息处理者在信息时效性义务方面的全盘否定，而是将信息时效性的要求与准确性、完整性的要求一并纳入“个人信息的质量”这一广泛的范畴之内。对于“及时更新”表述的删除，主要因为如果该条款在实践中得到严格执行存在较高的难度。许多个人信息处理者存储或囤积已失效的个人信息，这可能会产生新的合规问题：一方面，中小型个人信息处理者恐怕无法承担过于繁重的及时更新海量个人信息的合规义务；另一方面，依据本法要求对于存在第 47 条情形的个人信息处理者应当主动删除，但是个人信息的利用并不能仅局限于特定的目的，往往会随着场景、情势等因素的变化呈现出新的价值。因此，直接规定“及时更新”这可能会为个人信息处理者科以过于严格的法律要求，在一定程度上对产业发展产生阻碍效应。

对于信息质量原则的具体内涵在学界亦尚有争议，这些争论主要集中于个人信息处理者是否需要承担及时更新的义务。反对者认为《个人信息保护法》没有必要在文本中将及时更新作为信息质量原则的基本内容之一进行确立，信息的质量属于应由市场发挥资源配置决定性作用的范畴，不应给予个人信息处理者硬性的法律要求。① 支持者认为及时更新作为信息质量原则的应有之义是各国个人信息保护立法较为普遍的做法，无论是对

---

① 此类观点摘自对外经济贸易大学法学院 2020 年 11 月 15 日召开的“《个人信息保护法（草案）》深度学习与建议研讨会”相关综述的专家意见。参见“《个人信息保护法（草案）》深度学习与建议研讨会综述”，载和讯网 2020 年 11 月 24 日，http：//tech. hexun. com/2020 - 11 - 24/202491826. html，2021 年 9 月 4 日访问。

于个人作为信息主体的权益保护，还是对于个人信息处理者合理利用个人信息的相关活动，均具有积极效应。[①] 亦有不同观点认为，信息质量原则中是否包含及时更新的要求应当视具体场景而定，如对于征信行业等个人信息的更新与信息主体权益密切相关的领域需要强调及时更新的义务。

那么，其中的关键在于，应当如何划定个人信息时效性要求的边界？从逻辑上来看，未能及时更新个人信息在实践中可能存在三种情况：其一，因未及时更新而不准确；其二，因未及时更新而不完整；其三，虽然完整、准确，但因未及时更新而无用。第一种和第二种情况均可以因循个人信息不准确或不完整直接适用本条规定，而就第三种情形而言，在适用时应当以是否会对个人权益造成不利影响为判断标准。就本质而言，这种时效性的要求是以必要性为区分规制的基础。从域外立法来看，对于个人信息保持更新的要求往往以“如有必要”为要件（where necessary）。从国内其他相关立法来看，如《信息安全技术 金融信息服务安全规范》（GB/T 36618—2018）中就时效性规定：“针对不同级别用户可以划分优先等级”，同样允许个人信息更新频率在一定时间段内的缓和。从《个人信息保护法》本身的规定而言，本法第 46 条规定了个人对于其个人信息请求个人信息处理者更正补充的权利，无论是“更正”还是“补充”，均可包含个人请求个人信息处理者更新其个人信息的场景。而对于这种情况，根据第 46 条第 2 款的规定，个人信息处理者应当“及时更正、补充”，在逻辑上包含个人信息处理者对于个人主张更正补充权时进行及时更新的义务。因此，个人信息质量原则对于更新要求的标准有二：一是从立法意旨的角度而言，未能及时更新的个人信息是否会损害个人信息权益；二是从体系解释的角度而言，个人信息的更新对于处理目的而言是否为必要。

---

① 参见周汉华：《中华人民共和国个人信息保护法（专家建议稿）及立法研究报告》，法律出版社 2006 年版，第 61 页。张新宝教授对于个人信息质量原则中包含及时更新的要求，同样持肯定观点，参见张新宝、葛鑫：《个人信息保护法（专家建议稿）及立法理由书》，中国人民大学出版社 2021 年版，第 39 ~ 40 页。

【典型案例】

某蚁金融等与某动公司商业诋毁及不正当竞争纠纷案

该案主要针对公共数据商业化利用的合法性边界问题，选取该案作为典型案例的理由有二：第一，企业公共数据的保护与个人信息权益保护存在相通之处，个人信息是公共数据中最为主要的组成部分，司法裁判对于企业公共数据商业化利用合法性边界问题的探索，可以成为个人信息质量原则司法适用的重要参考；第二，举轻以明重，个人信息具有人格权益维度的价值利益，也承载财产权益维度的价值需求，企业信息商业化利用往往仅涉及特定企业主体在经济价值层面的具体利益，由此，企业公共数据商业化利用的具体规则可以为个人信息进入公共数据之后实现商业化利用的合法性边界，划定最为基础的底线，并且相关的裁判活动应当更加强调人格尊严保护在信息质量原则中的重要性。

2019 年 5 月 5 日、6 日，某动公司运营的某查查通过发布和向特定用户推送的方式，发布了针对某蚁金融清算的企业信息，就某蚁金融是否存在清算行为引发社会舆论的广泛关注。该条清算信息系某查查抓取自全国企业信用公示系统的公共数据，但系某蚁金融 2014 年企业年度报告出现的历史信息。① 2020 年 4 月 26 日，杭州互联网法院判决某动公司赔偿某蚁金融、某蚁微贷公司经济损失及合理费用 60 万元，并为其消除影响。② 2020 年 12 月 2 日，杭州中院二审维持原判。③ 判决书对于公共数据质量原则的具体裁判规则有所探索，提出“作为一种互联网经济下新兴的商业模式，公共数据收集类大数据企业对于收集、发布的数据信息仍具有基本的注意义务，对于发布的重大负面敏感信息，应当通过数据过滤、交叉检验

① 《首例公共数据不正当竞争案宣判“某蚁”胜诉——杭州互联网法院判决确立公共数据使用基本原则及合法使用边界》，载《人民法院报》2020 年 4 月 30 日，第 3 版。

② （2019）浙 8601 民初 1594 号。

③ （2020）浙 01 民终 4847 号。

等数据处理，确保数据质量，防止因信息发布行为的不当，误导相关公众，损害信息主体企业利益。”

该案例揭示了信息质量对于个人信息权益保护的重要意义。根据《个人信息保护法》第13条的规定，在合理的范围内处理个人自行公开或者其他已经合法公开的个人信息，无需取得个人同意，个人信息处理者可以处理个人信息。又根据该法第27条规定，个人信息处理者可以在合理的范围内处理个人自行公开或者其他已经合法公开的个人信息；个人明确拒绝的除外。个人信息处理者处理已公开的个人信息，对个人权益有重大影响的，应当依照本法规定取得个人同意。因此，对于公共数据中个人信息的使用行为仍然需要遵守基本的注意义务，遵循《个人信息保护法》的一般规则和原则，其中应当包括必要的信息时效的基本要求。

【关联规定】

《中华人民共和国民法典》第1037条第1款，本法第46条，《征信业管理条例》第23条第1款，《个人信用信息基础数据库管理暂行办法》第6条，《银行业金融机构数据治理指引》第四章，《信息安全技术 金融信息服务安全规范》第4条

（撰稿人：徐玖玖）

第九条　【个人信息处理者负责原则】个人信息处理者应当对其个人信息处理活动负责，并采取必要措施保障所处理的个人信息的安全。

【释义】

本条是关于个人信息处理者负责原则的规定。

在目前的技术条件下，个人信息经以数据或其他形式为其他主体记

录、获取后，信息主体很难对其个人信息的传播、利用继续保持强有力的实际控制。个人信息处理者因技术、市场、资本等优势，往往在个人信息的利用和安全保护中占据主导地位。个人信息能否得到合理利用，信息主体的合法权益能否得到有效保护，在较大程度上取决于个人信息处理者对个人信息的收集、存储、使用、加工、传输、提供、公开等处理活动是否规范、严谨。而以近年来频发的个人信息泄露、价格歧视等问题来看，民事主体个人信息权益甚至社会公共利益的损害则大多与信息处理者不规范、不合理的处理行为密切相关。

当前，强化个人信息处理者责任，要求其对个人信息处理活动负责已成为共识。[①] 以域外立法来看，欧盟《一般数据保护条例》第 24 条明确规定，考量处理的性质、范围、背景和目的以及给自然人的权利和自由带来的不同可能性和严重程度的风险，数据控制者应当采取适当技术性和组织性措施以确保并证明处理符合本条例规定。在我国，全国人大常委会《关于加强网络信息保护的决定》第 4 条、《网络安全法》第 42 条第 2 款和《民法典》第 1038 条第 2 款等皆对信息处理者对个人信息承担的义务作出了明确的规定，即信息处理者应当采取技术措施和其他必要措施，确保其收集、存储的个人信息安全，防止信息泄露、篡改、丢失；发生或者可能发生个人信息泄露、篡改、丢失的，应当及时采取补救措施，按照规定告知自然人并向有关主管部门报告。并且，上述法律的相关条文也对信息处理者违反义务的责任作出了明确的规定。工业和信息化部《电信和互联网用户个人信息保护规定》第 6 条也明确规定，电信业务经营者、互联网信息服务提供者对其在提供服务过程中收集、使用的用户个人信息的安全负责。本条延续既有法律法规的规定，以一般条款的形式再次重申了个人信息处理者应当对其个人信息处理活动负责，并采取必要措施保障所处理的个人信息的安全原则。

---

① 参见杨尚东：《应尽快规范个人信息控制者和处理者的行为》，载《民主与法制时报》2020 年 4 月 2 日，第 6 版。

对于本条规定，应着重从以下几个方面理解：

其一，关于个人信息处理者的范围，有别于欧盟《一般数据保护条例》（GDPR）将数据处理主体划分为数据控制者和数据处理者，以及其第30.5条将个人信息控制者责任范围限制在雇员大于250人的经济主体或组织的做法，本条统一采用了“个人信息处理”的概念，并且未对个人信息处理者的范围作出明显的限定。依文义解释，凡是实际从事本法第4条第2款所规定的个人信息处理活动的主体皆可被认定为“个人信息处理者”。同时，鉴于《个人信息保护法》公、私法兼具的立法定位和实践中国家机关等广泛存在收集、使用、传输和公开个人信息的事实，除民事主体外，本条规定的个人信息处理者同时还应当包括实际从事个人信息处理活动的各类公共机构。而且，虽然在数字时代，个人信息的线上处理已成为当前的主流方式，但是仍存在大量线下非网络平台主体收集、利用个人信息等情况，这些主体也应系个人信息处理者。[①] 当然，有别于本法第21条规定的受托进行个人信息处理的主体，“信息处理者”主要是指为自己利益从事个人信息处理的处理者。根据本法第21条和本条的规定以及委托关系的基本法理，信息处理者委托他人处理个人信息的，对受托人的个人信息处理活动进行监督，也应对受托者的信息处理行为和处理结果负责。

其二，关于本条所谓“采取必要措施”，应当包括管理措施和技术措施。例如，按照《信息安全技术 公共及商用服务信息系统个人信息保护指南》（GB/Z 28828—2012）第4.2条第f款的规定，个人信息处理者应当采取适当的、与个人信息遭受损害的可能性和严重性相适应的管理措施和技术手段，保护个人信息安全，防止未经个人信息管理者授权的检索、披露及丢失、泄露、损毁和篡改个人信息。而以近年来发生的个人信息损害事件来看，相较于技术措施，个人信息处理者疏于管理甚至是故意的不当处理行为则往往是引发损害的主要原因。实践中，个人信息处理应以所处理的个人信息的安全为考虑，严格按照相关法律法规和技术标准的要

① 参见姚佳：《论个人信息处理者的民事责任》，载《清华法学》2021年第3期。

求，建立健全相关管理制度和管理措施，避免因管理不善而使个人信息主体和社会公共利益造成不应有的损害。同时，值得注意的是，在信息技术日新月异的今天，“必要措施”本身系一个开放性的动态概念，个人信息处理者应当结合信息处理技术及其应用发展的实际情况，不断更新、完善其个人信息处理和保护相关的技术手段和管理措施，以合理应对信息科技高速发展带来的挑战，切实保障所处理的个人信息的安全。

其三，关于个人信息处理主体的责任范围和责任方式，本条并未作详细的规定。作为一般条款，本条旨在对个人信息处理者对其所处理的个人信息负责的原则作出宣示性规定，以凸显个人信息处理者的主体责任，要求个人信息处理者以更加谨慎、合理和规范的方式处理个人信息，保障个人信息的安全。从司法实践的角度，本条不应直接用以作为确定个人信息损害责任的规范依据。在因个人信息处理活动危害个人信息安全，导致信息主体合法权益或社会公共利益遭受损害时，个人信息处理者是否需要承担责任以及承担何种形式和范围的责任，则应根据《刑法》、《民法典》、《网络安全法》、《数据安全法》以及本法等法律的相关规定加以具体确定。

【关联规定】

《关于加强网络信息保护的决定》第 4 条，《中华人民共和国网络安全法》第 42 条，《中华人民共和国民法典》第 1038 条第 2 款

（撰稿人：雷震文）

第十条　【个人信息处理的禁止性规定】 任何组织、个人不得非法收集、使用、加工、传输他人个人信息，不得非法买卖、提供或者公开他人个人信息；不得从事危害国家安全、公共利益的个人信息处理活动。

【释义】

本条是关于个人信息处理的一般禁止性规定。

在现代法治国家中，禁止违法和危害国家安全、公共利益是任何组织和个人必须严格遵循的基本行为准则。我国《宪法》第 5 条第 4 款规定，一切国家机关和武装力量、各政党和各社会团体、各企业事业组织都必须遵守宪法和法律。一切违反宪法和法律的行为，必须予以追究。《国家安全法》第 13 条第 2 款明确规定，任何个人和组织违反本法和有关法律，不履行维护国家安全义务或者从事危害国家安全活动的，依法追究法律责任。《民法典》第 8 条规定，民事主体从事民事活动，不得违反法律，不得违背公序良俗。就个人信息保护而言，《民法典》第 111 条规定，自然人的个人信息受法律保护。任何组织或者个人需要获取他人个人信息的，应当依法取得并确保信息安全，不得非法收集、使用、加工、传输他人个人信息，不得非法买卖、提供或者公开他人个人信息。同时，根据《刑法》第 253 条之一的规定，违反国家有关规定，向他人出售或者提供公民个人信息，情节严重的，依法需承担刑事责任。工信部《电信和互联网用户个人信息保护规定》第 9 条第 3 款也明确规定，电信业务经营者、互联网信息服务提供者不得收集其提供服务所必需以外的用户个人信息或者将信息用于提供服务之外的目的，不得以欺骗、误导或者强迫等方式或者违反法律、行政法规以及双方的约定收集、使用信息。本条在延续既有法律、法规规定的基础上，对个人信息处理作出了一般禁止性规定，为个人信息处理者的信息处理活动划出了较为明确的“红线”。

依其内容来看，本条规定注意应从以下两方面理解：

其一，任何组织、个人不得非法处理个人信息。与本法草案第二次审议稿相比较，本条规定不但对个人信息处理的方式作出了较为明确的列举，也与《民法典》第 111 条的规定保持基本一致，而且，以“不得非法……”取代此前“不得违反法律、行政法规的规定”的表述，更显严谨且符合个人信息处理活动的实际。以实践来看，个人信息处理的主体主要可以分为民事主体和公共机关两大类型。其中，对于网络运营者等作为民事主体的个人信息处理者而言，基于《民法典》关于“遵循自愿原则”的基本精神和本法的相关规定，在征得个人信息主体同意的基础上，个人信息处理者原则上可以对个人信息开展多种形式的灵活处理和利用，所谓“不得非法”处理个人信息实质上确实主要是指个人信息处理者的处理行为不得违反法律、行政法规的规定，集中体现的是对民事主体在个人信息处理活动中意思自治范围的必要限制。而对于作为公共机关的个人信息处理者来讲，基于“权力法定”的基本法理，所谓“非法”则主要是指其个人信息处理活动缺乏法律依据或已经超出法律授权的范围。

值得注意的是，就其规范效用而论，本条规定对于促进我国个人信息保护制度的体系协调和开放具有十分积极的意义。在本法颁布以前，我国个人信息保护一直处于分散立法的状态，[①] 关于个人信息保护的规定散见于全国人大常委会《关于加强网络信息保护的决定》《网络安全法》《数据安全法》《民法典》《消费者权益保护法》《电子商务法》《征信业管理条例》《电信和互联网用户个人信息保护规定》《人口健康信息管理办法（试行）》等法律法规中。而以目前数字技术及其应用的发展趋势来看，《个人信息保护法》的颁布并非意味着个人信息保护制度体系构建的终点，此后另以特别立法或在相关法律法规的制定中对个人信息保护领域的新生、特别问题再行规范续造也势属必然。因此，本条以“不得非法”的方式对个人信息处理行为作出一般性的禁止性规定，较好地处理本法与其他法律、法规中个人信息保护相关规定的规范衔接问题，对维护我国个人信息保护制度体系的协调性和开放性具有不可忽视的积极意义。

至于“不得非法”中“法”的范围，参考本法草案第二次审议稿的规定，主要是指法律和行政法规，是否包括公安部、工信部、国家网信办

① 参见杨帆、刘业：《个人信息保护的“公私并行”路径：我国法律实践及欧美启示》，载《国际经济法学刊》2021 年第 2 期。

等中央政府部门制定部门规章等规范性文件尚值得关注。根据最高人民法院和最高人民检察院《关于办理侵犯公民个人信息刑事案件适用法律若干问题的解释》第 2 条的规定，违反法律、行政法规、部门规章有关公民个人信息保护的规定的，应当认定为《刑法》第 253 条之一规定的“违反国家有关规定”。以实践来看，针对当前数字经济发展中日益丰富和复杂的个人信息处理实践，我国相关主管部门纷纷结合各自监管工作的实际需要出台了不少与个人信息保护相关的规范性文件，就其实际效用而论，这些规范性文件虽未必当然属于本条规定的“法”的范畴，但对个人信息处理行为合法性的判断具有不可忽视的作用。例如，国家网信办秘书局、工信部办公厅、公安部办公厅、国家市场监督管理总局办公厅在 2019 年联合印发的《App 违法违规收集使用个人信息行为认定方法》（国信办秘字〔2019〕191 号）列举出“未公开收集使用规则”“未明示收集使用个人信息的目的、方式和范围”“未经用户同意收集使用个人信息”“违反必要原则，收集与其提供的服务无关的个人信息”“未经同意向他人提供个人信息”“未按法律规定提供删除或更正个人信息功能”或“未公布投诉、举报方式等信息”7 类常见的违法违规处理个人信息的行为，并对各类违法违规行为的认定作出了明确的规定，为监督管理部门的行政执法提供了重要的参考，也为个人信息处理者自查自纠和网民社会监督提供积极指引，对于个人信息是否“非法”的判断无疑具有不可忽视的现实意义。

其二，任何组织、个人不得从事危害国家安全、公共利益的个人信息处理活动。个人信息虽首先体现为信息主体的个人利益，但同时也与国家安全、公共利益不无相关。不得从事危害国家安全、公共利益是法律对各类个人信息处理活动的兜底性、强制性要求。从实践来看，某些网络运营者的个人信息处理行为，虽未必违反现有法律、行政法规的禁止性规定，或者已经征得个人信息主体的明确同意，但如其已实际构成对国家安全或公共利益的侵害，根据本条的规定，信息处理者也许因此承担相应的法律责任。

【关联规定】

《中华人民共和国宪法》第5条,《中华人民共和国刑法》第253条之一,《中华人民共和国民法典》第111条,《中华人民共和国国家安全法》第13条,《中华人民共和国网络安全法》第12条,《中华人民共和国数据安全法》第8条

（撰稿人：雷震文）

第十一条 【国家个人信息保护的主要任务】 国家建立健全个人信息保护制度,预防和惩治侵害个人信息权益的行为,加强个人信息保护宣传教育,推动形成政府、企业、相关社会组织、公众共同参与个人信息保护的良好环境。

【释义】

本条是关于国家个人信息保护主要任务的规定。经济社会发展进入数字时代,个人信息保护已成为广大人民群众最关心最直接的利益问题之一,也是国家需要介入和承担的重要任务。有学者指出,国家负有对公民人格尊严和隐私、安宁进行保护的义务,随着数字时代的来临,该种义务扩展到对个人信息相关权益的保护。[①] 2020年通过的《民法典》规定"自然人的个人信息受法律保护",[②] 从法律上明确了"个人信息受保护权"这一个人基本权利。此次《个人信息保护法》第11条首次提出国家在个人信息保护方面的主要任务,进一步明确了建立健全个人信息保护制度、预防和惩治侵权行为、宣传教育、营造良好环境等具体工作,通过强调国

① 参见王锡锌:《个人信息国家保护义务及展开》,载《中国法学》2021年第1期。
② 参见《民法典》第111条。

家保护任务及其落实，更有利于个人信息保护目标的实现。值得注意的是，本条的规定也与《个人信息保护法》第六章“履行个人信息保护职责的部门”密切相关，本条规定的国家个人信息保护任务需要通过第六章规定的国家网信部门、国务院有关部门等履行个人信息保护职责的部门[①]来具体执行。具体来看，本条可以从四个方面理解国家关于个人信息保护的主要任务。

一是国家建立健全个人信息保护制度。从国际社会来看，通过建立完善法律制度强化个人信息保护，已经成为绝大多数国家和地区的普遍做法。例如，1995 年欧盟议会与欧盟理事会通过的《关于涉及个人数据处理的个人保护以及此类数据自由流动的指令》（95 指令）要求成员国完善数据保护立法，以落实数据处理领域的国家数据保护义务；[②] 2016 年欧盟通过的《一般数据保护条例》[③] 进一步强化了个人数据保护的基本制度并对成员国直接适用，更为直接地贯彻了个人信息国家保护工作的要求。党的十八大以来，我国个人信息保护相关立法工作持续推进，全国人大及其常委会在制定修订《关于加强网络信息保护的决定》《网络安全法》《电子商务法》《消费者权益保护法》等立法工作中，逐步确立了我国个人信息保护的基本原则和主要制度；[④] 在《刑法修正案（九）》中，增加了惩治侵害个人信息犯罪的法律制度；[⑤] 在编纂《民法典》时，设立“隐私权与

---

① 参见《个人信息保护法》第 59 条。

② See EC, Directive 95/46/EC of the European Parliament and of the Council of 24 October 1995 on the protection of individuals with regard to the processing of personal data and on the free movement of such data, OJ L 281, 23. 11. 1995, pp. 31 – 50.

③ See EU, Regulation (EU) 2016/679 of the European Parliament and of the Council of 27 April 2016 on the protection of natural persons with regard to the processing of personal data and on the free movement of such data, and repealing Directive 95/46/EC, OJ L 119, 4. 5. 2016, pp. 1 – 88.

④ 参见《网络安全法》第四章“网络信息安全”；《电子商务法》第 23 条至第 25 条；《消费者权益保护法》第 14 条、第 29 条等。

⑤ 参见《刑法修正案（九）》第 17 条：将《刑法》第 253 条之一修改为：“违反国家有关规定，向他人出售或者提供公民个人信息，情节严重的，处三年以下有期徒刑或者拘役，并处或者单处罚金；情节特别严重的，处三年以上七年以下有期徒刑，并处罚金。违反国家有关规定，将在履行职责或者提供服务过程中获得的公民个人信息，出售或者提供给他人的，依照前款的规定从重处罚。窃取或者以其他方法非法获取公民个人信息的，依照第一款的规定处罚。单位犯前三款罪的，对单位判处罚金，并对其直接负责的主管人员和其他直接责任人员，依照各该款的规定处罚。”

个人信息保护”章节[①]，将个人信息受法律保护作为一项重要民事权利作出规定。虽然近年来我国个人信息保护法律制度建设取得积极进展，但个人信息保护工作具有动态性、技术性等特征，现有法律制度仍难以适应信息化快速发展的现实情况和人民日益增长的美好生活需要，需要在现行法律法规基础上，根据实践情况的变化持续制定修订相关制度规则，增强法律规范的系统性、针对性和可操作性，在个人信息保护方面形成更加完备的制度、提供更加有力的法律保障。因此，从这个角度理解，《个人信息保护法》的出台是我国个人信息保护法律制度建设的新起点，在此基础上国家将进一步健全我国个人信息保护相关制度规则。

二是国家预防和惩治侵害个人信息权益的行为。当前，我国互联网产业的盈利模式从在线广告向基于大数据的定向推送、精准营销转变，用户个人信息成为企业获利的核心价值源。虽然我国个人信息保护力度不断加大，但在现实生活中，一些企业、机构甚至个人，从商业利益等出发，随意收集、违法获取、过度使用、非法买卖个人信息，利用个人信息侵扰人民群众生活安宁、危害人民群众生命健康和财产安全等问题仍十分突出。[②]因此，《个人信息保护法》进一步规定，国家预防和惩治侵害个人信息权益的行为。2020 年 12 月印发的《法治社会建设实施纲要（2020—2025 年）》也明确提出，要严格规范收集使用用户身份、通信内容等个人信息行为，加大对非法获取、泄露、出售、提供公民个人信息的违法犯罪行为的惩处力度。随着《个人信息保护法》的出台，我国个人信息保护法律体系基本形成，为预防和惩治侵害个人信息权益提供了更强有力的制度保障，一方面，通过强化个人信息处理者的义务、落实相关主体的责任等手段来预防侵害个人信息权益的行为；另一方面，通过设定民事责任、行政处罚、刑事追责等严厉惩治违法违规处理个人信息的活动，从而实现维护个人信息权益的目的。

---

① 《民法典》人格权编第六章。

② 参见全国人大常委会法制工作委员会：《关于〈中华人民共和国个人信息保护法（草案）〉的说明》。

三是国家加强个人信息保护宣传教育。对于大多数普通用户而言，个人信息保护仍然是一个比较陌生的问题，多途径加强个人信息保护相关的普及宣传力度，推动形成个人信息保护知法守法良好氛围非常重要。一方面，很多用户对于侵害自身个人信息权益的危害性认识不深，实践中很多侵害个人信息权益的行为具有隐蔽性，普通用户难以察觉；另一方面，个人信息权益受到侵害后，很多用户不知道该采取何种措施维护自身权益。为此，2016 年通过的《网络安全法》就曾规定，国家采取措施提高社会的网络安全意识和水平；[①] 2021 年通过的《数据安全法》也规定，国家支持开展数据安全知识宣传普及，提高全社会的数据安全保护意识和水平。[②] 近年来，国家网信部门连续举办“国家网络安全宣传周”，并组织开展个人信息保护主题日活动，通过发放宣传资料、讲解个人信息保护方法、普及网络安全知识等方式，使广大市民对网络安全以及个人信息保护有更深的了解，进一步增强了网络安全和个人信息保护意识。未来，随着《个人信息保护法》的施行，履行个人信息保护职责的部门将按照有关要求，开展个人信息保护宣传教育，指导、监督个人信息处理者开展个人信息保护工作，帮助引导广大网民树立良好的个人信息保护意识。[③]

四是国家推动形成政府、企业、相关社会组织、公众共同参与个人信息保护的良好环境。个人信息保护工作情况复杂多变、涉及主体众多，是一项系统工程，需要政府、企业、行业、个人等不同主体的积极参与，共同营造良好的个人信息保护环境。《数据安全法》规定，推动有关部门、行业组织、科研机构、企业、个人等共同参与数据安全保护工作，形成全社会共同维护数据安全和促进发展的良好环境。[④] 此次《个人信息保护法》也作了类似的规定。首先，对于政府监管部门而言，要积极履行保护职责，着力推进治理创新。个人信息保护工作需要公权力发挥主导作用，

---

① 参见《网络安全法》第 6 条。
② 参见《数据安全法》第 9 条。
③ 参见《个人信息保护法》第 61 条。
④ 参见《数据安全法》第 9 条。

《个人信息保护法》第六章规定了履行个人信息保护职责的部门应该履行的个人信息保护职责，目前相关部门也正在创新监管手段、完善监管措施。其次，要持续强化行业自律和社会监督。行业自律和社会监督虽然没有政府管理的强制力，但它可以通过制造舆论来影响个人信息保护工作的开展。目前，我国先后建立了中国互联网协会个人信息保护工作委员会等多个行业组织以及互联网信息服务投诉平台等多个投诉举报平台，在个人信息保护中发挥了积极作用。再次，企业要不断提高履责水平。企业是最主要的市场主体，与传统领域治理相比，由于互联网企业是当前最主要的个人信息处理者，因此也是个人信息保护的重要实践者与行动者，其履责水平的高低直接关系到个人信息保护的水平。《个人信息保护法》第五章明确规定了个人信息处理者的义务，为企业主体保护个人信息提供了具体指引。最后，公众是个人信息保护的直接参与者，是个人信息保护工作的起点和归宿，要强化公众个人信息保护意识，推动其深入参与相关工作。

【关联规定】

《中华人民共和国民法典》第 111 条，《中华人民共和国网络安全法》第 6 条，《中华人民共和国数据安全法》第 9 条

（撰稿人：何波）

第十二条　【个人信息保护国际交流合作】国家积极参与个人信息保护国际规则的制定，促进个人信息保护方面的国际交流与合作，推动与其他国家、地区、国际组织之间的个人信息保护规则、标准等互认。

【释义】

本条是关于个人信息保护国际交流合作的规定。当前，个人信息保护已经成为全球共同面临的问题，加强个人信息保护领域国际合作也正在成为一个全球性的议题。随着各国数字经济的发展，目前有超过 140 多个国家和地区先后制定了个人信息保护领域的法律，[①] 但由于各国互联网技术发展水平以及数字经济发展程度不同，其在对待个人信息保护方面的理念和态度存在较大差异，在一定程度上阻碍了个人信息保护国际规则和共识的形成。与此同时，互联网又是一个全球性的网络，任何一个国家个人信息保护的法律政策都会产生超出国界的后果，产生全球范围的影响。[②] 在实践中，某一经济体制定的个人信息保护法律规定，对于另一经济体而言，可能就构成了贸易壁垒。近年来，世界各国已经深刻认识到加强个人信息保护国际合作的重要性，并采取了很多实际行动。例如，在《跨太平洋伙伴关系协定》（TPP）、《区域全面经济伙伴关系协定》（RECP）等系列国际数字贸易相关协定中，都将个人信息保护规则作为重要议题，并强调加强该议题的合作交流。[③]

我国也高度重视包括个人信息保护在内的网络空间国际合作。2016 年通过的《网络安全法》就明确规定了国家参与网络安全国际合作的内容，强调加强个人信息保护在内的网络安全国际合作的任务与目标；[④] 2017 年，外交部和国家互联网信息办公室发布了《网络空间国际合作战略》，也明确提出促进企业提高数据安全保护意识，支持企业加强行业自律，就

---

① 参见全国人大常委会法制工作委员会：《关于〈中华人民共和国个人信息保护法（草案）〉的说明》。

② See Akhtar, Shayerah Ilias, and Wayne M. Morrison, Digital Trade and US Trade Policy, Congressional Research Service, May 21, 2019.

③ 参见《跨太平洋伙伴关系协定》第 14.8 条；《区域全面经济伙伴关系协定》第十二章第 8 条。

④ 《网络安全法》第 7 条规定，国家积极开展网络空间治理、网络技术研发和标准制定、打击网络违法犯罪等方面的国际交流与合作，推动构建和平、安全、开放、合作的网络空间，建立多边、民主、透明的网络治理体系。

网络空间个人信息保护最佳实践展开讨论，推动政府和企业加强合作，共同保护网络空间个人隐私。[①] 此前通过的《数据安全法》也指出，国家积极开展数据安全治理、数据开发利用等领域的国际交流与合作，参与数据安全相关国际规则和标准的制定，促进数据跨境安全、自由流动。[②] 此次《个人信息保护法》第12条规定，进一步明确了我国在个人信息保护国际合作交流方面的发展战略，包括三个层面，即国际规则制定、国际交流合作以及标准规则互认。

首先是参与个人信息保护国际规则的制定。周鲠生教授指出，“国内法和国际法之间不是相互对立而是相互联系的，国家既制定国内法，也参与制定国际法”。[③] 近年来，中国在建立健全国内个人信息保护制度规则的同时，也在相关国际协定或条约中积极推进个人信息保护议题。早在2015年签署的《中国—韩国自由贸易协定》电子商务章节中就明确规定“各缔约方认识到在电子商务中保护个人信息的重要性，应采纳或实施措施以保证电子商务用户的个人信息得到保护，并就电子商务中的个人信息保护交流信息和经验。”[④] 此外，在2020年中国主导推动达成的《区域全面经济伙伴关系协定》中也设置了“线上个人信息保护”专门条款，规定“每一缔约方应当采取或维持保证电子商务用户个人信息受到保护的法律框架”，并要求“缔约方应当在可能的范围内合作，以保护从一缔约方转移来的个人信息”。[⑤] 现阶段，虽然各国都认识到个人信息保护的重要性，但尚未形成个人信息保护的普遍共识，相关国际规则还处于形成的阶段。中国拥有最大的互联网用户群体，也是全球第二大数字经济体，未来应该在个人信息保护国际规则制定中发挥更大作用，增强中国在国际规则制定中的话语权，这也是《个人信息保护法》相关规定的目的。

其次是促进个人信息保护方面的国际交流与合作。从全球范围来看，

---

① 参见《网络空间国际合作战略》第四章行动计划第6项：倡导对隐私权等公民权益的保护。
② 参见《数据安全法》第11条。
③ 参见周鲠生：《国际法》（上册），商务印书馆1976年版，第19～21页。
④ 参见《中国—韩国自由贸易协定》第13.5条。
⑤ 参见《区域全面经济伙伴关系协定》第十二章第8条。

个人信息和数据保护的议题由来已久，1970 年全球首部个人数据保护法出现在德国黑森州，随后瑞典、奥地利、丹麦、法国、挪威等国先后立法，相关国际组织也发布了个人信息保护的指南，掀起了全球范围内个人数据立法高潮。中国个人信息保护工作起步相对较晚，需要充分借鉴吸收有关国际组织和国家、地区的有益做法和实践经验，建立健全适应我国个人信息保护和数字经济发展需要的法律制度。近年来，随着国内个人信息保护相关工作的持续推进，中国也开始积极主动开展个人信息保护领域的国际交流活动。例如，在 2018 年第五届世界互联网大会上，最高人民检察院主办了“大数据时代的个人信息保护”分论坛，来自中国、俄罗斯、白俄罗斯、厄瓜多尔等国检察机关首脑和资深检察官，以及来自多国相关领域专家学者出席论坛，深入交流了各国个人信息保护的经验和做法。与此同时，中国也需要主动向国际社会传达自身个人信息保护经验主张，发出中国声音，贡献中国智慧。2020 年 9 月，中国在“抓住数字机遇，共谋合作发展”国际研讨会上发布《全球数据安全倡议》，强调各方应在相互尊重的基础上，加强沟通交流，倡议各国承诺采取措施防范、制止利用网络侵害个人信息的行为，反对滥用信息技术从事针对他国的大规模监控、非法采集他国公民个人信息。随着数字经济全球化发展，未来个人信息保护的融合性、国际性会越来越明显，相关工作的国际交流与合作也将更加频繁。

最后是推动与其他国家、地区、国际组织之间的个人信息保护规则、标准等互认。实践中，一国制定的个人信息保护法律规则、政策标准等往往是立足本国具体国情，优先促进本国产业发展，旨在维护本国数字贸易发展利益，而不同成员之间如果没有共同的规则或具有互认的机制，其对互联网和个人信息保护的不同监管要求可能导致国际和地区之间贸易、投资壁垒增加，从而限制企业和消费者进入市场的意愿和能力，影响国际交流与合作。因此，随着国际数字贸易的发展，很多国际贸易协定在强调维持或制定国内个人信息保护法律框架的同时，提出要求各缔约方充分考虑到现有的国际个人信息保护相关规则、标准，并推动解决不同缔约方之间个人信息保护兼容性或一致性的问题。例如欧盟在《加勒比论坛国家—欧盟自由贸易协定》《欧盟—韩国自由贸易协定》等中都明确要求"电子商务的发展必须与最高的国际数据保护标准完全兼容"。①除国际标准外，部分协议中还提出要参考有关国际组织或机构的标准、规则或原则。例如《区域全面经济伙伴关系协定》电子商务章节规定"在制定保护个人信息的法律框架时，每一缔约方应当考虑相关国际组织或机构的国际标准、原则、指南和准则"②。当前，发达成员间围绕个人信息跨境流动正在推动区域性互操作机制的建立，以解决跨大西洋个人信息传输问题；再如，欧盟采用 GDPR 中的充分性认定来推动双边国际合作互认，截至 2021 年 6 月，欧盟委员会已承认安道尔、阿根廷、加拿大、法罗群岛、根西岛、以色列、马恩岛、日本、泽西岛、新西兰、瑞士、乌拉圭、韩国和英国等提供了足够的个人数据保护水平。③未来，我国也应积极参与关于个人信息保护技术、标准、政策等多方面的国际交流与合作，寻求与重要贸易伙伴国家建立个人信息保护互认等信任机制。

【关联规定】

《中华人民共和国网络安全法》第 7 条，《中华人民共和国数据安全法》第 11 条

（撰稿人：何波）

---

① See EU – CARIFORUM Economic Partnership Agreement，Article 119. 2；European Union – South Korea Free Trade Agreement，Article 7. 48. 2.

② 参见《区域全面经济伙伴关系协定》第十二章第 8 条第 2 款。

③ See European Commission，Adequacy decisions，How the EU determines if a non – EU country has an adequate level of data protection，available at：https：//ec. europa. eu/info/law/law – topic/data – protection/international – dimension – data – protection/adequacy – decisions_ en，last visited on 18 Aug 2021.

第二章　个人信息处理规则

【导读】

本章明确个人信息处理的基本规则。本章在第一章所确立个人信息处理应遵循原则的基础上，在规则层面对个人信息保护的有关问题进一步细化明确，分为一般规定（第二章第一节）、敏感个人信息的处理规则（第二章第二节）、国家机关处理个人信息的特别规定（第二章第三节）等章节。可以说，本章规定的有关制度设计是本法的核心之一，同时也构成了我国目前关于个人信息处理规则的顶层设计。

本章主要从沿用“告知—同意”核心框架、提出全生命周期针对性要求、对敏感个人信息特殊强化保护、专节规定国家机关处理规则等方面着手，系统构建个人信息保护的规则体系，体现了国际主流经验与国内法治实践、促进发展与维护安全、审慎性与前瞻性的衔接统一，有效解决了此前相关法律规范碎片化、位阶低以及缺乏顶层设计的问题，为数字经济时代贡献了个人信息保护的中国方案。

第一，沿用以“告知—同意”为核心框架的个人信息处理系列规则。系列规则有助于更好保障公民个人对于自身个人信息处理的知情权与决定权，主要体现在：其一，要求处理个人信息应当以显著方式、清晰易懂的语言真实、准确、完整地告知个人，在个人充分知情的前提下取得个人自愿、明确的同意（第13条第1款、第14条第1款、第17条），当处理目的、处理方式、处理种类等重要事项发生变更的应当重新取得个人同意（第14条第2款），个人有权撤回同意（第15条）。此外，规定在紧急情况下无法及时告知的，应当在紧急情况消除后及时告知（第 18 条）。其二，不得以个人不同意处理其个人信息或者撤回同意为由，拒绝提供产品或者服务（第 16 条）。其三，考虑到经济社会生活的复杂性和个人信息处理的不同情况，本法还对基于个人同意以外合法处理个人信息的情形作了规定，如为订立、履行合同或者人力资源管理所必需、为履行法定职责或者法定义务所必需、应对突发公共卫生事件或者紧急情况所必需、为公共利益在合理范围内处理等情形作为个人信息处理的合法性基础（第 13 条第 1 款第 2 项至第 7 项）。

第二，明确对个人信息的全生命周期各环节的规则要求。根据个人信息处理的不同环节、不同个人信息种类针对性明确规则要求，既注重对域外公平信息实践、《一般数据保护条例》等法治经验的借鉴参考，又注重与《网络安全法》《数据安全法》等法律的衔接，同时注重将散见于部门规章、规范性文件、行业标准等内容表述及实践中较为成熟的经验吸收上升为法律。其一，收集环节，以前述“告知—同意”为核心。其二，存储环节，明确个人信息的保存期限应当为实现处理目的所必要的最短时间（第 19 条）。其三，对个人信息的共同处理（第 20 条）、委托处理（第 21 条）、向第三方提供（第 22 条、第 23 条）、公开（第 25 条）、处理已公开的个人信息（第 27 条）等情形提出针对性的要求。其四，回应大数据杀熟、人脸识别等社会广泛关注的热点问题。明确自动化决策应当保证决策的透明度和结果公平、公正，不得对个人在交易价格等交易条件上实行不合理的差别待遇（第 24 条）。规定公共场所的识别设备所收集的个人图像、身份识别信息只能用于维护公共安全的目的，不得用于其他目的（第 26 条）。

第三，对敏感个人信息特殊强化保护，同时将儿童个人信息纳入敏感个人信息范围。其一，确定了敏感个人信息范围，主要包括生物识别、宗教信仰、特定身份、医疗健康、金融账户、行踪轨迹等信息，以及不满 14 周岁未成年人的个人信息（第 28 条）。其二，明确只有在具有特定的目的和充分的必要性的情形下，方可处理敏感个人信息，并且应当取得个人的单独同意或者书面同意（第 28 条第 2 款、第 29 条、第 30 条）。其三，与《未成年人保护法》《儿童个人信息网络保护规定》等对不满 14 周岁的未成年人个人信息进行特别保护的规定相衔接，规定应当取得未成年人的父母或者其他监护人的同意及制定专门的个人信息处理规则（第 31 条）。其四，行政法规层级以上对处理敏感个人信息规定应当取得相关行政许可或者作出其他限制的，从其规定（第 32 条）。

第四，设专节规定国家机关处理个人信息的规则。在保障国家机关（含法律、法规授权的具有管理公共事务职能的组织）依法履行职责的同时，要求处理个人信息应当依照法律、行政法规规定的权限和程序进行，不得超出履行法定职责所必需的范围和限度（第 33 条、第 34 条、第 37 条），处理的个人信息应当履行告知义务（第 35 条），同时应当在境内存储，确需向境外提供的应当进行安全评估（第 36 条）。

（撰稿人：沈达）

第一节 一般规定

第十三条 【个人信息处理的合法性基础】 符合下列情形之一的，个人信息处理者方可处理个人信息：

（一）取得个人的同意；

（二）为订立、履行个人作为一方当事人的合同所必需，或者按照依法制定的劳动规章制度和依法签订的集体合同实施人力资源管理所必需；

（三）为履行法定职责或者法定义务所必需；

（四）为应对突发公共卫生事件，或者紧急情况下为保护自然人的生命健康和财产安全所必需；

（五）为公共利益实施新闻报道、舆论监督等行为，在合理的范围内处理个人信息；

（六）依照本法规定在合理的范围内处理个人自行公开或者其他已经合法公开的个人信息；

（七）法律、行政法规规定的其他情形。

依照本法其他有关规定，处理个人信息应当取得个人同意，但是有前款第二项至第七项规定情形的，不需取得个人同意。

【释义】

本条规定了处理个人信息的合法性基础。本条第 1 款第 1 项规定个人信息处理者处理个人信息应当“取得个人的同意”。全国人大常委会法制工作委员会副主任刘俊臣在将草案提交全国人大常委会审议时，明确指出

《个人信息保护法》确立以“告知—同意”为核心的个人信息处理一系列规则。“告知—同意”是处理个人信息最基本的原则，符合人们对个人信息保护的直观认识，并衍生出更正权、删除权等重要权利。相较于《民法典》第1035条的规定而言，《个人信息保护法》规定的合法性基础还包括履行合同所必需、履行法定职责和法定义务等。

一、知情同意原则的确立

2009年之前的司法解释和当年底通过的《侵权责任法》第2条明确规定“隐私”是一种民事权益，由此个人信息得以借助侵权法路径予以保护。但是这种保护路径过窄而且存在对应上的不足，特别是主要依赖事后机制。随着网络的普及，个人信息一旦泄露，往往很难真正“恢复原状”，个人信息的事前保护机制建设逐渐被提上议程。

2012年由人大常委出台的《关于加强网络信息保护的决定》具备着明显的开创性意义。《关于加强网络信息保护的决定》第2条明确提出在企业收集、使用个人信息时，应当明示收集、使用信息的目的、方式和范围，并经被收集者同意——“知情同意原则”被首次提出。遗憾的是，《关于加强网络信息保护的决定》因欠缺配套措施，宣示意义远大于规范意义。在2013年，中国首个个人信息保护国家标准——《信息安全技术、公共及商用服务信息系统个人信息保护指南》（以下简称《指南》）出台。该《指南》明确了数据处理的基本原则：目的明确原则、最少够用原则、公开告知原则、个人同意原则、质量保证原则、安全保障原则、诚信履行原则、责任明确原则。这些为数据行为建立了行为规范基准，具有强大的事先引导和保障功能。尤其值得注意的是，《指南》将知情同意原则具体化，强调了“分层通知”的理念，即在信息收集、加工、转移、删除各个阶段都应当保障数据主体的知情同意。同年，工信部还出台了《电信和互联网用户个人信息保护规定》，第9条明确强调电信业务经营者、互联网信息服务提供者在收集数据时必须遵守“知情同意原则”。

与此同时，面对个人信息泄露、信息安全堪忧的情况，司法机关也开始发布一些指引，确立知情同意等相应个人信息保护的事先机制，以弥补成文法的不足。2014 年最高人民法院出台了《关于审理利用信息网络侵害人身权益民事纠纷案件适用法律若干问题的规定》，该规定第 9 条对《侵权责任法》规定的“避风港原则”进行必要的补充，第 12 条明确了对“敏感信息”的收集和使用必须得到信息主体的事前同意。通过行政和司法部门的上述努力，个人信息保护的知情同意原则就此确立。

现代社会中的个人信息主要指的便是在互联网中流通的数据。2016 年 11 月 7 日《网络安全法》发布，对互联网语境的个人信息安全作出了具体的回应。《网络安全法》在个人信息转让方面放松了对信息主体同意的同意，但总体上仍然以其知情同意为数据活动的正当性基础。根据《网络安全法》第 41 条，个人信息的收集和使用都必须确保用户的“知情同意”。2021 年 1 月 1 日生效的《民法典》第 1035 条第 1 款第 1 项进一步明确个人信息主体的同意是处理个人信息的合法性基础。《个人信息保护法》第 13 条第 1 款第 1 项也延续了《民法典》的规则。知情同意原则的历史发展表明，个人信息主体的知情同意是个人信息处理首要的合法性基础。个人信息处理者应当履行告知义务，并征得个人的同意。知情同意的具体要求参见其他法条。

二、其他合法性事由

2021 年 1 月 1 日生效的《民法典》第 1035 条第 1 款第 1 项规定，知情同意是个人信息处理的合法性基础。《个人信息保护法》扩张了个人信息处理的合法性基础。当今世界，数据资源如同石油一样是经济的血液，是企业乃至国家核心竞争力的重要组成部分。法律制度应当在合理保护个人信息的基础上给予企业数据活动的便利。这种便利，在微观层面表现为数据企业得以在特定目的范围内为自己的目的而利用相关个人信息，进而改进经营或者管理；在宏观层面表现为，个人信息通过合法途径有效汇入数据资源从而发挥大数据的放大效果。因此，个人信息保护立法要兼顾个人信息保护与个人信息的合法使用。“知情同意原则”赋予了信息主体对其个人信息的支配性地位，但增加了社会交往的成本，未必有利于经济、技术的发展。为使各方利益均能够得到充分主张和合理分配，有效实现个人信息权益保护和个人信息合理利用之间的动态平衡，《个人信息保护法》规定了其他六项个人信息处理合法性基础。该条第 2 款规定："依照本法其他有关规定，处理个人信息应当取得个人同意，但是有前款第二项至第七项规定情形的，不需取得个人同意。"

1. 第 2 项规定的情形为"为订立、履行个人作为一方当事人的合同所必需"。当处理个人信息为服务内容时，即便处理者未取得个人的同意，也可以在一定限度下处理其个人信息。信息主体自愿进入合同，通过约定限制自己的权利或为自己设定义务，故以合同所必需为由处理个人信息具有合法性与正当性。例如，当个人信息主体使用地图导航时，此时地图处理个人的地理位置数据便是履行合同所必需。需注意，当导航完成后，地图继续保留、使用行程记录就应当征得个人的明确同意。

相较于《个人信息保护法草案（一次审议稿）》和《个人信息保护法草案（二次审议稿）》的规定，最终通过的《个人信息保护法》将该项扩张包括"按照依法制定的劳动规章制度和依法签订的集体合同实施人力资源管理所必需"。企业管理员工可能会使用员工的个人信息，如年龄、生日、求职经历等。在物联网时代，员工的地理位置信息也可能时刻被搜集，如饿了么、美团等平台实时记录快递员的送货信息等。因此，《个人信息保护法》将个人信息处理者和个人信息主体之间的合同扩张至劳动合同。由于人力资源管理涉及员工日常工作的方方面面，如果过度扩张"人力资源管理所必需"的适用场景，个人信息处理者可能利用此条，并凭借雇主优势地位肆意收集、使用员工个人信息，侵害员工合法权益。为此，《个人信息保护法》仅将人力资源管理所必需的场景限缩于"按照依法制定的劳动规章制度和依法签订的集体合同实施人力资源管理"这两大场景之下。例如，个人信息处理者收集员工的银行卡信息，以履行劳动合同中关于薪酬支付的约定。

2. 第 3 项规定的情形为"为履行法定职责或者法定义务所必需"，即若个人信息处理者的处理行为有明确的法律法规作为依据，则该处理行为合法。该项规定主要针对公权力主体在法律法规的授权下处理公民个人信息的行为。公权力主体为了实现国家职能，对处理公民个人信息存在需求。与私法意思自治的逻辑不同，公权力机关在符合比例原则等法律要求的前提下，即便未取得信息主体的同意，其处理行为也具有正当性。从体系出发，本法第 35 条规定："国家机关为履行法定职责处理个人信息，应当依照本法规定履行告知义务；有本法第十八条第一款规定的情形，或者告知将妨碍国家机关履行法定职责的除外。"国家机关履行法定职责虽然不需要征得公民的同意，但应当履行告知义务，除非与保密规定相龃龉或者将妨碍履行职责。疑义之处在于，在给付行政当中，公权力机关处理个人信息是否无需征得公民的同意。例如，上海推动"互联网 + 政务服务"，强调"智能感知"和"惠民推送"，提出探索人才政策的精准测算和推送工作；① 贵州省也强调要为企业提供"一站式"政策咨询服务，并根据适用范围向符合条件的企业精准推送等。② 一些政务系统已经能够借助对个人信息的处理实现"私人订制"，自动感知当前用户需要的、正在办的、已办理的所有事项与服务，主动精准化推荐。③ 例如，自动化算法基于"孕妇"这个标签可以主动推送准生证办理、产检办理、挂号办理等信息，甚至从婴儿出生以后围绕人的生命周期都可以提供主动的推荐服务。对于上述问题，还需要进一步研究。

3. 第 4 项规定的情形为"为应对突发公共卫生事件，或者紧急情况下为保护自然人的生命健康和财产安全所必需"。前半句所述的情形与公共卫生事件有关，由政府机关作为个人信息处理者；后半句则是紧急避险制度的具体化，此时处理者可能是国家机关或民事主体。对个人信息的处理使行政机关能够制定有效的应急决策、采取具有针对性的防控措施，来应

---

① 参见《上海市人民政府办公厅关于印发〈2021 年上海市政务公开工作要点〉的通知》（沪府办〔2021〕21 号）。

② 参见《贵州省人民政府办公厅关于印发〈贵州省 2021 年政务公开工作要点〉的通知》（黔府办函〔2021〕39 号）。

③ 为了实现该目的，政府首先建立数字画像，通过本体画像定位某一个具体公民可能需要的服务；其次进行业务打标，包括事项打标、政策打标、应用打标；最后借助自动化算法计算公民之间的相似度、业务之间的关联度、公民对事项的评分、公民分群、热门排行、实时偏好，判断公民处于哪个体验环节，有什么样的需求目标，结合公民、场景、算法输出数据和业务，进行精准化惠民推荐。

对突发、隐蔽、易传播的传染病。中央网络安全和信息化委员会办公室于2020年专门颁发了《关于做好个人信息保护利用大数据支撑联防联控工作的通知》，要求各级政府积极利用包括个人信息在内的大数据支撑联防联控工作，也鼓励企业在政府部门的指导下，利用大数据分析重点人群的流动情况，为联防联控提供大数据的支持。我们认为，在本项规定的理解与适用上需注意以下几点：

其一，应急行政的情形也应适用法律保留原则。《突发事件应对法》第69条规定，在进入紧急状态前，行政主体应先采取法律、法规、规章规定的应急处置措施。换言之，行政主体在此情形下处理个人信息的职权行为也应满足法律保留的要求。实践中则需注意，授权行政主体在应急事件中处理个人信息的依据的效力层级。

其二，“必需”要求个人信息的处理需限于“明确、特定的目的”。

其三，依照本项规定处理个人信息虽然无需经过个人同意，但仍应根据本法第18条向有关个人告知。

4. 第5项规定的情形为“为公共利益实施新闻报道、舆论监督等行为，在合理的范围内处理个人信息”。该项表明，未经个人同意处理其个人信息的前提是，实施新闻报道和舆论监督以维护国防、公共卫生等公共利益为目的，而娱乐性的报道或对不道德行为的监督不符合本项规定的情形。[①] 该项也与《民法典》第999条呼应。《民法典》第999条后半句规定，使用不合理侵害民事主体人格权的，应当依法承担民事责任。新闻报道、舆论监督不合理地使用个人信息，是否就一定要承担民事责任？联系《民法典》第1025条和第1026条，新闻机构享有“新闻优先权”，只要尽到合理审核义务，即可以免予承担责任。因此，新闻机构承担的责任类型是过错责任，而非无过错责任。对公众人物的舆论监督也应当奉行同样的原则。在美国New York Times Co. v. Sullivan一案当中，美国联邦最高法院指出，如果涉及的是公共人物，只有当表意人明知其陈述不实或对陈述是

---

① 程啸：《论我国民法典中的个人信息合理使用制度》，载《中外法学》2020年第4期。

否属实毫不在意时，才承担诽谤后果。[1] 因公民有权利和义务监督公众人物，公民仅在存在“真实恶意”（actual malice）的情况下才应承担民事责任。

5. 第6项规定的情形为“依照本法规定在合理的范围内处理个人自行公开或者其他已经合法公开的个人信息”，是新增的处理个人信息的合法性基础。如果个人已经公开个人信息，似乎意味着其主动放弃了对个人信息的保护需求。然而，公开个人信息，并非意味着个人同意他人恣意处理个人信息。当前，中国裁判文书网、中国执行信息公开网等政府机关主办的网站公开发布含有公民个人信息的内容。公众可以从这些网站中获取有关市场主体的信用状况，部分第三方市场主体也利用网络爬虫等技术工具，处理此类公开信息并获取利益。这种行为已然对个人信息主体造成困扰。例如，在“贝尔塔数据技术公司与伊某一般人格权纠纷案”当中，被告转载中国裁判文书网上合法公开的判决书提供商业查询服务，给原告造成困扰。苏州市中级人民法院认为，转载行为本身并不违法，但在原告明确表示反对后，被告即有义务停止处理原告的个人信息。“被告的转载行为有悖于原告对已公开信息进行传播控制的意思表示，违反了合法性、正当性和必要性原则，因此侵犯了原告的个人信息权益。”[2] 2021年1月1日生效的《民法典》第1036条第2项也明确指出，如果自然人明确拒绝处理已公开的个人信息，那么个人信息处理者不得继续处理，哪怕该个人信息是通过合理渠道公开的。[3]

实践对本项规定的解释与适用还存有疑问。其一，从政务公开的目的来看，政府机关公开个人信息的目的是增加政府运行的透明度、发挥社会监督的作用，而非为他人处理个人信息提供资源或便利。个人信息已被公

---

① N. Y. Times Co. v. Sullivan，376 U. S. 254（1964）.

② （2019）苏05民终4745号。

③ 《民法典》第1036条：“处理个人信息，有下列情形之一的，行为人不承担民事责任：（一）在该自然人或者其监护人同意的范围内合理实施的行为；（二）合理处理该自然人自行公开的或者其他已经合法公开的信息，但是该自然人明确拒绝或者处理该信息侵害其重大利益的除外；（三）为维护公共利益或者该自然人合法权益，合理实施的其他行为。”

开，与可以在未经信息主体同意的情况下被使用，似无必然的逻辑关联。本项规定实则意在保护个人信息的同时，实现个人信息的经济与社会价值。其二，“已公开的个人信息”是否仅限于政府机关所公开的个人信息，是否包括信息主体通过社交媒体等途径自行公开的个人信息。其三，如何与刑法上的侵犯公民个人信息罪衔接。根据《个人信息刑事司法解释》第3条第2款：“未经被收集者同意，将合法收集的公民个人信息向他人提供的，属于刑法第二百五十三条之一规定的‘提供公民个人信息’，但是经过处理无法识别特定个人且不能复原的除外。”从该条规定可知，公民个人信息不以具有个人隐私的特征为必要，即便获取或提供的是已经依法公开的个人信息，如果未经公民个人同意，仍可能构成侵犯公民个人信息罪。若将“合理范围内成立已公开的个人信息”作为侵犯公民个人信息罪的前置条件，还需进一步明确。

6. 第7项系参引性规范，为“法律、行政法规规定的其他情形”，留出适用空间——处理者在没有第1项至第6项的情形下处理个人信息，应具有法律或行政法规上的依据。就法定情形而言，本项虽然将合法性基础限于“法律、行政法规”的有关规定，但也需考虑下位法规定在实践中的作用：对于上位法在操作层面的细化规定，部分下位法规定也可以作为行政依据。

【关联规定】

《中华人民共和国网络安全法》第41条，《中华人民共和国民法典》第999条、第1025条、第1026条、第1035条第1款、第1036条

（撰稿人：林洹民、王修齐）

第十四条　【知情同意原则的定义】基于个人同意处理个人信息的，该同意应当由个人在充分知情的前提下自愿、明确作出。法律、行政法规规定处理个人信息应当取得个人单独同

意或者书面同意的，从其规定。

个人信息的处理目的、处理方式和处理的个人信息种类发生变更的，应当重新取得个人同意。

【释义】

本条明确了知情同意是指自愿、明示同意。自愿同意意味着个人信息处理者不能以拒绝提供服务的方式，逼迫个人信息主体同意。本法第16条有所规定，暂且不论。明示同意与默示同意相对，是指个人信息主体选择同意（opt in），而非选择退出（opt out）。本条中的单独同意与概括同意相对，是指个人信息主体针对特定事项单独做出决定，而非概括同意《隐私条款》或《用户协议》等文件。书面同意与口头同意相对。

一、明示同意

虽然2012年全国人大常委会出台的《关于加强网络信息保护的决定》已经提出了知情同意原则，但知情同意的构造并不清晰。在2015年发生的“中国Cookie第一案”中，某度公司强调利用Cookie技术收集个人上网记录是完全合法的，但某度的隐私条款同样几乎很难被用户发现。“默示同意”不等同于“知道”，在该案当中原告乃至一般的用户根本不清楚某度在利用Cookie技术收集数据；上网的浏览记录被径自认为属于“一般信息”恐怕也有值得商榷的空间。[①] 为了回应上述问题，本条强调同意应当明确作出。明确的同意指信息主体通过书面声明或主动做出肯定性动作，对其个人信息进行特定处理做出明确授权的行为，如主动声明，主动勾选，主动点击“同意”“下一步”等。反之，沉默、默认勾选的对话框或者不作为则不构成“同意”。本条确定明示同意为原则，默示同意为例外。

处理个人信息的同意，应当由个人在充分知情的前提下同意。然而，

---

① （2014）宁民终字第5028号。

如何确保“充分知情”一直是知情同意原则适用的难题。充分知情，指信息主体获得了足够的信息，知晓处理个人信息的所有情况及后果。对于企业而言，其告知处理规则的目的在于，在履行法定义务、规避法律风险的同时，尽可能地获得信息主体的同意，所以企业所提供的隐私政策往往事无巨细、冗长混杂。由于信息过载与不对称，个人信息主体一般会直接作出同意，导致同意的质量堪忧，无法真正发挥知情同意原则的作用。[①] 此外，在大数据时代，明确告知信息的使用目的几乎是不可能的。因为大数据分析的奥秘就在于，在数据分析之前根本就没有“目的”——分析师们也不知道会产生什么样的结果。以往，探索和研究往往需要首先提出一个前提假设，然后通过实验以证成或证伪；但在大数据时代，数据分析采用全本而非样本，通过对全部数据的分析，分析师们能够惊奇地发现看似不相关事物之间的相关性，进而获得技术乃至制度创新的灵感。换言之，追求全本而不是样本，追求相关性而非因果性，容忍错误而不苛求精确，大数据使得人们的思维路径发生了根本性的变革。[②] 正是这种“没有目的”的数据分析，使得人们摆脱了“前见”的束缚，进而推动了创新和发展。在这种背景下，要求企业在收集、使用数据之前给出明确的目的说明，未免有些强人所难。即使是在极端强调个人信息保护的德国，也只能无奈地宣称，“虽然要求告知数据主体以数据分析的具体目的，但是可以是框架性和方向性的，而不必穷尽所有的细节”[③]。然而，上述因素并非完全否定告知义务的理由，仅在于防止责之过苛。再者，在个人信息处理过程当中，个人信息的处理目的、处理方式和处理的个人信息种类发生变更的，应当再次告知，并重新取得个人同意（该条第 2 款）。

二、特殊同意规则

部分法律或行政法规可能要求个人的同意以“单独同意或者书面同

---

① 参见吕炳斌：《个人信息保护的“同意”困境及其出路》，载《法商研究》2021 年第 2 期。

② ［英］维克托·迈尔－舍恩伯格、肯尼斯·库克耶：《大数据时代：生活、工作与思维的大变革》，盛杨燕、周涛译，浙江人民出版社 2013 年版。

③ Schwiering Ohrtmann，Big Data und datenschutz – rechtliche Herausforderung und Lösungsans'tze，NJW 2014，2987.

意”的方式作出。单独同意重在突出告知义务，强调企业应引起个人的重视。只要能够引起个人信息主体的重视，就可以采取各种形式。企业可以根据自己的实际运营情况进行灵活选择。本法第 23 条、第 25 条、第 26 条、第 29 条和第 39 条分别规定了需要取得单独同意的情形。该列举并非封闭，其他法律、行政法规也可以施加同类要求。例如，《征信业管理条例》第 14 条规定，征信机构明确告知信息主体提供个人财产信息可能产生的不利后果，并取得其书面同意的，可以采集。

三、立法过程中的争议问题

《个人信息保护法草案（一次审议稿）》最初将同意界定为意思表示：处理个人信息的同意，应当由个人在充分知情的前提下，自愿、明确作出意思表示。“同意”的性质认定将对后续规则的设计产生直接影响，不可不察。相比较而言，《个人信息保护法草案（二次审议稿）》不再直接将处理个人信息的“同意”认定为“意思表示”。有观点认为，“同意”系法律行为。个人信息具有财产性利益，“同意”则意味着信息主体许可他人对其个人信息进行商业化利用，根据其自身的意思表示实现相应的法律效果，符合法律行为的本质特征；但“同意”的性质需要结合具体情境判断其法律性质，不可一概而论。[①] 如果将知情同意视为“意思表示”，那么表意人应当具备行为能力。我国《民法典》将完全行为能力的年龄定为 18 周岁，但依据《个人信息保护法》第 31 条第 1 款，14 周岁以上的未成年人即可以独立为知情同意。《个人信息保护法草案（一次审议稿）》的这一规将存在与《民法典》的行为能力规则如何协调的问题。更为重要的是，如果将知情同意视为意思表示，根据《民法典》第 141 条的规定，撤回意思表示的通知应当在意思表示到达相对人前或者与意思表示同时到达相对人。《个人信息保护法》第 15 条规定，个人有权随时撤回其同意。两条规则也存在如何衔接的问题。在德国，知情同意的性质有法律行为、准

---

① 参见陆青：《个人信息保护中“同意”规则的规范构造》，载《武汉大学学报（哲学社会科学版）》2019 年第 5 期；万方：《个人信息处理中的“同意”与“同意撤回”》，载《中国法学》2021 年第 1 期。

法律行为和事实行为三种学说。《个人信息保护法草案（二次审议稿）》理性地删除了“意思表示”这一界定。

【关联规定】

本法第 23 条、第 25 条、第 26 条、第 29 条、第 39 条

（撰稿人：林洹民、王修齐）

第十五条　【个人信息撤回权】基于个人同意处理个人信息的，个人有权撤回其同意。个人信息处理者应当提供便捷的撤回同意的方式。

个人撤回同意，不影响撤回前基于个人同意已进行的个人信息处理活动的效力。

【释义】

本条规定了个人信息主体的任意撤回权。

《个人信息安全规范》第 8.4 条已要求个人信息控制者应向个人信息主体提供撤回收集、使用，以及对外共享、转让、公开披露其个人信息的授权同意的方法；当授权同意被撤回后，不再处理相应的个人信息。《个人信息保护法》首次在法律层面规定了个人信息主体任意撤回对个人信息处理行为的同意权利。

欧盟明文规定了个人信息主体的撤回权。欧盟《一般数据保护条例》第 6 条第 1 款第 1 项确立了知情同意原则，但该条例第 7 条仍然规定，个人信息主体有权随时撤回其同意，同意的撤回仅对未来产生效力；信息主体撤回同意应与作出同意一样容易。我国有关个人信息保护的立法对同意的撤回也不设门槛，并要求处理者为同意的撤回提供便利。

本法第 13 条将个人的同意作为处理其个人信息的合法性基础之一，但实践中信息主体所作出的同意并不完全反映其意志。原因在于，信息主体在作出同意的时点，或缺乏对重要情事的知悉，并不理解“同意”的决定对其造成的后续影响。尤其是在面对冗长的隐私政策与用户协议时，信息主体往往疲于应对而直接作出同意。[①] 若信息主体的同意无法变更或取消，无异于要求信息主体在作出同意时具备相当的理性，去了解并认可处理行为可能带来的利益与风险。而由于信息事实上的不对称，信息主体在知识与技术层面处于相对弱势的地位。因此，有必要赋予信息主体撤回其同意的权利，向个人施以适度的倾斜保护，以实现实质意义上的公平。此外，虽然个人撤回其同意有造成处理者损失的可能，但从社会总体效益来看，将同意撤回规则作为风险规避的手段，能够使信息主体更有意愿作出同意，也有利于满足处理者开发利用个人信息的需求。

本条第 1 款第 1 句明确了本条的适用范围，即以取得个人同意为合法性基础的处理行为。如果处理者并不基于个人同意处理个人信息，则个人是否撤回同意不影响处理行为的合法性。如果属于不需要征得个人同意的事项，个人信息主体仍然可以拒绝个人信息处理者的个人信息处理行为，此时并非基于同意的撤回，而是基于拒绝权，详见本法第24 条和第44 条。

若将“同意”视为意思表示，则本条中的“撤回”实为“撤销”，盖因意思表示已经到达，并发生效力。[②] 由民法视角观之，撤销是指在意思表示到达相对人并生效之后，取消前一意思表示的行为；而撤回则须在先前作出的意思表示未生效之前到达相对人，才能使已作出的意思表示不发生效力。但“撤销”在民法上有溯及既往的效力，与本条第 2 款规定的效果不符。有学者进一步认为，此处的“撤回”系人格权法体系下的撤销，具有形成权的性质，当个人信息主体发出的撤回的意思表示到达处理者

---

① 参见吕炳斌：《个人信息保护的“同意”困境及其出路》，载《法商研究》2021 年第 2 期。

② 参见陆青：《个人信息保护中“同意”规则的规范构造》，载《武汉大学学报（哲学社会科学版）》2019 年第 5 期。

时，处理行为的合法性基础即告消灭。[①]

就撤回的方式而言，《个人信息保护法草案（二次审议稿）》较《个人信息保护法草案（一次审议稿）》新增了本条第1款后半句的规定，即处理者应当提供便捷的撤回同意的方式，对交互界面的设计起到指导作用。实践中，许多企业为了获利，往往通过烦琐的撤回程序、设置不合理或不必要的额外要求等方式，阻碍用户撤回同意。经《个人信息保护法草案（二次审议稿）》的修订，处理者须修改个人撤回同意的程序与界面，为个人信息主体尽可能地提供便利。

就撤回的法律效果而言，本条第2款规定撤回前的处理行为的效力不受影响，同意的撤回不具有溯及力。此一规则涉及兼顾个人信息处理者的利益。但本条并未说明，个人信息主体在撤回同意后是否需要承担额外的民事责任。对此，我们认为应区分情形讨论：当个人信息主体和个人信息处理者明确约定，个人信息为获得额外服务、商品优惠、抽奖活动等的对价时，此时双方之间成立有效的合同关系，即便个人信息主体能够随时撤回同意，也应承担违约责任，需要赔偿处理者的损失；当个人信息的提供不构成对待给付时，信息主体可任意撤回而无需赔偿损失，因为在法律已明确规定相对人享有撤回同意的权利时，处理者并不存在需保护的信赖利益。

【关联规定】

本法第24条、第44条

（撰稿人：林洹民、王修齐）

第十六条　【不得拒绝服务原则】个人信息处理者不得以个人不同意处理其个人信息或者撤回同意为由，拒绝提供产品或者服务；处理个人信息属于提供产品或者服务所必需的除外。

---

① 参见万方：《个人信息处理中的“同意”与“同意撤回”》，载《中国法学》2021年第1期。

【释义】

本条首次在法律层面明确个人信息处理者不得拒绝提供产品或者服务的情形，即不得以个人不同意处理其个人信息或撤回同意为由，拒绝提供产品或服务。此源于“网络效应”，用户倾向于向大型平台汇聚。平台经营者可能会利用这种优势地位，强迫个人信息主体接受《隐私政策》或《用户协议》等。为了避免个人信息主体陷入这种“接受或者离开”（take it or leave it）的不利情形，本条禁止个人信息处理者以提供数据为“对价”提供服务。

本条规定在理解与适用上需注意以下几点：

其一，本条规定前半句所指的“产品或服务”应非为提供产品或者服务所必需。如果个人拒绝或者撤回同意所对应的处理活动，以提供产品或服务所必需的个人信息为处理对象，那么处理者可以拒绝提供该项产品或服务。换言之，只有在处理活动对应的个人信息不是提供产品或服务所必需的时候，处理者才不得拒绝提供产品或服务。例如，如果个人信息主体不愿意提供个人地理位置信息，高德地图、百度地图可以拒绝提供导航服务，因为个人地理位置信息为提供服务所必需。另需注意，如果个人信息处理者新增业务类型需要额外收集个人信息，此时不得以个人信息主体不同意提供为由，拒绝提供原有的业务类型，但新增业务功能取代原有业务功能的除外（《App 违法违规收集使用个人信息行为认定方法》第 4 条第 3 项）。

其二，若处理者所处理的个人信息属于履行合同所必需的，即便信息主体不同意或撤回同意，也不影响处理行为的合法性。本法第 13 条第 1 款第 2 项规定，为订立或者履行个人作为一方当事人的合同所必需的处理行为，不以取得个人同意为合法性的基础。而对于非必要且不用于该项产品或服务本身的处理行为，除了以提供个人信息为对价获取额外服务的情形，信息主体的拒绝或撤回同意不影响其获取此产品或服务。

承上，本条适用的难点和重点在于判断“必要性”。《个人信息保护法》第5条确立“合法、正当、必要和诚信”四大原则。2017年《网络安全法》第41条已经确立了必要原则为个人信息处理的核心原则之一，2021年1月1日生效的《民法典》第1035条再次强调该原则。尽管如此，“必要”一词的模糊性使得法律适用存在困难。欲理解必要原则，首先需要检视相关的法律文件。早在2012年，全国人大常委会出台的《关于加强网络信息保护的决定》当中就已经提出了必要原则。[①] 为了贯彻该决定，全国信息安全标准化技术委员会组织起草《指南》，该《指南》于2012年11月颁布，2013年2月实行。《指南》第4.2条规定了数据活动的基本原则，其将必要原则细化为“最少够用原则”：只处理与处理目的有关的最少信息，达到处理目的后，在最短时间内删除个人信息。2017年发布、2020年更新的《个人信息安全规范》没有使用“最少够用”，而是将之改为“最小必要”，但其内涵基本没有发生变化。根据2020年版《个人信息安全规范》第4条第d项，最小必要原则是指“只处理满足个人信息主体授权同意的目的所需的最少个人信息类型和数量。目的达成后，应及时删除个人信息”。《个人信息保护法》第6条也突出“最小范围要求”。必要原则最核心的内涵应是在数个可供实现目的之手段的选择上，采用对个人信息主体干预最轻的手段，收集影响最少的个人信息：个人信息处理者在收集个人信息时，不应当收集对提供服务没有必要的个人信息，只有那些对开展服务而言非收集不可或者不收集就无法满足用户服务需要的信息，才可被收集；在处理个人信息时，处理的内容和范围不得过于宽泛，只有在不得不处理时才可以处理个人信息。[②]

为提高最小必要原则的操作可能性，2019年国家互联网信息办公室、工业和信息化部、公安部、市场监管总局联合制定的《App违法违规收集使用个人信息行为认定方法》提出了可被认定为“违反必要原则，收集与

---

① 《关于加强网络信息保护的决定》第2条第1款：“网络服务提供者和其他企业事业单位在业务活动中收集、使用公民个人电子信息，应当遵循合法、正当、必要的原则，明示收集、使用信息的目的、方式和范围，并经被收集者同意，不得违反法律、法规的规定和双方的约定收集、使用信息。”

② 黄薇主编：《中华人民共和国民法典人格权编解读》，中国法制出版社2020年版，第217～218页。

其提供的服务无关的个人信息”的情形；正在起草的《信息安全技术 移动互联网应用程序（App）收集个人信息基本规范》则划定了30种常用服务类型的最小必要信息范围，以作参考。

【关联规定】

《中华人民共和国网络安全法》第41条，《中华人民共和国民法典》第1035条，本法第5条、第6条

（撰稿人：林洹民、王修齐）

第十七条 【个人信息的告知规则】 个人信息处理者在处理个人信息前，应当以显著方式、清晰易懂的语言真实、准确、完整地向个人告知下列事项：

（一）个人信息处理者的名称或者姓名和联系方式；

（二）个人信息的处理目的、处理方式，处理的个人信息种类、保存期限；

（三）个人行使本法规定权利的方式和程序；

（四）法律、行政法规规定应当告知的其他事项。

前款规定事项发生变更的，应当将变更部分告知个人。

个人信息处理者通过制定个人信息处理规则的方式告知第一款规定事项的，处理规则应当公开，并且便于查阅和保存。

【释义】

本条规制了个人信息处理者的一般性告知规则。告知规则既是《个人信息保护法》公开、透明原则①的具体体现，也是“告知同意”这一个人

① 参见《个人信息保护法》第7条。

信息保护核心规则的要求。

从2012年的《关于加强网络信息保护的决定》、2013年的《消费者权益保护法》到《网络安全法》及《民法典》，我国的立法在个人信息保护方面，一贯将告知同意规则作为个人信息保护核心规则，[①]《个人信息保护法》传承了以“告知同意”为核心的个人信息处理规则，要求处理个人信息应当在事先充分告知的前提下取得个人同意。[②]

《个人信息保护法》与以往个人信息相关立法不同的是，其将个人信息处理者的“告知义务”与个人的“授权同意”相分离，并更加突出“告知”。《个人信息保护法》一方面规定了除同意外，处理个人信息的合法性基础，[③] 另一方面向个人信息处理者单独规定了告知义务。《个人信息保护法》的这一调整，有利于解决同意规则在部分场景下失灵的问题。提高个人信息处理的透明度，向个人信息主体进行真实、准确、完整的告知，相比片面追求个人的授权同意，更能解决当前个人信息保护的实现问题。

《个人信息保护法》对个人信息的处理者的告知规则采取了“原则+一般性告知规则+特别告知情形”的三重告知规则，形成了《个人信息保护法》告知规则体系。《个人信息保护法》在总则中规定了处理个人信息应当遵循公开、透明原则，要求公开个人信息处理规则，明示处理的目

---

① 2012年的全国人民代表大会常务委员会《关于加强网络信息保护的决定》第2条第1款规定：“网络服务提供者和其他企业事业单位在业务活动中收集、使用公民个人电子信息，应当遵循合法、正当、必要的原则，明示收集、使用信息的目的、方式和范围，并经被收集者同意，不得违反法律、法规的规定和双方的约定收集、使用信息。”《消费者权益保护法》第29条第1款规定：“经营者收集、使用消费者个人信息，应当遵循合法、正当、必要的原则，明示收集、使用信息的目的、方式和范围，并经消费者同意。经营者收集、使用消费者个人信息，应当公开其收集、使用规则，不得违反法律、法规的规定和双方的约定收集、使用信息。”《网络安全法》第41条第1款规定：“网络运营者收集、使用个人信息，应当遵循合法、正当、必要的原则，公开收集、使用规则，明示收集、使用信息的目的、方式和范围，并经被收集者同意。”《民法典》第1035条第1款规定：“处理个人信息的，应当遵循合法、正当、必要原则，不得过度处理，并符合下列条件：（一）征得该自然人或者其监护人同意，但是法律、行政法规另有规定的除外；（二）公开处理信息的规则；（三）明示处理信息的目的、方式和范围；（四）不违反法律、行政法规的规定和双方的约定。”

② 参见刘俊臣：《关于〈中华人民共和国个人信息保护法（草案）〉的说明——2020年10月13日在第十三届全国人民代表大会常务委员会第二十二次会议上》，http：//www. npc. gov. cn/npc/c30834/202108/fbc9ba044c2449c9bc6b6317b94694be. shtml。

③ 参见《个人信息保护法》第13条。

的、方式和范围。[①] 本条规定了个人信息处理者告知义务的一般规则，要求个人信息履行告知义务须在处理个人信息前，形式上显著方式、清晰易懂，内容上真实、准确、完整，并规定了告知的内容，包括：（1）个人信息处理者的身份和联系方式；（2）个人信息的处理目的、处理方式，所处理的个人信息的种类、保存期限；（3）个人行使本法规定权利的方式和程序；（4）法律、行政法规规定应当告知的其他事项。《个人信息保护法》通过对特别信息的特别告知，进一步明确不同场景下个人信息处理者的告知义务[②]。相较于《个人信息保护法草案（二次审议稿）》，《个人信息保护法》就个人信息处理者的告知义务中增加了“真实、准确、完整”三大总体性要求，提高了告知义务的标准。

一、告知义务的整体要求

首先，告知是同意的基础，是合法处理个人信息的前提。除《个人信息保护法》第18条规定的个别例外场景外，个人信息处理前，均需向个人进行真实、准确、完整的告知。这不仅要求需要取得个人同意的个人信息处理活动，处理者都需要履行向个人的告知义务，在取得个人同意后才能实施个人信息处理活动，同时还要求即使依据《个人信息保护法》第13条第1款规定的六种情形，处理者处理个人信息无需取得个人同意，仍然要履行告知义务。这是贯彻落实公开透明原则，保护个人对个人信息处理的知情权的基本要求。

其次，告知义务履行涵盖个人信息处理全生命周期。《个人信息保护法》第17条规定，个人信息处理者在“处理”个人信息前需履行告知义务，这意味着个人信息处理者在任何环节，即收集、存储、使用、加工、传输、提供、公开、删除等各个环节，进行个人信息处理活动，需要履行提前告知义务。而《网络安全法》第41条则仅要求个人信息处理者在收集、使用前需向个人履行告知义务。

---

① 参见《个人信息保护法》第7条。

② 参见《个人信息保护法》第22条、第23条、第24条、第30条、第35条、第39条、第48条等。

再次，告知形式要求“显著方式、清晰易懂”。当前，各国个人信息处理者处理个人信息的告知义务主要是通过隐私政策的概括性告知以及各类处理场景的即时性提示文本等各类告知文本实现的。这种告知方式通常在展现形式上存在告知文本隐藏过深，难以查询或是冗长晦涩、含混不清等问题。

“显著方式”要求个人信息处理者应当以个人容易辨识且易于获取的方式了解到处理者告知的内容，如隐私政策与用户协议需要易于访问。用户应能便捷地访问到告知文本，且告知文本不得出现链接无效、文本无法正常显示等阻碍用户正常阅读的情况。

由于个人信息处理具有很强的技术性，往往会造成隐私政策冗长晦涩、即时性的提示因为受限于展示形式而含混不清的情况，对于普通的消费者来讲，其并没有专业能力去判断隐私政策中描述的个人信息处理场景是否合理。“清晰易懂”即要求个人信息处理者告知文本符合个人信息主体的语言习惯，使用标准化语言、数字、图示等，避免使用有歧义的语言。

最后，告知内容要求“真实、准确、完整”。真实准确要求个人信息处理者的告知文本反映产品或服务，真实、准确地处理个人信息应有目的、方式、类型；而“完整”对个人信息处理规则的文本提出了更高的要求，结合之前监管机构的实践及相关国家标准、指南来看，隐私政策等相关告知文本在向个人告知处理信息的种类、目的、方式时，不得使用“包括但不限于”“等”类似表述，一揽子获取不确定的个人信息，因此应严格对照《个人信息保护法》对个人信息处理者告知义务的内容要求进行查缺补漏，确保满足法律法规的透明化要求。

二、应当告知的一般事项

本条第 1 款规定了个人信息处理者在处理个人信息前应当向个人告知的一般事项。

个人信息处理者的身份和联系方式。这是保证个人能够行使个人信息权益的基本要求，从而使得个人知悉其个人信息究竟是被谁处理，并能够向个人信息处理者行使其在个人信息处理中的各项权益。个人信息的处理目的、处理方式，处理的个人信息种类、保存期限。目的限制原则是个人信息处理中的基本原则，要求处理者在处理个人信息时应当具有明确、合理的目的，并应当限于实现处理目的所必要的最小范围，采取对个人权益影响最小的方式，不得进行与处理目的无关的个人信息处理。明示个人信息的处理目的是判断个人信息处理者处理个人信息的正当性及保证处理仅限于完成日的所必需的条件。不同的处理方式对于个人信息权益的影响不同，方式是否正当也可通过告知体现，不应以欺诈、诱骗、误导的方式处理个人信息，不应从非法渠道获取个人信息是处理方式正当性的最低要求。个人信息保存期限越长，出现泄露或非法使用的可能性就越大，对个人信息权益的不利影响就越大。因此，需要告知个人信息的最小保存期限。个人知悉保存期限也有利于行使对其个人信息的删除权。

个人行使本法规定权利的方式和程序，即《个人信息保护法》第四章规定的各项个人信息权益，包括知情权，同意权，查阅权，复制权，补充、更正权，撤回同意权，删除权，要求解释说明权，投诉举报权等，个人信息处理者须提供通道和方式保证各项权益的实现。

法律、行政法规规定应当告知的其他事项。一方面与《个人信息保护法》关于特殊告知事项的规定相衔接，另一方面也为将来相关法律和行政法规的规定留下空间。

三、特殊告知事项

信息处理者合并、分立、解散、破产时的告知。《个人信息保护法》第 22 条明确规定，个人信息处理者因合并、分立、解散、被宣告破产等原因需要转移个人信息的，应当向个人告知接收方的名称或者姓名和联系方式。接收方应当继续履行个人信息处理者的义务。接收方变更原先的处理目的、处理方式的，应当依照本法规定重新取得个人同意。目的是确保个人能够向接收方主张个人信息处理中的权利。

对外提供时的告知。《个人信息保护法》第 23 条规定，个人信息处理者向其他个人信息处理者提供其处理的个人信息的，应当向个人告知接收方的名称或者姓名、联系方式、处理目的、处理方式和个人信息的种类，并取得个人的单独同意。接收方应当在上述处理目的、处理方式和个人信息的种类等范围内处理个人信息。接收方变更原先的处理目的、处理方式的，应当自动化决策时的告知，《个人信息保护法》第 24 条规定，通过自动化决策方式作出对个人权益有重大影响的决定，个人有权要求个人信息处理者予以说明，并有权拒绝个人信息处理者仅通过自动化决策的方式作出决定。即个人有权要求个人信息处理者告知对其个人权益有重大影响的自动化决策实现的逻辑。

敏感个人信息处理的告知。《个人信息保护法》第 30 条规定，个人信息处理者处理敏感个人信息的，除本法第 17 条第 1 款规定的事项外，还应当向个人告知处理敏感个人信息的必要性以及对个人权益的影响。敏感个人信息属于一旦泄露或非法使用，就可能会导致个人受到歧视，或人身、财产安全受到严重危害，故《个人信息保护法》给予其更强的保护。《个人信息保护法》还针对人脸识别信息提出了特别规定，在第 26 条规定，在公共场所安装图像采集、个人身份识别设备，应当为维护公共安全所必需，遵守国家有关规定，并设置显著的提示标识。

跨境提供时的告知。《个人信息保护法》第 39 条规定，个人信息处理者向中华人民共和国境外提供个人信息的，应当向个人告知境外接收方的名称或者姓名、联系方式、处理目的、处理方式、个人信息的种类以及个人向境外接收方行使本法规定权利的方式和程序等事项，并取得个人的单独同意。

安全事件处理的通知。为了让个人及时采取相应措施，避免损失进一步扩大，并及时采取相应救济措施，《个人信息保护法》第 57 条规定，在发生或者可能发生个人信息泄露、篡改、丢失的，个人信息处理者应当立即采取补救措施，并通知履行个人信息保护职责的部门和个人。通知应当包括下列事项：(1) 发生或者可能发生个人信息泄露、篡改、丢失的信息种类、原因和可能造成的危害；(2) 个人信息处理者采取的补救措施和个人可以采取的减轻危害的措施；(3) 个人信息处理者的联系方式。

达到一定数量的个人信息处理者的公开性“告知”。《个人信息保护法》第52条规定，处理个人信息达到国家网信部门规定数量的个人信息处理者应当指定个人信息保护负责人，负责对个人信息处理活动以及采取的保护措施等进行监督。个人信息处理者应当公开个人信息保护负责人的联系方式，并将个人信息保护负责人的姓名、联系方式等报送履行个人信息保护职责的部门。

重要互联网平台的“告知”。《个人信息保护法》第58条规定，提供重要互联网平台服务、用户数量巨大、业务类型复杂的个人信息处理者，应当定期发布个人信息保护社会责任报告，接受社会监督。要求告知社会公众履行个人信息保护义务的情况。

【关联规定】

本法第14条，《中华人民共和国网络安全法》第22条，《儿童个人信息网络保护规定》第10条

（撰稿人：严少敏）

第十八条　【告知义务的豁免及延迟】个人信息处理者处理个人信息，有法律、行政法规规定应当保密或者不需要告知的情形的，可以不向个人告知前条第一款规定的事项。

紧急情况下为保护自然人的生命健康和财产安全无法及时向个人告知的，个人信息处理者应当在紧急情况消除后及时告知。

【释义】

本条规制了告知义务的豁免制度及迟延履行制度。《个人信息保护法》规定的豁免告知的情形少于适用其他合法性基础，无需同意的情形，在豁

免告知的情形下，自然无需个人同意；但在无需同意的情形下，不当然免除告知义务，除非落入豁免告知的情形。

一、告知义务的豁免

《个人信息保护法》第18条第1款告知义务豁免的前提是法律、行政法规层面的有关规定。具体的情形包括两类，第一类是法律、行政法规要求保密的；第二类是法律、行政法规不需要告知。

此外，《个人信息保护法》第35条规定，国家机关为履行法定职责处理个人信息，应当依照本法规定履行告知义务；有本法第18条第1款规定的情形，或者告知将妨碍国家机关履行法定职责的除外。

一是法律、行政法规规定要求保密，主要指基于侦查犯罪、反恐怖主义等维护公共安全、国家安全等社会公共利益和国家利益的考虑，而由《保守国家秘密法》等法律、行政法规规定的处理者的保密义务。无论个人信息处理者是否属于国家机关，都依法负有保密义务，一旦告知了个人还违反了法定的保密义务，应当承担法律责任。[①] 例如，公安机关、国家安全机关或国家情报工作机构依据《反恐怖主义法》第45条、《反间谍法》第12条、《国家情报法》第15条等规定，公安机关依据《刑事诉讼法》第150条的规定，经过严格的批准手续，可以采取技术侦查措施处理个人信息的，不仅其信息无须被处理的个人同意，并且基于保密义务的规定，更不能告知个人。[②]

二是依照法律、法规规定可以免除告知义务的。当前，法律法规在免除告知义务方面，并没有明确的规定，还有待法律的进一步明确。《个人信息保护法》第27条规定，个人信息处理者可以在合理的范围内处理个

① 《保守国家秘密法》第9条规定："下列涉及国家安全和利益的事项，泄露后可能损害国家在政治、经济、国防、外交等领域的安全和利益的，应当确定为国家秘密：（一）国家事务重大决策中的秘密事项；（二）国防建设和武装力量活动中的秘密事项；（三）外交和外事活动中的秘密事项以及对外承担保密义务的秘密事项；（四）国民经济和社会发展中的秘密事项；（五）科学技术中的秘密事项；（六）维护国家安全活动和追查刑事犯罪中的秘密事项；（七）经国家保密行政管理部门确定的其他秘密事项。政党的秘密事项中符合前款规定的，属于国家秘密。"

② 程啸：《论个人信息处理者的告知义务》，载《上海政法学院学报（法治论丛）》，https：//kns. cnki. net/kcms/detail/31. 2011. D. 20210721. 1353. 012. html，2021年7月22日访问。

人自行公开或者其他已经合法公开的个人信息；个人明确拒绝的除外。个人信息处理者处理已公开的个人信息，对个人权益有重大影响的，应当依照本法规定取得个人同意。在合理的范围内处理已公开的个人信息，不对个人权益有重大影响时，显然逐一告知个人是不现实的。

二、告知义务的延迟

《个人信息保护法》第 18 条第 2 款规定，紧急情况下为保护自然人的生命健康和财产安全无法及时向个人告知的，个人信息处理者应当在紧急情况消除后及时告知。考虑到在一些情况下，处理者虽然应当履行告知义务，但是由于情况紧急，无法及时告知。此时，应当明确在紧急情况消除后，处理者仍然应当履行告知义务。

【关联规定】

本法第 14 条、第 17 条，《中华人民共和国数据安全法》第 38 条，《最高人民法院关于审理使用人脸识别技术处理个人信息相关民事案件适用法律若干问题的规定》第 5 条

（撰稿人：严少敏）

第十九条　【对个人信息保存期限的限制】除法律、行政法规另有规定外，个人信息的保存期限应当为实现处理目的所必要的最短时间。

【释义】

除法律、行政法规另有规定外，个人信息的保存期限应当为实现处理目的所必要的最短时间。

一、规范对象和宗旨

本条是关于个人信息保存期限的规定。

法律赋予个人信息处理者处理个人信息的权利，但是权利的行使并非没有边界。法律只允许个人信息处理者在一定期限内保存个人信息。根据本条规定，在法律、行政法规对个人信息保存期限有规定的情况下，应当从其规定。如果没有规定，个人信息的保存期限应当是为实现处理目的所必要的最短时间。本条一方面借鉴了国外立法的典型经验，另一方面结合了本土有关法律法规和规范性文件中的规则。

《个人信息保护法草案（二次审议稿）》第 20 条规定，“个人信息的保存期限应当为实现处理目的所必要的最短时间。法律、行政法规对个人信息的保存期限另有规定的，从其规定”。相比而言，正式稿采用了更为简洁的用语，将两句合并为一句，条文逻辑更加清晰。

对个人信息的保存期限的限制，目的在于实现个人信息的“生命周期式”管理，防止信息处理者对个人信息的保存时间过长。[①] 信息处理者长时间保存个人信息，一方面不符合信息主体对个人利益的期待，另一方面也增加了个人信息泄露和不正当使用的风险，因此有必要对保存期限进行限制。但是，对个人信息保存期限的限制并不意味着对个人信息处理目的的限制，不会影响信息处理者对个人信息的正常使用。对保存期限的限制只是对信息处理者行为的约束，将其行为纳入必要的监管之下。本条对于构建正当有序的个人信息利用体系具有重要的意义。[②]

二、规范要点

（一）前半句：法律、行政法规另有规定

本条前半句，法律、行政法规对个人信息的保存期限另有规定的，应当从其规定。在确定个人信息的保存期限时，首先应当考虑法律、行政法规对其是否有规定。如果有规定，就要遵守该规定。基于信息处理者的不同身份，法律法规提出了不同的标准。整理如下：

---

① 丁晓东：《大数据与人工智能时代的个人信息立法——论新科技对信息隐私的挑战》，载《北京航空航天大学学报（社会科学版）》2020 年第 3 期。

② 丁晓东：《个人信息权利的反思与重塑论个人信息保护的适用前提与法益基础》，载《中外法学》2020 年第 2 期。

《电子商务法》第 31 条规定："电子商务平台经营者应当记录、保存平台上发布的商品和服务信息、交易信息，并确保信息的完整性、保密性、可用性。商品和服务信息、交易信息保存时间自交易完成之日起不少于三年；法律、行政法规另有规定的，依照其规定。"依据此条款，电子商务平台经营者保存平台上的个人信息的期限不少于三年。

《网络安全法》第 21 条规定："国家实行网络安全等级保护制度。网络运营者应当按照网络安全等级保护制度的要求，履行下列安全保护义务"，其中第 3 项规定"采取监测、记录网络运行状态、网络安全事件的技术措施，并按照规定留存相关的网络日志不少于六个月"。

《证券法》第 137 条规定："证券公司应当建立客户信息查询制度，确保客户能够查询其账户信息、委托记录、交易记录以及其他与接受服务或者购买产品有关的重要信息。证券公司应当妥善保存客户开户资料、委托记录、交易记录和与内部管理、业务经营有关的各项信息，任何人不得隐匿、伪造、篡改或者毁损。上述信息的保存期限不得少于二十年。"

《征信业管理条例》第 16 条规定："征信机构对个人不良信息的保存期限，自不良行为或者事件终止之日起为 5 年；超过 5 年的，应当予以删除。在不良信息保存期限内，信息主体可以对不良信息作出说明，征信机构应当予以记载"。

《反恐怖主义法》第 32 条第 3 款："重点目标的管理单位应当建立公共安全视频图像信息系统值班监看、信息保存使用、运行维护等管理制度，保障相关系统正常运行。采集的视频图像信息保存期限不得少于九十日。"

《统计法实施条例》第 22 条："统计调查中取得的统计调查对象的原始资料，应当至少保存 2 年。汇总性统计资料应当至少保存 10 年，重要的汇总性统计资料应当永久保存。法律法规另有规定的，从其规定。"

（二）后半句：最短必要时间原则

本条后半句，个人信息的保存期限应当为实现处理目的所必要的最短时间。在法律、行政法规对个人信息的保存期限没有规定的情况下，适用后半句。如何理解"为实现处理目的所必要的最短时间"？本法第 6 条规定："处理个人信息应当具有明确、合理的目的，并应当与处理目的直接相关，采取对个人权益影响最小的方式。收集个人信息，应当限于实现处理目的的最小范围，不得过度收集个人信息。"个人信息的处理是服务于特定的处理目的的，而目的本身是有一定的存续期间的。如果目的存续，信息处理者就有正当理由保存个人信息；如果处理目的已实现或者不再存续，信息处理者继续保存个人信息就缺乏合法性基础。[①]

"为实现处理目的所必要的最短时间"体现了必要性原则。《民法典》第 1035 条规定了"处理个人信息的，应当遵循合法、正当、必要原则"。必要性原则是处理个人信息的基本原则之一，又称信息最小化原则，该原则要求收集和利用个人信息应以满足特定处理目的为限。除了法律法规另有规定外，个人信息的存储期限应为实现特定目的所必需的最短时间，即处理目的达成后，应及时删除个人信息。[②] 必要性原则是个人信息保护的"帝王原则"，[③] 本条所规定的"最短必要时间原则"是必要性原则的具体化。各国立法普遍采纳了这一原则，如欧盟《一般数据保护条例》第 5 条规定了在处理个人数据时应当遵循六项原则，其中第 5 项为"限期储存"：对于能够识别数据主体的个人数据，其储存时间不得超过实现其处理目的所必需的时间；超过此期限的数据处理只有在如下情况下才能被允许：为了实现公共利益、科学或历史研究目的或统计目的，为了保障数据主体的权利和自由，并采取了本条例第 89 条（1）所规定的合理技术与组织措施。[④] 在我国个人信息保护的国家标准文件中这一原则也得到了贯彻，2020 年 10 月 1 日实施的《信息安全技术 个人信息安全规范》第 4 条规定了个人信息安全基本原则，其中第 4 项为"最小够用原则——只处理满足个人信息主体授权同意的目的所需的最少个人信息类型和数量。目的达成

---

① 齐爱民：《论个人信息的法律保护》，载《苏州大学学报》2005 年第 2 期。

② 最高人民法院民法典贯彻实施工作领导小组主编：《中华人民共和国民法典人格权编理解与适用》，人民法院出版社 2020 年版，第 375 ~ 376 页。

③ 范为：《大数据时代个人信息保护的路径重构》，载《环球法律评论》2016 年第 5 期。

④ 腾讯研究院：《〈一般数据保护条例〉中文版》，载百度文库，https：//wenku. baidu. com/view/f7365a101fd9ad51f01dc281e53a580216fc5027. html。

后，应及时删除个人信息”。

本条后半句并没有规定一个统一的或者固定的个人信息保存时间，而是采取了相对灵活的方式。原因在于，随着信息技术的发展，信息的处理呈现出越来越复杂多元的趋势。由于信息处理目的的多样化和复杂性，我们在立法时很难合理确定一个适用于所有情形的固定期限标准。因此本条采用了灵活、动态的方式确定个人信息的保存期限，一方面可以满足个人信息处理者的需求，促进个人信息经济的发展；另一方面也可以对个人信息的使用进行合理的控制，实现对信息主体的充分保护，具有合理性。

在具体案件中，我们应当如何确定“为实现处理所必要的最短时间”？我们应该从必要性原则内涵出发，在个案中综合考虑以下因素来确定保存期限：个人信息的性质、处理个人信息的方式和范围、个人信息被收集时的情形、按照该目的处理个人信息对信息主体可能造成的后果、适当的保障措施的存在，如匿名化或去标识化处理等。[①] 一些相关主管部门根据本行业的特点制定了部门规章，对个人信息的保存期限提出了不同的要求。例如，《金融机构客户身份识别和客户身份资料及交易记录保存管理办法》第 29 条第 1 款规定：“金融机构应当按照下列期限保存客户身份资料和交易记录：（一）客户身份资料，自业务关系结束当年或者一次性交易记账当年计起至少保存 5 年。（二）交易记录，自交易记账当年计起至少保存 5 年”。《医疗机构管理条例实施细则》第 53 条要求“医疗机构的门诊病历的保存期不得少于十五年；住院病历的保存期不得少于三十年”。《网络预约出租汽车经营服务管理暂行办法》第 27 条第 1 款规定：“网约车平台公司应当遵守国家网络和信息安全有关规定，所采集的个人信息和生成的业务数据，应当在中国内地存储和使用，保存期限不少于 2 年，除法律法规另有规定外，上述信息和数据不得外流。”《网络食品安全违法行为查处办法》第 13 条规定：“网络食品交易第三方平台提供者和通过自建网站交易食品的生产经营者应当记录、保存食品交易信息，保存时间不得少于产品

---

① 梁泽宇：《个人信息保护中目的限制原则的解释与适用》，载《比较法研究》2018 年第 5 期。

保质期满后 6 个月；没有明确保质期的，保存时间不得少于 2 年。”这对保存期限的确定具有重要的参考意义。

三、法律后果

一般情况下，超过个人信息保存期限的法律后果为“删除个人信息”。本法第 47 条规定，在出现处理目的已实现、无法实现、为实现处理目的不再必要、保存期限已届满等情形时，个人信息处理者应当主动删除个人信息。法律、行政法规规定的保存期限未届满，或者删除个人信息从技术上难以实现的，个人信息处理者应当停止除存储和采取必要的安全保护措施之外的处理。

【关联规定】

《中华人民共和国民法典》第 1035 条，本法第 6 条、第 47 条，《中华人民共和国电子商务法》第 31 条，《中华人民共和国网络安全法》第 21 条，《中华人民共和国证券法》第 137 条、第 162 条，《征信业管理条例》第 16 条，《中华人民共和国反恐怖主义法》第 32 条，《中华人民共和国统计法实施条例》第 22 条，《金融机构客户身份识别和客户身份资料及交易记录保存管理办法》第 29 条，《医疗机构管理条例实施细则》第 53 条，《网络预约出租汽车经营服务管理暂行办法》第 27 条，《网络食品安全违法行为查处办法》第 13 条

（撰稿人：王琦、侯慧芳）

第二十条　【共同处理个人信息的权义约定和责任承担】 两个以上的个人信息处理者共同决定个人信息的处理目的和处理方式的，应当约定各自的权利和义务。但是，该约定不影响个人向其中任何一个个人信息处理者要求行使本法规定的权利。

个人信息处理者共同处理个人信息，侵害个人信息权益造成损害的，应当依法承担连带责任。

【释义】

本条文内容相较于《个人信息保护法草案（二次审议稿)》内容变化不大，主要变动在该条第2款，增加了“造成损害”“依法”。将本条第2款表述为：“个人信息处理者共同处理个人信息，侵害个人信息权益的，应当承担连带责任。”本条文的主要内容是关于共同处理个人信息权利义务约定及其责任承担的规定。

对于个人信息的处理目的和处理方式，两个或两个以上的个人信息处理者可以共同决定，同时应约定各方权利义务。《民法典》第5条确定自愿原则，民事主体从事民事活动，按照自己的意思设立、变更、终止民事法律关系。可见，该条文体现了私法自治原则。但是，权利的行使是有边界的，本条协调个人信息合法合理利用与个人信息权益保护之间的关系。一方面，为促进个人信息合理利用，可以依法收集使用个人信息；另一方面，个人信息受法律保护，任何组织或者个人需要获取他人个人信息的，应当依法取得并确保信息安全。[①] 个人信息处理者应当对其个人信息处理活动负责，并采取必要措施保障所处理的个人信息的安全（本法第9条规定）。否则，将承担相应的法律责任。若存在多个个人信息处理者，其之间是对外承担连带责任，也即本条第2款规定“个人信息处理者共同处理个人信息，侵害个人信息权益造成损害的，应当依法承担连带责任”。就本条内容的理解，可从如下几方面展开：

其一，就主体与归责原则而言，本条并未明确个人信息处理者的内涵与外延，但本法第2条规定，自然人的个人信息受法律保护，任何组织、个人不得侵害自然人的个人信息权益，因此，个人信息处理者不仅包括自

① 参见《民法典》第111条。

然人、法人组织，还包括非法人组织。特别是随着现代网络信息社会中的信息处理主体越来越复杂，个人信息处理活动也不限于单纯的作为平等主体的自然人、法人和非法人组织之间，政府的管理行为，都应受到约束。①而且，本条对行为主体要求是复数，须两人以上。《个人信息保护法草案（一次审议稿）》、《个人信息保护法草案（二次审议稿）》与通过正式稿均是如此，仅在表述有所差异（《个人信息保护法草案（一次审议稿）》表述为“两个或者两个以上”）。

与此同时，《个人信息保护法草案（二次审议稿）》本条内容表述为“侵害个人信息权益的”，正式稿中增加了对侵害个人信息“损害”的要求。那么对于这种“损害”的认定是一种过错原则还是无过错原则？从《个人信息保护法》第69条来看，采纳的是过错推定，即处理个人信息侵害个人信息权益造成损害，个人信息处理者不能证明自己没有过错的，应当承担损害赔偿等侵权责任。

其二，就行为而言，本条规定的是“共同处理个人信息”，需要结合《民法典》第1168条规定来理解，即二人以上共同实施侵权行为，造成他人损害的，应当承担连带责任。何为“共同”，存在共同故意说（共同故意，行为人之间存在意思联络）、共同过错说（不仅包括共同故意，还包括共同过失）、共同行为说（不以意思联络为要件的客观共同侵权行为）、折中说（既考虑主观也应考虑客观行为联系）等观点，为适应司法实践的发展与侵权类型的多样性，不以行为人主观上存在意思联络（包括共同故意、共同过失、故意与过失相结合）为限，还应包括行为人因客观上存在行为直接结合而造成他人损害的情形。② 本条规定的“共同”也应做这种解释。

同时，如何理解“处理”这一行为的内涵范围，理论上曾存在一定分歧。有学者认为，将个人信息处理限缩在以识别分析为核心的处理行为

---

① 参见程啸：《论我国个人信息保护法中的个人信息处理规则》，载《清华法学》2021年第3期。

② 参见龙卫球主编：《中华人民共和国民法典·人格权编与侵权责任编释义》，中国法制出版社2021年版，第202页。

上，并将之划分为收集、控制、分享、分析和应用5种具体处理行为。[①]有观点回应，个人信息处理行为的类型多种多样，从收集、存储，到使用、加工，再到传输、公开、共享等，每一个环节都存在侵害自然人民事权益的风险，不能任意切割，将个人信息保护法调整的个人信息处理行为限定于以识别分析为目的的行为显然过于狭窄。[②] 最后，本法第4条明确，个人信息的处理包括个人信息的收集、存储、使用、加工、传输、提供、公开、删除等。

其三，就个人信息侵权责任的因果关系认定而言，需要明确侵权行为人及其行为是否构成产生损害的原因。本条第2款规定，个人信息处理者共同处理个人信息，侵害个人信息权益造成损害的，应当依法承担连带责任。那么，该如何理解多个信息处理者与损害后果之间的因果关系呢？有学者梳理，理论和实务对个人信息侵权的因果关系均存在分歧，有基于生活经验和概率论来解决信息传递多重环节中因果关系的证明难题，抑或主张为减轻信息主体的证明负担，因果关系的判断宜采“条件说”。[③] 从本条规定来看，共同处理个人信息造成了损害，即承担连带责任，意味着推定共同处理行为与损害后果之间存在因果关系。这也有利于实现对受害人的保护。因为对于多个信息处理者，受害人无论从技术上还是财力上，都无法准确查证到底是哪一个或哪几个数据处理者实施了侵害行为，这种困难是一种客观的现实存在，立法若不解决则受害人在此场合下根本不可能获得有效救济。[④]

其四，行为后果是承担连带责任。所谓连带责任，《民法典》第178条对此规定，即“二人以上依法承担连带责任的，权利人有权请求部分或者全部连带责任人承担责任。连带责任人的责任份额根据各自责任大小确定；难以确定责任大小的，平均承担责任。实际承担责任超过自己责任份

---

① 参见高富平：《个人信息处理：我国个人信息保护法的规范对象》，载《法商研究》2021年第2期。

② 参见程啸：《论我国个人信息保护法中的个人信息处理规则》，载《清华法学》2021年第3期。

③ 参见叶名怡：《个人信息的侵权法保护》，载《法学研究》2018年第4期。

④ 参见叶名怡：《个人信息的侵权法保护》，载《法学研究》2018年第4期。

额的连带责任人，有权向其他连带责任人追偿”。所以，在个人信息处理中，受害者可以向全部共同侵权行为人或者其中部分侵权行为人主张连带责任。侵权行为人承担连带责任后，可向其他行为人主张责任份额分担，其规则依照《民法典》第178条第2款确定。

对于责任的承担方式，《民法典》第179条明确规定了停止侵害、排除妨碍、消除危险、返还财产等方式，《个人信息保护法》第69条主要是明确了损害赔偿责任，而损害赔偿数额则是按照个人因此受到的损失或者个人信息处理者因此获得的利益确定；个人因此受到的损失和个人信息处理者因此获得的利益难以确定的，根据实际情况确定赔偿数额。

此外，还需注意的是，该条内容还基于合同的相对性，区分了内外部关系。譬如，多个个人信息处理者内部关于各自权利义务的约定，基于合同的相对性，其效力止于内部，不能对抗第三人，也即不影响个人向其中任何一个个人信息处理者要求行使本法规定的权利。又如，对于连带责任的承担，受害人可向某一共同侵权人主张连带责任，而侵权人内部的责任分担并不影响受害人的主张。

【关联规定】

《中华人民共和国民法典》第111条、第995条、第1165条、第1166条、第1168条、第1182条，《最高人民法院关于审理使用人脸识别技术处理个人信息相关民事案件适用法律若干问题的规定》第7条

（撰稿人：李游）

第二十一条　【委托处理个人信息】个人信息处理者委托处理个人信息的，应当与受托人约定委托处理的目的、期限、处理方式、个人信息的种类、保护措施以及双方的权利和义务等，并对受托人的个人信息处理活动进行监督。

受托人应当按照约定处理个人信息，不得超出约定的处理目的、处理方式等处理个人信息；委托合同不生效、无效、被撤销或者终止的，受托人应当将个人信息返还个人信息处理者或者予以删除，不得保留。

未经个人信息处理者同意，受托人不得转委托他人处理个人信息。

【释义】

本条在《个人信息保护法草案（一次审议稿）》中的表述为："个人信息处理者委托处理个人信息的，应当与受托方约定委托处理的目的、处理方式、个人信息的种类、保护措施以及双方的权利和义务等，并对受托方的个人信息处理活动进行监督。受托方应当按照约定处理个人信息，不得超出约定的处理目的、处理方式等处理个人信息，并应当在合同履行完毕或者委托关系解除后，将个人信息返还个人信息处理者或者予以删除。未经个人信息处理者同意，受托方不得转委托他人处理个人信息。"《个人信息保护法草案（二次审议稿）》对第 2 款进行了修改，明确了委托合同不生效、无效、被撤销时，受托方同样应当将个人信息返还个人信息处理者或者予以删除，不得保留。最终通过的《个人信息保护法》与《个人信息保护法草案（二次审议稿）》相比没有变化。

随着数字化社会的到来，数据能力在企业发展中占有至关重要的地位。企业要想在竞争中站稳脚跟，就必须在生产经营和内部管理活动中强化数据能力，即做到数字化转型。当自身数据能力有限时，外包成为替代的解决方案，企业通过获取第三方机构的数据服务来实现借力。个人信息委托处理是数据外包服务的重要组成。同时，国家机关为履行法定职责采取外包方式处理个人信息，也较为常见。在当代个人信息处理实践中，个人信息委托处理成为重要的信息处理方式。《个人信息保护法》第 21 条专门就个人信息委托处理作出规定，具有其必要性。

不同于欧盟《一般数据保护条例》区分个人信息控制者和处理者并明确相应的地位和责任，我国的个人信息保护法律没有采用这样的二元身份界定，只设立了“个人信息处理者”的概念，即“自主决定处理目的、处理方式等个人信息处理事项的组织、个人”。根据欧盟《一般数据保护条例》第4条第7项规定，个人信息控制者是能单独或联合决定个人数据的处理目的和方式的自然人、法人、公共机构、行政机关或其他非法人组织；第4条第8项规定，个人信息处理者是指为控制者处理个人数据的自然人、法人、公共机构、行政机关或其他非法人组织。在个人信息委托处理法律关系中，从概念界定角度来看，《个人信息保护法》界定的“处理者”相当于《一般数据保护条例》下的“控制者”；而《一般数据保护条例》下的“处理者”相当于《个人信息保护法》第22条中的“受托方”。

个人信息处理者委托处理个人信息的，应当与受托方约定委托处理的目的、期限、处理方式、个人信息的种类、保护措施以及双方的权利和义务等内容。《民法典》第470条规定：“合同的内容由当事人约定，一般包括下列条款：（一）当事人的姓名或者名称和住所；（二）标的；（三）数量；（四）质量；（五）价款或者报酬；（六）履行期限、地点和方式；（七）违约责任；（八）解决争议的方法。”《民法典》第470条的规范性质为倡导性规范，而所谓倡导性规范，即提倡和诱导当事人采用特定行为模式的法律规范。[①] 相较于其他合同类型，个人信息委托处理合同的内容完备程度上要求更高，因此《个人信息保护法》第21条采用了“应当”这一规范模态词，要求双方在合同中完备约定委托处理的目的、期限、处理方式、个人信息的种类、保护措施以及双方的权利和义务，一方面有助于保障信息主体的合法权益，确保信息处理者不会通过委托处理规避信息处理时的法定义务；另一方面有助于划清信息处理委托方和受托方的权限和职责。欧盟《一般数据保护条例》第28条第3款也规定处理者的处理

① 王轶：《民法典的规范类型及其配置关系》，载《清华法学》2014年第6期。

应当受某类合同或其他欧盟法与成员国法的约束，这类合同或法律应当规定处理者相对于控制者的责任、主体事项、处理期限、处理性质与目的、个人数据的类型、数据主体的类型以及控制者的责任与权利。同时还应注意的是，委托方作出委托行为，不应超出已征得个人信息主体授权同意的范围或应符合法定的同意例外情形。根据《个人信息保护法》第55条的规定，委托处理个人信息，应当对个人信息处理活动在事前进行风险评估，并对处理情况进行记录。风险评估的内容应当包括：个人信息的处理目的、处理方式等是否满足合法、正当、必要的原则，个人信息处理活动对个人的影响及风险程度，受托方所采取的安全保护措施是否合法、有效并与风险程度相适应。风险评估报告和处理情况记录应当至少保存三年。

委托方应对受委托者的信息处理行为进行监督，方式包括但不限于：通过合同等方式规定受委托者的责任和义务，对受委托者进行审计。委托方在提前告知受托方后，可以选择派出内部审计人员或者外聘第三方人员开展审计。审计的具体范围应侧重于高风险环节，包括核查受托方对于保密义务的落实、处理记录的保存情况以及转委托。进行审计个人信息控制者得知或者发现受委托者未按照委托要求处理个人信息，或未能有效履行个人信息安全保护责任的，应立即要求受托者停止相关行为，且采取或要求受委托者采取有效补救措施（如更改口令、回收权限、断开网络连接等）控制或消除个人信息面临的安全风险。必要时个人信息控制者应终止与受委托者的业务关系，并要求受委托者及时删除从个人信息控制者获得的个人信息。

受托方应当按照约定处理个人信息，不得超出约定的处理目的、处理方式等处理个人信息。受托方处理个人信息的权限来源于委托方的授权，个人信息委托处理合同作为基础关系，构成了受托方权限的基本根据。同时还应当明确的是，当个人信息主体撤回对信息处理者的同意之时，受托人及第三方也应当同时停止收集及处理信息主体的个人信息。此时，无需个人信息主体再行对不同主体进行单独的同意撤回通知。[①] 关于受托方处理个人信息，是否需征得信息主体同意，学界存在争议。有观点认为，信息社会的高级段智能社会已经到来，在收集、处理信息的各个环节取得信息主体同意，在技术上是可行的。同时，所有的信息处理者处理个人信息都需要经过信息主体同意，不会增加成本，也不会形成数据流动的障碍。[②] 但也有观点认为，受托人信息处理的行为只需要得到委托人授权即可。但所有其他从信息处理者处获得信息的受托方都应当遵从授权递减原则，即其处理信息的权限不得超出信息处理者处理的范畴。[③] 笔者认为，第二种观点更为可采。在《信息安全技术 个人信息安全规范》（GB/T 35273—2017）中，个人信息的委托处理与共享、转让、公开披露并列，同置于第8条之下。对于个人信息的共享和转让，明确要求事先取得个人的授权同意，涉及个人敏感信息的还要事先取得个人的明示同意；对于个人信息的公开披露，无论是否涉及个人敏感信息，均要求取得个人的明示同意。与之相对的是，对于个人信息的委托处理，不管是否涉及个人敏感信息，《个人信息安全规范》均没有要求取得个人的授权同意。虽然从信息保护法理来看，信息收集的告知同意规则应当适用于所有个人信息处理的行为，而不仅限于个人信息的初次处理行为。[④] 但是，信息委托处理与共享、转让等情形存在明显不同。在共享、转让和公开披露三种场景中，除个人信息的原控制者之外，都有另一个或多个新控制者，新控制者与原控制者是相互独立的。个人信息一旦被共享、转让或公开披露，就不受原控制者的完全控制。而在委托处理场景中，虽然从外观上看，个人信息也经由控制者提供给了另一个法律主体（处理者），但处理者只是控制者的受托人，只能以控制者的名义并在其授权范围内从事信息处理活动。处理者并未取得对数据的控制权，数据仍然处于控制者的控制之下。为了鼓励信息委托

① 万方：《个人信息处理中的“同意”与“同意撤回”》，载《中国法学》2021年第1期。
② 王洪亮：《民法典与信息社会——以个人信息为例》，载《政法论丛》2020年第4期。
③ 万方：《个人信息处理中的“同意”与“同意撤回”》，载《中国法学》2021年第1期。
④ 王利明：《数据共享与个人信息保护》，载《现代法学》2019年第1期。

处理活动，减少对信息主体的不必要干扰，认定受托人处理信息无需征得信息主体同意，更为可取。但是，必须明确的是，受托方应当遵从授权递减原则，其处理信息的权限不得超出信息处理者处理的权限。

委托合同不生效、无效、被撤销或者终止的，受托方应当将个人信息返还个人信息处理者或者予以删除，不得保留。无论是委托合同存在不生效、无效、被撤销等效力瑕疵，还是在履行过程中一方行使解除权解除合同，抑或是合同因履行完毕而终止，受托方都不应对个人信息进行保留。《个人信息保护法》第 21 条第 2 款在《个人信息保护法草案（一次审议稿）》除合同履行完毕或者委托关系解除后受托方应当将个人信息返还个人信息处理者或者予以删除的规范之外，增加了委托合同不生效、无效、被撤销时，受托方同样应当将个人信息返还个人信息处理者或者予以删除的要求，有利于更为全面地防控个人信息委托处理的风险。建立委托合同终止或存在效力瑕疵时个人信息归还和销毁的流程，可以避免因项目虎头蛇尾或者受托方事后泄露导致个人信息处理风险，有利于个人信息处理风险控制。就个人信息返还或者删除，原则上受托方作为义务人享有选择权，但双方可以另行达成约定。受托方的个人信息返还或删除义务，性质上属于附随义务。受托方违反该义务造成损失的，应当承担赔偿责任。

未经个人信息处理者同意，受托方不得转委托他人处理个人信息。转委托应当得到委托方同意方可有效发生，转包有效发生时，秉承委托方对于信息安全负责的指导原则，委托方的监督责任也延展到转受托方及其处理行为。《民法典》第 923 条规定："……受托人应当亲自处理委托事务。经委托人同意，受托人可以转委托。转委托经同意或者追认的，委托人可以就委托事务直接指示转委托的第三人，受托人仅就第三人的选任及其对第三人的指示承担责任。转委托未经同意或者追认的，受托人应当对转委托的第三人的行为承担责任；但是，在紧急情况下受托人为了维护委托人的利益需要转委托第三人的除外。"由于委托合同的订立和履行是以双方当事人之间的相互信任为基础，因此，受托人原则上不得将委托事务擅自转委托给第三人。[1] 在个人信息委托处理合同中，受托方转委托同样需要征得委托方同意。但是，《个人信息保护法》第 21 条第 3 款并非单纯地对《民法典》第 923 条的重复，仍具有其独特的规范意义。首先，《个人信息保护法》第 21 条第 3 款规定：“未经个人信息处理者同意，受托方不得转委托他人处理个人信息。”这意味着受托方只能通过事前同意的方式征得委托方同意，而不能先处理事务而后征得委托方的事后追认。其次，《民法典》第 923 条规定：“转委托未经同意或者追认的，受托人应当对转委托的第三人的行为承担责任；但是，在紧急情况下受托人为了维护委托人的利益需要转委托第三人的除外。”而在《个人信息保护法》第 21 条第 3 款中并没有类似规定。这构成立法者的有意沉默，个人信息处理中受托方不得因“为了维护委托人的利益”而放弃对信息主体权益之维护。

【关联规定】

本法第 55 条，《中华人民共和国民法典》第 470 条、第 923 条

（撰稿人：韩富鹏）

第二十二条　【个人信息移转】 个人信息处理者因合并、分立、解散、被宣告破产等原因需要转移个人信息的，应当向个人告知接收方的名称或者姓名和联系方式。接收方应当继续履行个人信息处理者的义务。接收方变更原先的处理目的、处理方式的，应当依照本法规定重新取得个人同意。

【释义】

本条在《个人信息保护法草案（一次审议稿）》中的表述为：“个人

① 黄薇主编：《中华人民共和国民法典释义》，法律出版社 2020 年版，第 1640 页。

信息处理者因合并、分立等原因需要转移个人信息的，应当向个人告知接收方的身份、联系方式。接收方应当继续履行个人信息处理者的义务。接收方变更原先的处理目的、处理方式的，应当依照本法规定重新向个人告知并取得其同意。”《个人信息保护法草案（二次审议稿）》只做了文字调整，未进行实质修改。最终通过的《个人信息保护法》在需要转移个人信息情形中增加列举了“解散、被宣告破产”，应当向个人告知的信息将“接收方的身份”改为“接收方的名称或者姓名”，在表述上更为全面和准确，但没有实质变化。

个人信息处理指的是对个人信息进行以识别分析为核心的处理行为，可以划分为收集、控制、分享、分析和应用五种具体处理行为，而这五种行为涵盖了个人信息利用的全过程。[①] 而《个人信息保护法》第 4 条第 2 款规定：“个人信息的处理包括个人信息的收集、存储、使用、加工、传输、提供、公开、删除等。”个人信息处理者收集完个人信息之后，在后续的存储、使用、加工、传输、提供、公开、删除等过程中，个人信息处理者可能因合并、分立等原因而发生主体变更。《个人信息保护法》保护的个人主体权利源自个人信息滥用导致的主体利益侵害风险，因而通过建立正当的个人信息使用规则和程序以防范主体权利被侵害。[②] 个人信息处理主体发生变化，信息主体应享有知情权，以防范个人信息滥用导致的主体利益侵害风险。此时，因主体变更需要转移个人信息的，应当向信息主体告知接收方的身份、联系方式。告知信息主体接收方的身份、联系方式，应当按照《个人信息保护法》第 17 条的规定，以显著方式、清晰易懂的语言告知。如果通过制定个人信息处理规则的方式告知的，处理规则应当公开，并且便于查阅和保存。

个人信息处理者因合并、分立等原因需要转移个人信息的，接收方作为新的个人信息处理者，应当继续履行个人信息处理者的义务。个人信息

---

① 高富平：《个人信息处理：我国个人信息保护法的规范对象》，载《法商研究》2021 年第 2 期。
② 高富平：《论个人信息处理中的个人权益保护》，载《学术月刊》2021 年第 2 期。

处理者在处理个人信息时，应当履行一系列的法定义务和约定义务。当发生主体变更时，个人信息接收方应当继续履行信息处理者的义务。个人信息接收方应遵守《个人信息保护法》第二章规定的个人信息处理规则、第三章规定的个人信息跨境提供的规则、第五章规定的个人信息处理者的义务等相关规则。同时，《个人信息保护法》第四章规定了信息主体在个人信息处理中享有的知情权、查阅复制权、更正补充权、要求对信息处理规则解释说明的权利、删除权等权利，信息主体均有权向个人信息接收方主张。

接收方变更原先的处理目的、处理方式，应当依照本法规定重新取得个人同意。比较法上，个人信息处理通常奉行“目的限制”原则，即个人信息收集行为必须具有特定的目的，个人信息收集者日后的信息处理、利用行为原则上都受限于此项目的，违反此目的的信息处理行为，除非具有法定的免责事由，否则构成“违法”行为。[①] 个人信息处理者因合并、分立等原因发生主体变更，也受目的限制原则的约束，新的个人信息处理者应当在原个人信息处理者信息处理权限内继续处理个人信息。如果接受方变更原先的处理目的、处理方式，已经超出了信息主体原有的同意权限，理应重新取得信息主体的同意。《个人信息保护法》第 14 条第 2 款规定：“个人信息的处理目的、处理方式和处理的个人信息种类发生变更的，应当重新取得个人同意。”在个人信息处理者发生主体变更之后，也应同样遵守这一规则。此外，应注意的是，基于个人同意而进行的个人信息处理活动，信息主体有权撤回其同意。在信息处理者发生主体变更时，信息主体有权向新的信息处理者主张撤回同意。另外，个人信息保护的知情同意原则，不宜追求形式上的绝对化，而应转向更加具体的实质化，以期在真正有效保护个人信息的同时，也鼓励企业更加积极而有效地开展数据活动。[②]《个人信息保护法》规定了一系列知情同意豁免规则，当符合法定的豁免规则时，无需征得信息主体的同意。

---

① 杨芳：《个人信息保护法保护客体之辨》，载《比较法研究》2017 年第 5 期。

② 林洹民：《个人信息保护中知情同意原则的困境与出路》，载《北京航空航天大学学报（社会科学版）》2018 年第 3 期。

【关联规定】

本法第 13－19 条

（撰稿人：韩富鹏）

第二十三条　【个人信息分享】个人信息处理者向其他个人信息处理者提供其处理的个人信息的，应当向个人告知接收方的名称或者姓名、联系方式、处理目的、处理方式和个人信息的种类，并取得个人的单独同意。接收方应当在上述处理目的、处理方式和个人信息的种类等范围内处理个人信息。接收方变更原先的处理目的、处理方式的，应当依照本法规定重新取得个人同意。

【释义】

本条在《个人信息保护法草案（一次审议稿）》中的表述为："个人信息处理者向第三方提供其处理的个人信息的，应当向个人告知第三方的身份、联系方式、处理目的、处理方式和个人信息的种类，并取得个人的单独同意。接收个人信息的第三方应当在上述处理目的、处理方式和个人信息的种类等范围内处理个人信息。第三方变更原先的处理目的、处理方式的，应当依照本法规定重新向个人告知并取得其同意。个人信息处理者向第三方提供匿名化信息的，第三方不得利用技术等手段重新识别个人身份。"《个人信息保护法草案（二次审议稿）》删除了第 2 款："个人信息处理者向第三方提供匿名化信息的，第三方不得利用技术等手段重新识别个人身份。"匿名化，是指个人信息经过处理无法识别特定自然人且不能复原的过程。如果做到了真正的匿名化，则第 2 款不再具有规范意义。最终通过的《个人信息保护法》将《个人信息保护法草案（二次审议稿）》中的“第三方”改为“其他个人信息处理者”，表述更加精确。

在大数据时代，数据的开发与再次利用在很大程度上依赖于数据共享，数据共享成了大数据公司重要的盈利模式，没有数据共享，将难以对数据进行二次开发，数据也难以成为财产，数据产业也难以发展。[①] 数据共享能实现数据资源的重复利用，降低数据收集成本，实现同类数据社会效益的最大化。在大数据环境下，各主体可以更便捷地共享数据资源，这样既能节省成本，又能创造更大的社会效益。数据共享，可以使更多的人更充分地使用已有数据资源，减少资料收集、数据采集等重复劳动和相应费用，推进资源整合。因此，在法律上为数据共享和数据开放提供制度激励，是大数据时代信息强国的必然要求。

信息和数据的关系可以理解为信息是本体，数据是媒介。但是，信息本体和数据媒介形式的不同并不能将信息和数据割裂开来，相反在网络环境下，信息和数据使信息和媒介的关系更为紧密和相互依存，甚至数字技术与信息的结合成为最高效的信息获取、释放和进化的方式。数字技术使信息和数据的关系突破了传统媒介所具有的内容和形式的区分特征，两者在特殊的网络环境下可以自由转换，几成一体。在数字技术条件下，信息与数据在形式上也具有共通性，难以相互分离。数字技术将信息与数据置于同一个巨大的系统，数据本身只是媒介的一部分功能，故数据与信息并不能构成完整意义上的媒介与信息的关系，由于数据本身也是媒介的中间产物，故在形式和内容上两者并不容易区分。[②] 数据中包含大量的个人信息，甚至涉及个人的敏感信息和个人核心隐私。在鼓励数据开放共享和数据资源流通的同时，也必须强化对个人信息安全的保护。

个人信息处理者向他人提供其处理的个人信息的，应当向个人告知接收方的身份、联系方式、处理目的、处理方式和个人信息的种类，并取得

---

① 王利明：《数据共享与个人信息保护》，载《现代法学》2019 年第 1 期。

② 梅夏英：《信息和数据概念区分的法律意义》，载《比较法研究》2020 年第 6 期。

个人的单独同意。数据共享实际上是数据控制者范围的扩张。从数据主体的角度看，数据共享与重新收集数据并无本质区别。信息权利人允许信息收集并不等于允许信息共享。虽然数据的收集者、开发者在信息的收集和处理方面投入了一定的劳动，但这并不意味着其可以随意共享个人信息。信息权利人对其个人信息享有独占性的支配权，信息的收集、利用行为原则上都应当经过信息权利人的同意，权利人有权决定其哪些个人信息可以被收集、哪些个人信息可以被利用以及在何种范围内以何种方式利用。[①] 司法实践中，也有法院采纳这一观点。在“淘友公司等与微梦公司不正当竞争纠纷案”中，法院认为：“OpenAPI 开发合作模式中数据提供方向第三方开放数据的前提是数据提供方取得用户同意，同时，第三方平台在使用用户信息时还应当明确告知用户其使用的目的、方式和范围，再次取得用户的同意。”[②] 因此，个人信息处理者向他人提供其处理的个人信息的，应当取得个人信息主体的再次授权。

如前所述，个人信息处理者向他人提供其处理的个人信息，应当征得信息主体的再次同意。就同意的具体要求，有学者提出了授权必须是明确的、必须针对信息共享特别授权、必须严格限制概括授权、不需要授权的情况应该法定化等要求。[③]《个人信息保护法》第 23 条规定，应当征得个人信息主体的单独同意。“单独同意”首先意味着应当取得信息主体的明示同意，而不能采用默示同意的方式。明示方式作出的意思表示，是指行为人以作为的方式使得相对人能够直接了解到意思表示的内容，包括表意人采用口头、书面方式直接向相对人作出的意思表示；默示方式作出的意思表示，是指行为人虽没有以语言或文字等明示方式作出意思表示，但以行为的方式作出了意思表示。也就是说可以通过行为推定出其作出一定的意思表示。[④] 有观点认为，共享敏感个人信息应当征得信息主体的明示同

① 王利明：《数据共享与个人信息保护》，载《现代法学》2019 年第 1 期。
② （2016）京 73 民终 588 号。
③ 王利明：《数据共享与个人信息保护》，载《现代法学》2019 年第 1 期。
④ 李适时：《中华人民共和国民法总则释义》，法律出版社 2017 年版，第 434 ~ 435 页。

意；共享敏感个人信息之外的个人信息，应当相对弱化信息主体的同意要求，在某些情形下，仅要求信息权利人默示同意即可。[①] 笔者认为，在信息控制者分享个人信息时，应当取得个人的明示同意。从文义解释角度来看，单独同意意味着不能通过一揽子告知等方式进行，理解为仅能采取明示同意方式更为可取。从体系解释角度来看，《个人信息保护法》在个人信息处理者公开其处理的个人信息（第 25 条）、向他人提供或者公开公众场所收集的个人图像、个人身份特征信息基于个人同意处理敏感个人信息（第 26 条）、基于个人同意处理敏感个人信息（第 29 条）等多处提出了应征得个人单独同意的要求。将这些"单独同意"理解为需要明示同意，符合体系融贯性的要求。因此，在个人信息处理者向他人提供其处理的个人信息时，应征得信息主体的明示同意。同时，该同意只针对该单独事项，即每进行"单独同意"规定场景的个人信息处理时，都需要再次单独征得同意，而不能通过一揽子的方式取得概括同意。在用户同意界面上可设置多个勾选项，但对每一项需要用户单独同意的事项，需要用户逐一打勾确认同意。此外，单独同意要求信息主体必须针对个人信息处理有特定、清楚的表示，且这种表示是建立在对特定场合下个人信息保护上存在的风险有充分了解的基础之上。

接收方应当在个人信息处理者处理目的、处理方式和个人信息的种类等范围内处理个人信息。除信息主体对被共享者有特别授权外，被共享者对相关信息所享有的权利不得超出信息共享者权利的范围。将接受信息方的信息处理活动限制在个人信息处理者处理目的、处理方式和个人信息的种类范围内，是保障信息权利人控制信息共享的过程、避免因信息共享损害信息主体权益的必然要求。虽然数据共享在形式上体现为信息共享者与被共享者的内部关系，且此种内部关系大多通过合同的形式连接，但由于信息共享行为也涉及个人信息的流通，因此，信息共享行为也应当受到信息权利人的控制。从这一意义上说，当事人虽然可以在共享协议中就数据

① 王利明：《数据共享与个人信息保护》，载《现代法学》2019 年第 1 期。

共享的形式、范围、时间等做出约定，但数据共享一旦涉及个人信息，由于被共享者所享有的相关权利来源于共享方，除信息权利人对被共享方做出特别授权外，被共享方对相关数据所享有的权限不可能超过信息共享方。[①]

接收方变更原先的处理目的、处理方式的，应当依照本法规定重新取得个人同意。个人信息接收方处理个人信息的权限，被限制在个人信息处理者权限之内。如果接受方变更原先的处理目的、处理方式的，应当重新取得个人信息主体的同意。“应当依照本法规定”的表述，性质上为转引规范。[②]《个人信息保护法》中关于个人信息处理应征得个人同意的相关规范，如《个人信息保护法》第 14 条关于充分知情前提下自愿明确的要求，可以经转引而适用于接收方变更原先的处理目的、处理方式这一情形。

【关联规定】

本法第 13 – 19 条

（撰稿人：韩富鹏）

第二十四条　【自动化决策】 个人信息处理者利用个人信息进行自动化决策，应当保证决策的透明度和结果公平、公正，不得对个人在交易价格等交易条件上实行不合理的差别待遇。

通过自动化决策方式向个人进行信息推送、商业营销，应当同时提供不针对其个人特征的选项，或者向个人提供便捷的拒绝方式。

---

① 王利明：《数据共享与个人信息保护》，载《现代法学》2019 年第 1 期。

② 关于转引规范，参见黄茂荣：《法学方法与现代民法》，法律出版社 2007 年版，第 172 ~ 193 页。

通过自动化决策方式作出对个人权益有重大影响的决定，个人有权要求个人信息处理者予以说明，并有权拒绝个人信息处理者仅通过自动化决策的方式作出决定。

【释义】

本条在《个人信息保护法草案（一次审议稿）》中的表述为：“利用个人信息进行自动化决策，应当保证决策的透明度和处理结果的公平合理。个人认为自动化决策对其权益造成重大影响的，有权要求个人信息处理者予以说明，并有权拒绝个人信息处理者仅通过自动化决策的方式作出决定。通过自动化决策方式进行商业营销、信息推送，应当同时提供不针对其个人特征的选项。”《个人信息保护法草案（二次审议稿）》针对“通过自动化决策方式进行商业营销、信息推送”，在“应当同时提供不针对其个人特征的选项”的基础上，增加了“向个人提供拒绝的方式”的选择；将“个人认为自动化决策对其权益造成重大影响”改为“通过自动化决策方式作出对个人权益有重大影响的决定”，强调了“对权益重大影响”的客观性。最终通过的《个人信息保护法》在第1款增加了个人信息处理者“不得对个人在交易价格等交易条件上实行不合理的差别待遇”的要求，第2款在“向个人提供拒绝方式”基础上增加了“便捷的拒绝方式”的要求。

随着信息技术的发展，数据正在逐步成为技术革命和社会变革的核心动力，大数据逐步融入社会生活的方方面面。许多过去由人作出的重要决定如今逐渐通过大数据的识别、分析、输出来完成，而自动化决策在这个过程中起着至关重要的作用。许多以自动化决策为核心的自动化系统开始广泛应用于医疗、就业、教育等领域，甚至应用于立法、司法和行政执法中。[1] 自动化决策，是指利用个人信息对个人的行为习惯、兴趣爱好或者经济、健康、信用状况等，通过计算机程序自动分析、评估并进行决策的活动。随着算法应用的日益广泛，自动化决策中隐含的算法歧视会产生波纹式的扩大影响。算法不可避免地存在偏见：一方面，算法使用的大量数据本就来源于社会本身，这种镜像式的结构自然也会将社会中的歧视与偏见如实地带入算法。算法编写者可能会利用数据主体弱点进行“大数据杀熟”，或者根据敏感信息等对特定群体进行结果操纵。[2] 如果不对算法偏见进行必要的规制，将会产生一系列危害后果：算法偏见可能放大已有的人类偏见，严重影响不同群体平等权利的实现与维护；算法偏见可能消减个人的自主性，甚至造成算法对人类生活产生重大操控；如在医疗诊断、司法裁判、警察执法中，算法偏见将对个人的人身财产安全造成重大威胁。[3] 算法权力正在逐渐形成一种“准公权力”，由于算法权力的技术性、单方性和隐蔽性特征，加剧了不平等性、阻碍了自由选择、增加了不安全性，引起人们对于算法权力是否可控的担忧。[4] 因此，世界各国立法通常都对利用个人信息进行自动化决策进行必要的规制。

规制算法歧视，首先应当保证算法决策的透明度。《个人信息保护法》第 24 条明确了利用个人信息进行自动化决策时应当保证决策透明度的要求。算法自动决策作为一项高度复杂的技术活动并未完全被研究者所掌握和理解，算法自动决策的工作原理就更难为人所知，算法黑箱现象逐步显现。算法透明成为打开“算法黑箱”的根本规制手段，也可增强人们对算法自动决策的接受度。[5] 算法透明追求的其实是算法的简要说明，包括算法的假设和限制、算法的逻辑、算法的种类、算法的功能、算法的设计

---

① 张涛：《自动化系统中算法偏见的法律规制》，载《大连理工大学学报（社会科学版）》2020 年第 4 期。

② 肖梦黎：《风险视角下对算法偏见的双轨治理》，载《理论月刊》2021 年第 7 期。

③ 张涛：《自动化系统中算法偏见的法律规制》，载《大连理工大学学报（社会科学版）》2020 年第 4 期。

④ 郭哲：《反思算法权力》，载《法学评论》2020 年第 6 期。

⑤ 伊卫风：《算法自动决策中的人为歧视及规制》，载《南大法学》2021 年第 3 期。

者、算法的风险、算法的重大变化等方面。[①]《个人信息保护法》通过一系列规范，全面保障了算法透明的要求。如根据本条第 3 款规定，通过自动化决策方式作出对个人权益有重大影响的决定，个人有权要求个人信息处理者予以说明。这一规则赋予了个人对自动化决策规则的解释权，有助于消弭个人与算法控制者之间的数字鸿沟，弥补个人面对算法控制者时的弱势地位。

规制算法歧视，还应当保证自动化决策的公平合理。这一规范突破了平台一直以来采用的“技术中立”抗辩，要求平台为算法自动化决策结果承担责任，须保证算法自动化决策结果的公平合理。[②] 算法语境下对公平的诠释需要重视两个问题：一是诠释算法公平时，公平更多的是一种公平建构。即公平不是静态的，而是动态的，对其诠释依赖于算法所要解决的特定问题空间以及在训练和应用中对该诠释进行编码和测量的方法。二是需超越上述对技术方法之公平的关注，重视算法系统的公平性与结果的公平性。[③] 确保自动化决策结果的公平合理，首先应重点着眼于算法设计阶段，促进“通过设计实现公平”。有学者建议，可以通过以下途径促进算法设计公平：（1）确保专家的多元性。在算法设计项目中，从一开始就纳入各个相关领域的专家，有助于更好地认识到可能潜入算法中的人类偏见。（2）提高技术人员的偏见识别水平。诸如文本和图像之类的非结构化数据通常由人工注释器生成，其提供结构化类别标签，然后用于训练机器学习模型。尽管注释的质量对于许多任务来说是足够的，但人工注释本质上容易受到根深蒂固的偏见影响。因此，一种有效方法是在注释器培训模块中包含潜在的偏见案例，以提高识别水平。（3）量化公平性指标。机器学习分类模型的性能通常是使用一组成熟的度量指标来衡量，这些度量指标侧重于总体性能、类级性能和全面模型的可通用性。因此，可以通过设计用于量化机器学习偏见的公平性指标来加以补充。（4）确保数据代表

---

① 徐凤：《人工智能算法黑箱的法律规制——以智能投顾为例展开》，载《东方法学》2019 年第 6 期。

② 张凌寒：《〈个人信息保护法〉（草案）中的平台算法问责制及其完善》，载《经贸法律评论》2021 年第 1 期。

③ 刘培、池忠军：《算法歧视的伦理反思》，载《自然辩证法通讯》2019 年第 10 期。

性。在进行数据抽样时，所有受试者应该有相同的机会在数据中出现，这意味着需要将代表性不足的人群添加到任何训练数据集中。（5）建模时去除偏见。在建构模型和训练数据阶段，实施去除偏见测试。[①] 同时，保障算法公平合理，还应健全算法审查制度，加强算法运行的事后控制。

个人信息处理者利用个人信息进行自动化决策，不得对个人在交易价格等交易条件上实行不合理的差别待遇。随着自动化决策在生活中日益广泛地应用，“大数据杀熟”现象也逐渐出现。“大数据杀熟”通常表现为以下现象：（1）在在线旅游 App 上，用户多次浏览订房页面后房价上涨，或用户订机票取消后机票价格上涨。（2）在购票 App 上，“会员价”高于非会员价。（3）同样的商品，不同手机有不同价格。这些行为的共性是不同用户不同定价，而且“熟人”价格更高。[②] “大数据杀熟”有违诚实信用原则，是侵害消费者知情权和公平交易权的一种新型价格欺诈行为。[③] 因此，有必要对其进行法律规制。此前，我国已经出台了部分规制“大数据杀熟”的规范性文件。如 2020 年 8 月 20 日，文化和旅游部印发的《在线旅游经营服务管理暂行规定》第 15 条便明确规定：“在线旅游经营者不得滥用大数据分析等技术手段，基于旅游者消费记录、旅游偏好等设置不公平的交易条件，侵犯旅游者合法权益。”《个人信息保护法》在法律层面明确要求个人信息处理者利用个人信息进行自动化决策的，不得对个人在交易价格等交易条件上实行不合理的差别待遇，有利于进一步全面规制“大数据杀熟”等算法歧视行为。

推荐算法的个性化推送、个性化定价，是当前各大互联网平台普遍使用的增加利润的武器。推荐算法的个性化推送、个性化定价在为人们带来便利的同时，也产生了“信息茧房”的风险。“信息茧房”意味着大数据

---

① 张涛：《自动化系统中算法偏见的法律规制》，载《大连理工大学学报（社会科学版）》2020 年第 4 期。

② 梁正、曾雄：《“大数据杀熟”的政策应对：行为定性、监管困境与治理出路》，载《科技与法律》2021 年第 2 期。

③ 刘佳明：《大数据“杀熟”的定性及其法律规制》，载《湖南农业大学学报（社会科学版）》2021 年第 1 期。

时代的个体进入了只关注其选择或能愉悦自己的资讯的长期状态，认为其在此情形下就如蚕一般会织成“茧房”。在信息茧房中的个体，基于算法只能接收到同类型的信息，会使之误以为这些信息就是全世界的真相，进而间接减损了其知情权，并影响其对问题的正确判断。[①] 本条第2款赋予了个人对自动化决策的“选择退出权”，有助于个人突破“信息茧房”的束缚。《信息安全技术 个人信息安全规范》第7.5条（b）规定：“在向个人信息主体提供电子商务服务的过程中，根据消费者的兴趣爱好、消费习惯等特征向其提供商品或者服务搜索结果的个性化展示的，应当同时向该消费者提供不针对其个人特征的选项。”第7.5条（c）规定：“在向个人信息主体推送新闻信息服务的过程中使用个性化展示的，应：（1）为个人信息主体提供简单直观的退出或关闭个性化展示模式的选项；（2）当个人信息主体选择退出或关闭个性化展示模式时，向个人信息主体提供删除或匿名化定向推送活动所基于的个人信息的选项。”《电子商务法》第18条第1款规定：“电子商务经营者根据消费者的兴趣爱好、消费习惯等特征向其提供商品或者服务的搜索结果的，应当同时向该消费者提供不针对其个人特征的选项，尊重和平等保护消费者合法权益。”本条将上述法律和国家推荐性标准修改整合为个人信息保护的强制性规范。赋予个人对自动化决策方式进行商业营销、信息推送的选择退出权，可以转变互联网企业因个人知情同意授权而“一劳永逸”的现状，使互联网企业在提供服务的每个环节都注重合理、合法使用个人数据，主动避免算法歧视行为的发生，也可以提升个人对数据权利的重视与保护，激励人们挑战可能存在歧视的算法个性化决策。[②]《个人信息保护法》针对“通过自动化决策方式进行商业营销、信息推送”，在《个人信息保护法草案（一次审议稿）》“应当同时提供不针对其个人特征的选项”的基础上，增加了“向个人提

① 周文扬、张天荣：《生成、影响与反思：聚合类新闻客户端的信息茧房效应研究：以“今日头条”为例》，载《传媒》2018年第10期。

② 李丹：《算法歧视消费者：行为机制、损益界定与协同规制》，载《上海财经大学学报》2021年第2期。

供便捷的拒绝方式”的选择，在保护个人就信息化决策选择退出权的同时，避免一律要求同时提供不针对个人特征选项对自动化决策者经营模式的过度干涉。

通过自动化决策方式作出对个人权益有重大影响的决定，个人有权要求个人信息处理者予以说明，并有权拒绝个人信息处理者仅通过自动化决策的方式作出决定。本规范在《个人信息保护法草案（一次审议稿）》的表述为：“个人认为自动化决策对其权益造成重大影响的，有权要求个人信息处理者予以说明，并有权拒绝个人信息处理者仅通过自动化决策的方式作出决定。”但诚如部分学者所言，信息处理者的说明义务对应的是客观的重大影响，而非信息主体主观认识的重大影响。[①] 因此，本条第 3 款将《个人信息保护法草案（一次审议稿）》中主观意义上的“个人认为自动化决策对其权益造成重大影响”改为客观意义上的“对个人权益有重大影响”，表述更为准确。首先，这一规范赋予了个人对自动化决策的知情权，确立了有限制的“算法解释权”，为平台施加了信息披露的义务，有助于打破用户与平台之间的信息不对称。其次，这一规范赋予了个人拒绝个人信息处理者仅通过自动化决策方式作出决定的权利。该拒绝权的内容是拒绝“仅通过自动化决策的方式作出决定”，是一种不完全的拒绝权，也即不是拒绝算法，而是拒绝非人为的全自动化算法的决定；该拒绝权并未包含明显的时间要求，也即个人可以在得知自动化决策对其权益造成重大影响的时候启动权利诉求，无论事前、事中还是事后。[②]

【关联规定】

《中华人民共和国电子商务法》第 18 条

（撰稿人：韩富鹏）

---

① 韩旭至：《个人信息保护中告知同意的困境与出路》，载《经贸法律评论》2021 年第 1 期。
② 李晓辉：《算法商业秘密与算法正义》，载《比较法研究》2021 年第 3 期。

第二十五条　【个人信息公开】个人信息处理者不得公开其处理的个人信息，取得个人单独同意的除外。

【释义】

本条在《个人信息保护法草案（一次审议稿）》中的表述为："个人信息处理者不得公开其处理的个人信息，取得个人单独同意或者法律、行政法规另有规定的除外。"《个人信息保护法草案（二次审议稿）》取消了"法律、行政法规另有规定的除外"，只保留了"取得个人单独同意的除外"。最终通过的《个人信息保护法》与《个人信息保护法草案（二次审议稿）》相比没有变化。

就个人信息保护法保护客体，学界存在一定争论，主要存在以下观点：一是个人信息自决权说。该观点认为，如果任由他人收集、处理或者利用自己的个人信息，而自己毫不知情，或者没有能力阻止，那么无异于将个人置于受人支配的地位。当事人得自由决定自己的个人信息上承载着何种价值。法律保护个人信息，就要充分尊重个人对其信息的控制权。[①] 二是人格权说。该观点认为，个人信息保护法保护的是人格权，尤其是隐私权。和民法相比，个人信息保护法不过是具体化了人格权的保护范围。三是综合利益说。该观点认为，个人信息保护法的保护对象并非个人信息自决权或者人格权，个人信息保护法中的规则应解释为防止个人信息被滥用的事先防范规范，旨在保护知悉个人信息被处理的利益、个人信息正确和完整的利益、个人信息处理须符合特定目的的利益以及隐私利益四种利益。[②] 而无论采何观点，个人信息未经同意不得公开都处于个人信息保护的核心位置。这既是个人信息自决权和人格权的必然要求，也是防止个人信息被滥用、保护信息主体知悉个人信息被处理的利益、个人信息正确和

---

① 王利明：《论个人信息权的法律保护——以个人信息权与隐私权的界分为中心》，载《现代法学》2013 年第 4 期。

② 杨芳：《个人信息保护法保护客体之辨》，载《比较法研究》2017 年第 5 期。

完整的利益、个人信息处理须符合特定目的的利益以及隐私利益的重要措施。因此，《个人信息保护法》确认了“个人信息处理者未经个人单独同意不得公开其处理的个人信息”的要求。

未经个人单独同意，个人信息处理者公开其处理的个人信息造成个人信息权益受到侵害的，应承担赔偿责任。根据《个人信息保护法》第69条规定，此时应采过错推定的归责原则，个人信息处理者不能证明自己没有过错的，应当承担损害赔偿等侵权责任。大数据时代的信息分析、挖掘系采用特定算法从大数据库中推断未知信息的技术模式，该模式的显著特征在于自动化技术的应用导致信息处理具有高度的不可预测性和模糊性。这种不可预测性和模糊性打破了自然人与信息处理者之间的利益平衡，在一定程度上颠覆了传统侵权法赖以建立的社会场景，从而致使过错责任难以应对大数据时代的个人信息保护危机。[①] 采过错推定的归责原则，避免了个人信息主体对个人信息处理者存在过错举证困难的难题，有利于保障个人信息主体的合法权益。此外，大数据时代个人信息泄露损害具有存在发生时点和实现时点相分离的特征，其致害风险发生于个人信息被侵害之时，损害结果却在未来的诈骗、敲诈勒索等违法活动中才能体现出来。这种不以实时损害为基础的新型损害突破了以差额说为代表的传统损害本体论，造成了损害判定的困难。[②] 根据《个人信息保护法》第69条第2款，个人信息处理者的损害赔偿责任按照个人因此受到的损失或者个人信息处理者因此获得的利益确定；个人因此受到的损失和个人信息处理者因此获得的利益难以确定的，根据实际情况确定赔偿数额。这种多元的赔偿责任认定方式，有助于克服损害判定的困难，充分实现对个人信息主体的救济。

本条在体系上位于《个人信息保护法》第二章“个人信息处理规则”第一节“一般规定”部分，根据《个人信息保护法》第33条规定，国家

① 张建文、时诚：《个人信息的新型侵权形态及其救济》，载《法学杂志》2021年第4期。
② 张建文、时诚：《个人信息的新型侵权形态及其救济》，载《法学杂志》2021年第4期。

机关处理个人信息也应适用这一规则。政府数据中有相当一部分数据属于当事人的个人数据，如当事人的身份证号码、车牌号码、住址及其门牌号码、银行账户、纳税信息、缴纳行政费用的情形等。这些个人信息一旦被公开，将对信息主体合法权益造成重大损失，对信息主体的正常生产生活造成重大影响。国家机关对在个人信息收集、存储、使用、加工、传输、提供过程中掌握的个人信息，未经个人单独同意不得公开。

同时，政府数据开放进程逐步加快。从政府信息公开到政府数据开放，不仅代表公共部门所持有的数据和信息向公众开放的边界扩大，也是从“履行公众知情权”的“被动公开”到“构建开放政府”的“主动开放”的范式转变，更是公共信息应用模式的升级与转型，是释放公共数据经济价值和增强私营部门参与社会治理的必要举措。[①] 政府数据开放的过程中，尽管开放网站采取相关技术措施，但是仍然存在信息泄露的安全风险。政府数据开放过程中应重视对个人信息的保护，如果涉及公开其收集、存储、使用、加工、传输、提供的个人信息，也需要征得个人信息主体的单独同意。

【关联规定】

本法第 33 条、第 69 条

（撰稿人：韩富鹏）

第二十六条　【公共场所图像、身份识别信息收集规则】 在公共场所安装图像采集、个人身份识别设备，应当为维护公共安全所必需，遵守国家有关规定，并设置显著的提示标识。所收集的个人图像、身份识别信息只能用于维护公共安全的目的，不得用于其他目的；取得个人单独同意的除外。

---

① 商希雪、韩海庭：《政府数据开放中个人信息保护路径研究》，载《电子政务》2021 年第 6 期。

【释义】

本条在《个人信息保护法草案（一次审议稿）》中的表述为："在公共场所安装图像采集、个人身份识别设备，应当为维护公共安全所必需，遵守国家有关规定，并设置显著的提示标识。所收集的个人图像、个人身份特征信息只能用于维护公共安全的目的，不得公开或者向他人提供；取得个人单独同意或者法律、行政法规另有规定的除外。"较之《个人信息保护法草案（一次审议稿）》，《个人信息保护法草案（二次审议稿）》删去了第二句第二分句中的"或者法律、行政法规另有规定"，与其第 13 条修改方向保持一致，即将告知同意规则在个人信息处理活动中置于基本规则的地位，取得同意是原则，不需要取得同意是例外。[①] 本条与第 13 条相衔接，保持体系的一致性。

最终通过的《个人信息保护法》对条文顺序做了调整，将《个人信息保护法草案（二次审议稿）》第 27 条调整为现在的第 26 条，同时对行文做了修改。第 1 处修改是将第二句中的"个人身份特征信息"改为"身份识别信息"。因本法第 4 条规定："个人信息是以电子或者其他方式记录的与已识别或者可识别的自然人有关的各种信息……"故此处修改使得本法中的个人信息的概念保持了统一，措辞更为严谨。第 2 处修改是将"不得公开或向他人提供"改为"不得用于其他目的"，与本法第 6 条目的限制原则相呼应，"不得公开或者向他人提供"仅是一种列举式的封闭规定，而"不得用于其他目的"的表达则更具有概括性，保护范围也更大，其行为不限于公开行为或向他人提供的行为，增强了对个人图像和身份识别信息的保护力度。

本条规范的对象是在公共场所安装图像采集、个人身份识别设备的行为以及所采集的个人信息。采集行为发生的环境是在公共场所。《刑法》

---

① 程啸：《论个人信息处理者的告知义务》，载《上海政法学院学报（法治论丛）》2021 年第 5 期。

第 291 条“聚众扰乱公共场所秩序、交通秩序罪”中，立法者对“公共场所”有着明确的列举，主要包括“车站、码头、民用航空站、商场、公园、影剧院、展览会、运动场或者其他公共场所”。《公共卫生管理条例》第 2 条列举了 7 类场所，分别为：（一）宾馆、饭馆、旅店、招待所、车马店、咖啡馆、酒吧、茶座；（二）公共浴室、理发店、美容店；（三）影剧院、录像厅（室）、游艺厅（室）、舞厅、音乐厅；（四）体育场（馆）、游泳场（馆）、公园；（五）展览馆、博物馆、美术馆、图书馆；（六）商场（店）、书店；（七）候诊室、候车（机、船）室、公共交通工具。又如《重庆市公共场所控制吸烟条例》第 2 条第 2 款规定：“本条例所称的公共场所，是指公众可以进出的场所或者供集体使用的场所，包括餐饮服务场所、住宿休息服务场所、公众娱乐场所、工作场所、公共交通工具、公用电梯等。”可见对于公共场所的认识并不统一，多依据法律、法规的规范对象进行列举式规定。

公共场所的判断标准有学者归纳为三点，即：（1）公众可以实际不受限制地进入该场所；（2）该场所为公众目之所及；（3）公众随时可以进入该场所。[①] 公共场所在不同的法律中虽含义基本相同，但是根据立法目的不同，其含义也会有相应区别。具体到《个人信息保护法》，有观点认为本法的公共场所应指包括一切法律允许处理者安装图像采集、个人身份识别设备的场所。该定义着眼于处理者信息采集、识别个人信息设备所在的场域，而不仅仅是针对一般不特定身份公众，其范围较《公共场所卫生管理条例》为宽，除一般公共活动场所外，在住宅区、学校、企业及其他单位内部供特定人员使用的公共场所也包括在内。[②] 亦有观点认为，公共场所是指具有明确主观责任，提供给公众使用或者服务于公众的开放性空间以及半开放性空间。广场、公园、街路、交通枢纽、商业经营场所等呈现完全开放性质，不需要进行任何身份识别即可进入的空间是典型的公共

---

① 参见胡建淼、岑剑梅：《公共摄像监视与公民隐私权保护》，载《法学》2008 年第 6 期。

② 参见刘士国：《信息控制权法理与我国个人信息保护立法》，载《政法论丛》2021 年第 3 期。

空间；而设置在企业事业单位内部（如高校的食堂、图书馆、运动场等）或者需要购票、办理身份识别手续方能进入（如公共交通工具、公共体育文化设施、居民小区的公共部位等），具有半开放性的空间也属于公共场所。[①] 在本条中，从宽认定公共场所范围较为合理。第一，在以高校为代表的企事业单位中，仅高校就可能涉及上千万受众，基于所属团体、单位带来的身份特定性，此类场所中的公众较一般公众而言，在个人信息保护强度上并没有实质区别，且非该团体、单位的公众亦可能因为公务活动等个人原因出入此类场所，符合前述公众可以进入该场所的特征，符合本条“维护公共安全”的立法目的，故应对“公共场所”所作宽泛理解。第二，居民住宅区本身也并非完全封闭的空间，如依照《民法典》第 274 条第 1 句的规定：“建筑区划内的道路，属于业主共有，但是属于城镇公共道路的除外。”故而小区内也存在属于公用性质的场所。将住宅区、企事业单位内部的半开放空间认定为公共场所具有合理性。近年来频繁出现学校、社区因安装摄像头、人脸识别设备所引发的纠纷，这类场所应当纳入本条中的“公共场所”进行规制。

公共场所的宽泛理解，在 2021 年 7 月 27 日公布的《最高人民法院关于审理使用人脸识别技术处理个人信息相关民事案件适用法律若干问题的规定》中也有体现。该司法解释第 2 条第 1 项规定，信息处理者在宾馆、商场、银行、车站、机场、体育场馆、娱乐场所等经营场所、公共场所违反法律、行政法规的规定使用人脸识别技术进行人脸验证、辨识或者分析属于侵害自然人人格权益的行为。此处经营场所与公共场所的概念并列，宾馆、商场、银行、体育场馆、娱乐场馆等经营场所也属于规制范围之内。在此类场所中使用人脸识别技术可能构成侵害自然人人格权益的范畴，保持了体系解释上的一致。

应当注意的是，信息采集设备，本条将之区分为图像采集设备和个人

---

① 参见朱慧芬等：《公共场所监控图像采集利用与隐私权保护研究报告》，载《政府法制研究》2009 年第 8 期。

身份识别设备，二者的保护程度应根据对个人信息使用、利用程度不同而有所区分，对个人信息利用程度更高的个人身份识别设备，应受到更为严格的监督。本条中图像采集设备和个人身份识别设备可一同纳入对“公共场所图像监控”的规制范围之内，[①] 公共场所图像监控是指在公共场所安装摄像机并与室内监视中心的电视监视器相连接，以对特定的地点、范围、方位进行监视的行为。以安装监控设备的主体和监控目的进行分类，根据相关的研究成果，可以将公共场所图像监控设备分为以下几种：[②]

1. 为了国家的安全利益或者公共安全；

2. 交通运输、工业、农牧业部门为了安全生产进行的监控；

3. 为了自身的安全及预防犯罪而安装的闭路电视监控系统；

4. 商业部门如银行、超市为了自身和顾客的经济利益安全而安装的闭路电视监控系统；

5. 军事部门为了国防等方面的利益而安装的包括雷达在内的监视系统；

6. 有关部门、公司利用航空器、商业卫星、间谍卫星从高空对公共场所乃至私人生活空间进行拍照、摄像。

图像采集设备所获取的数据应当仅限于获取、储存图像。例如在道路交通、社会治安等领域广泛使用的监控设备，又如在公共安全防范技术序列中，借助于闭路电视、摄像头等可视技术在监视研究领域发展出的“图像监视”或“公共图像监视”。[③]

个人身份识别设备，以最典型的人脸识别技术为例，是指基于个人的人脸特征，对个体进行识别的过程。[④] 移动设备人脸识别的业务流程一般包括登记过程、识别过程和注销过程。在登记和识别过程中，移动设备会

---

① 地方性法规、地方政法规章对此已有不少实践和探索，例如《北京市公共安全图像信息系统管理办法》(2007)、《安徽省公共安全视频图像信息系统管理办法》(2016)、《重庆市公共安全视频图像信息系统管理办法》(2016)，其名称虽然各不相同，但均指向本文所称的“公共场所图像监控”，为便于概念统一，本文使用学界概念。

② 朱慧芬等：《公共场所监控图像采集利用与隐私权保护研究报告》，载《政府法制研究》2009年第8期。

③ 参见刘建军：《我国公共场所图像监视法律治理路径分析》，载《政法论丛》2012年第1期。

④ 参见《信息技术 移动设备生物特征识别第3部分：人脸》(GB/T 37036.3－2019)，第3.1条。

采集用户的人脸样本，并根据用户人脸特征项加以提取，将提取的用户人脸特征与储存在人脸特征存储模块中的人脸模板进行对比。在对比过程中，会与用户相关的其他个人信息发生关联。[①] 因为此种关联行为对用户信息的获取和识别利用度更高，因而对其规制会更为严格。

从分类上看，图像采集设备多数只具有获取、存储图像的功能，不属于身份识别设备，通常不会与用户的其他生物识别信息发生对比、关联；而在高校、小区等出入口设置的门禁识别设备，特别是人脸设备，则往往包含对个人身份信息的识别并与被采集的用户个人信息发生关联，对此种设备的使用应当有更严格的限制。区分图像采集设备和个人身份识别设备，其根源在于图像采集设备和个人身份识别设备对于个人信息的采集和使用程度是不同的，由此应当采取不同程度的个人信息保护强度。

本条规范的行为目的限于“维护公共安全所必需”，并应遵守国家相关规定，设置显著的提示标识。目前我国法律体系中涉及“公共安全”的相关规定主要存在于公法领域，但各法律、法规及规章位阶不一，其所针对的公共安全的适用场景和规范目的也不尽相同。例如本法第 13 条第 1 款第 4 项的“为应对突发公共卫生事件，或者紧急情况下为保护自然人的生命健康和财产安全所必需”即属于为维护公共安全所必需。公共安全的范围应当受到严格限制，不能随意扩充。再如《刑法》（2020 年）第二章就危害公共安全的行为专门成立一章“危害公共安全罪”，刑法学界对于“公共安全”的理解观点不一，有力观点认为指的是不特定或者多数人的生命、身体的安全以及公众生活的平稳与安宁。[②] 因《刑法》中的“公共安全”概念本身较为抽象，其模糊性和不确定性较大，[③] 故不能仅以此概

① 参见《信息技术 移动设备生物特征识别第 3 部分：人脸》（GB/T 37036.3－2019），第 6 条、第 7.3 条。

② 张明楷：《刑法学》，法律出版社 2016 年版，第 689 页。

③ 危害公共安全罪因其定义模糊，缺乏限制外延使得其成为一种最为典型的口袋罪而受到学者的批评，故在理解公共安全时，应尽量避免以抽象方式理解本法第 27 条的规定，特别是避免以刑法上的公共安全来理解本法中的公共安全。对该罪名的批评，参见陈兴良：《口袋罪的法教义学分析：以以危险方法危害公共安全罪为例》，载《政治与法律》2013 年第 3 期。

念判断维护公共安全行为的内涵，应当再以列举的方式对维护公共安全加以限制。

《个人信息保护法》本身没有对“公共安全”进行全面的列举，可以结合地方性法规和地方政府规章的相应规定加以理解，其对“公共安全”以及相关的维护行为的规定更加具体。地方性法规例如《内蒙古自治区公共安全技术防范管理条例》（2007 年、2012 年、2017 年、2020 年）、《河南省公共安全技术防范管理条例》（2013 年、2016 年）等，地方政府规章如《北京市公共安全风险管理办法》（2021 年）。这些地方性法规和地方政府规章主要是从与公共安全相关的管理事项上侧面反映何种情形属于“维护公共安全”，例如《内蒙古自治区公共安全技术防范管理条例》（2020 年）第 3 条第 1 款规定：“本条例所称公共安全技术防范，是指以运用技防产品、构建技防系统为手段，结合运用相关科技手段，发现、预防、制止违法犯罪和治安事故，维护社会公共安全的活动。”此处的维护公共安全的技术手段仅限于“发现、预防、制止违法犯罪和治安事故，维护社会公共安全的活动”。《北京市公共安全风险管理办法》（2021 年）第 2 条规定：“本办法所称公共安全风险（以下简称风险），是指自然灾害、事故灾难、公共卫生事件、社会安全事件等突发事件发生的可能性与后果。”这些公共安全风险的认定，以及由此所进行的公共安全维护活动，也归入“遵守国家有关规定”的范围。本书认为，对“维护公共安全所必需”可以从以下角度理解：

1. 相关规定的位阶级别。即以法律、司法解释、行政法规对于“维护公共安全所必需”的理解为准。对于处于下位位阶的法律规范，如部门规章、地方性法规、地方政府规章，应考察其手段和相关规定是否与上位位阶的法律、行政法规存在抵触。有相抵触之处，以法律、司法解释和行政法规所作的理解为准。这有助于避免地方人大或政府通过制定地方性法规、地方政府规章或规范性文件的方式不当扩大“维护公共安全”所囊括的范围，防止对公民个人信息造成不适当的限制和侵害。

2. 抽象角度和具体列举相结合。在对“维护公共安全”的行为中，应紧扣“所必需”来对公共场所的个人信息采集行为进行严格的限制解释，力求个人信息安全能够获得最大保障。就目前已经进行探索的地方性法规、地方政府规章所列举的公共安全事项来看，自然灾害、安全事故、公共卫生事件、社会安全事件等突发事件应当认为是能够对公共安全造成危害的事件，公权力机关为应对以上事件所采取的相关预防、处理、救援等手段，属于为维护公共安全所必需。公权力机关如要扩大以上范围，必须作充分的说明。一般而言，国家公权力机关收集和处理个人信息的合法正当目的主要在于公益维护，“履行法定职责或者法定义务”“为应对突发公共卫生事件，或者紧急情况下为保护自然人的生命健康和财产安全”等规范表述，都可被列入此类范畴。但是有观点从数据实践的角度对抽象化的“公共利益”进行了质疑，认为不能正当化公权力机关所有的数据收集行为，因为概括性的公益目的几乎无法为限制公权力机关不当收集和使用个人信息划定任何界限。故而如果公权力机关在公共利益和个人的数据私益发生冲突时，以公益为由要求对个人私权予以合理限制，国家机关应承担对“公共利益”予以具体化框架和说明的义务。[①] 有学者曾指出，考虑到民法典的篇幅有限，可以在《个人信息保护法》等相关法规的制定中，以详细列举 + 兜底条款的形式，对公共利益的范围进行明确限缩。[②]

本条的规制对象既包括国家机关、事业单位、社会团体等为履行法定职责所进行的数据采集行为，也包括企业、个体工商户乃至个人等主体为其日常经营活动在公共场所的数据采集行为。前者如道路交通管理所为抓捕逃犯安装摄像头等人脸识别和生物信息识别设备，后者如商家在营业场所安装图像采集设备。目前，实践中存在大量小区物业为实现小区安保目的而在小区内采取人脸识别技术的现象。如前所述，居民住宅小区也应属于本条所称的“公共场所”，其安装图像采集、个人身份识别设备这一行

---

① 赵宏：《〈民法典〉时代个人信息权的国家保护义务》，载《经贸法律评论》2021 年第 1 期。类似要求对第 27 条“维护公共安全”的内涵进行具体化的观点，参见石佳友：《个人信息保护法与民法典如何衔接协调》，载《人民论坛》2021 年第 2 期。

② 丁晓强：《个人数据保护中同意规则的“扬”与“抑”——卡-梅框架视域下的规则配置研究》，载《法学评论》2020 年第 4 期。

为也属于本条规制范围之内，其安装目的只能限于为保卫小区及小区周边公共安全的需要。对此，《最高人民法院关于审理使用人脸识别技术处理个人信息相关民事案件适用法律若干问题的规定》作了更为细化的规定，其中第 10 条第 1 款规定："物业服务企业或者其他建筑物管理人以人脸识别作为业主或者物业使用人出入物业服务区域的唯一验证方式，不同意的业主或者物业使用人请求其提供其他合理验证方式的，人民法院依法予以支持。"该司法解释虽未完全禁止小区物业使用图像采集、个人身份识别设备，但同时赋予业主和物业使用人选择权。业主或物业使用人不同意采用人脸识别的，物业方不得强迫。对于物业方使用人脸识别技术所获取的数据，应当依照本条的规定加以妥善管理。对于人脸识别设备，物业方在使用时应当以显著的方式进行提示。

"显著的提示标识"，应当是作为个人信息被采集的一方能够理解、识别的图形、文字等标志来进行提示，如以高亮颜色显示的图标，以醒目文字对被采集者进行提示，或是由工作人员对被采集方进行必要提示和充分说明。

"遵守国家有关规定"，主要指的是遵守《民法典》《网络安全法》、本法及相关司法解释、行政法规、部门规章中涉及的有关采集、识别个人信息相关的规定，其法源相对宽泛。

本条第 2 句规定的"所收集的个人图像、身份识别信息只能用于维护公共安全的目的，不得用于其他目的；取得个人单独同意的除外"，采取了原则上禁止，例外下允许的模式。只有取得个人单独同意才能构成合理处理的免责事由。单独同意是有别于一般告知同意、书面同意的同意模式。本法第 14 条规定："……法律、行政法规规定处理个人信息应当取得个人单独同意或者书面同意的，从其规定。"该条即属于对处理个人信息要求的单独同意。单独同意是与"一揽子"同意相对的一种同意模式，在《个人信息保护法》中，第 14 条、第 23 条、第 25 条、第 26 条，以及第二章第二节"敏感个人信息的处理规则"都采取了这种处理方式，有利于避免个人信息处理者采用捆绑同意、强迫同意的方式将公开场所收集的图像和身份识别信息隐藏在一般个人信息中，从而取得个人同意，以逃避对公开场所收集的个人信息的处理限制。该种同意方式同时提高了对于公共场所图像采集和身份识别信息的保护力度。

从前述立法沿革来看，《个人信息保护法草案（二次审议稿）》删去《个人信息保护法草案（一次审议稿）》中要求的“取得个人单独同意或者法律、行政法规另有规定的除外”。但是对于本条不能理解为只有单独同意一种豁免方式。如果将信息公开的权限范围仅限于取得个人的单独同意，那么在一些较为特殊的情形下，如本条所规定的“维护公共安全目的”时，可能存在来不及取得个人同意，或是个人不同意公开的情形。衡量公共安全与个人信息两种利益，公共安全的利益顺位显然较个人信息的更为靠前。本条虽然删去“法律、行政法规没有规定的除外”，但是不代表本条采取限定为个人单独同意的封闭模式，而是直接转接本法第 13 条，以允许法律、行政法规进行例外规定的形式保持免责事由的开放性与灵活性。单独同意模式亦属于告知同意规则的一种，所以本条自然得适用第 13 条第 2 款，无需再单独予以强调。同时应当注意，本条转引的法源位阶仅限于法律和行政法规，这里的“法律”应作狭义理解，即仅限于全国人大及其常务委员会通过的法律。除法律和行政法规外，部门规章、地方性法规以及其他位阶的规范性文件均不足以成为因其他目的处理在公共场合收集的个人图像、身份识别信息的法源。

【关联规定】

《中华人民共和国民法典》第 1020 条第 3 项、第 5 项，第 1035 条、第 1036 条，本法第 13 条、第 14 条，《最高人民法院关于审理使用人脸识别技术处理个人信息相关民事案件适用法律若干问题的规定》第 2 条第 1 项、第 5 条，《中华人民共和国公共场所卫生管理条例》第 2 条

（撰稿人：杜丰贝）

第二十七条 【已公开个人信息的处理】个人信息处理者可以在合理的范围内处理个人自行公开或者其他已经合法公开的个人信息；个人明确拒绝的除外。个人信息处理者处理已公开的个人信息，对个人权益有重大影响的，应当依照本法规定取得个人同意。

【释义】

本条为《个人信息保护法草案（一次审议稿）》第 28 条，原表述为："个人信息处理者处理已公开的个人信息，应当符合该个人信息被公开时的用途；超出与该用途相关的合理范围的，应当依照本法规定向个人告知并取得其同意。个人信息被公开时的用途不明确的，个人信息处理者应当合理、谨慎地处理已公开的个人信息；利用已公开的个人信息从事对个人有重大影响的活动，应当依照本法规定向个人告知并取得其同意。"

《个人信息保护法草案（二次审议稿）》将第二款中"依照本法规定向个人告知并取得其同意"改为"依照本法规定取得个人同意"。这一修改使得本条措辞更为简洁明了，是"告知同意"规则的体现。告知同意规则体现在"告知 + 同意"这一模式中。"依照本法规定"意味着在不同个人信息处理情景下应当遵循不同的同意规则，有的须为单独同意，有的须为明示同意而不能是默示。同时，个人信息的收集方式还负有告知义务。最终通过的《个人信息保护法》将条文顺序调整为第 27 条，并做了较大改动，主要是因为要同《民法典》第 1036 条第 2 项之规定保持一致。首先，将原有的两款条文合为一款。其次，将原来条文中的"已公开的个人信息"限定为"个人自行公开或者其他已经合法公开的个人信息"。已公开的个人信息可能是个人自愿公开或是公权力机关为维护公共利益而公开，这是合法的公开途径，但也可能是个人信息被信息处理者或第三人以非法方式公开，此种公开方式获取的信息不能成为本条规定的对象，《个人信息保护法草案（二次审议稿）》的表述与《民法典》不相一致，故对其做了修改。与此同时，赋予个人可以明确拒绝的权利，即便以合法方式公开，但是当事人以明确的可得而知的方式拒绝时，个人信息处理者也不得处理。再次，用“合理范围”取代“被公开时的用途”这一概念。因为后者太过模糊且难以判断，对于个人自行公开的信息，即便是结合具体场景有时也难以判断信息到底是什么用途，徒增其不确定性，而以“合理范围”对处理方式进行限制已然足够。最后，本条将对“个人有重大影响的活动”改为“对个人权益有重大影响的”，使表达更为精准，更加注重对个人权益的保护。

本条规范对象针对的是个人信息处理者处理已被合法方式公开的个人信息的行为，信息需为个人自行公开或以其他合法方式公开。本条链接第13条第1款第6项，是对于公开的个人信息的处理规则。处理公开个人信息属于告知同意规则的例外。为了在保护个人信息权益的同时，也能实现个人信息的合理利用，同时维护公共利益、国家利益等，法律上有必要规定不适用告知同意规则的例外情形。[①]《民法典》第1036条第2项规定，合理处理该自然人自行公开的或者其他已经合法公开的信息，但是该自然人明确拒绝或者处理该信息侵害其重大利益的除外。如何理解以合法方式公开的个人信息？“个人自行公开”指的就是自然人主动将自己的某些个人信息向社会公开，例如患者主动向社会公开自己的生病经历。自然人自行公开自己的个人信息意味着其在一定程度上同意他人对这些个人信息的处理。[②]“其他方式”主要针对的是按照法律、行政法规有关规定进行公开的个人信息。对于公开信息的处理，一方面收集和使用只要在合理范围内，原则上无须事先征得信息主体的同意；另一方面信息处理者在收集和使用公开的个人信息时，也应从诚实信用的角度，充分考虑自然人的合法

---

① 程啸：《论我国个人信息保护法中的个人信息处理规则》，载《清华法学》2021年第3期。
② 参见黄薇主编：《中华人民共和国人格权编释义》，法律出版社2020年版，第203页。

权益。[①] 这些个人信息虽然已经公开，但并不代表个人信息处理者可以随意处理，其仍只能在合理范围内使用。特别注意的是，这里的公开不一定是针对不特定社会一般公众的公开。

对已公开的个人信息，本法虽然允许在公开范围内不需要取得个人的同意，同意规则在此种情形中不适用，但并不等于告知规则就不适用。也就是说，处理者即便基于法律、行政法规规定的情形处理个人信息，虽然不需要取得个人的同意，但是仍然要履行告知义务。[②] 告知义务的存在是为了保障个人对个人信息的知情权，告知的内容应当包括使用的目的、使用的范围等。但是处理时涉及本法第 18 条第 1 款有不需告知情形的可以不告知，属于第 18 条第 2 款紧急情况的可以事后告知。

对于已公开的个人信息，即便可以在公开范围内合理使用，但仍有对其加以保护的必要。保护的理论基础来自“信息自决”原则。对个人信息的保护，并非直接保护个人隐私，而是保护个人对其自身社会形象的自我决定。[③] 由于所有的个人信息都与个人社会形象塑造相关，因此当事人对所有个人信息的“自我决定”原则上都有保护的必要。这种自我决定原则包括两部分，一是已公开的信息构成了当事人在社会中的个人形象，是当事人参与社会生活的前提和基础，如果个人信息的公开和使用不能按当事人意思进行，则其在社会中的个人形象就可能偏离原先预期，进而对自身人格发展造成不利影响；二是个人信息公开之后就进入了公共领域，任何人都有获取的可能，并能对它们做进一步的处理，但这些处理可能造成对个人信息的改变，进而导致当事人社会形象被扭曲，影响参与社会生活和人格发展权，故而需加以限制。[④] 就此，本条虽允许个人信息处理者无需

---

① 参见陈甦、谢鸿飞主编：《民法典评注：人格权编》，中国法制出版社 2020 年版，第 391 页。

② 参见程啸：《论个人信息处理者的告知义务》，载《上海政法学院学报（法治论丛）》2021 年第 5 期。

③ 参见谢远扬：《〈民法典人格权编（草案）〉中“个人信息自决”的规范建构及其反思》，载《现代法学》2019 年第 6 期。

④ 参见谢远扬：《〈民法典人格权编（草案）〉中“个人信息自决”的规范建构及其反思》，载《现代法学》2019 年第 6 期。

预先取得个人同意即可处理已经合法公开的个人信息，但是限定为“以合理方式”。值得注意的是，合理方式的含义仍然较为模糊，需要结合目的限制原则、最小必要原则以及比例原则进行个人判断。例如个人信息处理方在处理完信息，存储时间经过后应当及时删除，并采用适当的管理和技术措施，防止数据在储存和传输阶段遭受未经授权的访问、披露、篡改和损毁，避免来自第三人或其他用户造成的损害。[①] 合理使用本质上是谨慎义务的一种体现，谨慎义务一方面强调合理的信息使用和披露，即不以侵犯信息主体的利益或者违反信息主体的合理预期的方式，使用和披露个人信息。其核心是酌情保护，以防止不合理、不合法的信息使用和泄露。另一方面，谨慎义务意味着信息控制者有义务确保个人信息的下游使用是合理的、合法的。[②] 为保障个人可以及时阻止个人信息处理方处理自己的公开信息，《个人信息保护法》还赋予个人可以明确拒绝的权利，以保障信息“自决原则”得以贯彻。

从信息分类的角度看，以是否可以为他人所知悉进行划分，可区分为公开信息与私密信息，在这个意义上讲，二者是相对立的，对已公开信息的使用，不会造成侵害私密信息的后果，不至于造成对隐私权的侵害。从获取、利用信息的角度讲，公开信息是与敏感信息相对，属于非敏感类一般信息的下位概念。对于公开信息，应鼓励对其在公开范围内加以利用。[③] 由于《民法典》与《个人信息保护法》的立法目的不同，故采取了不同的个人信息分类与保护模式。《个人信息保护法》以告知同意为核心架构了个人信息处理者获取信息的合法性基础，对于敏感信息采强保护、强同意模式，而已公开的个人信息因为本身已经通过合法方式公开，所以从信息利用的角度讲，无需再次同意，这里应理解为在合理用途范围内，用户

---

① 参见李磊：《网络服务提供商泄露个人信息侵权责任问题研究》，载《上海对外经贸大学学报》2019 年第 5 期。

② 吴泓：《信赖理念下的个人信息使用与保护》，载《华东政法大学学报》2018 年第 1 期。

③ 参见张新宝：《从隐私到个人信息：利益再衡量的理论与制度安排》，载《中国法学》2015 年第 3 期；周汉华：《探索激励相容的个人数据治理之道——中国个人信息保护法的立法方向》，载《法学研究》2018 年第 2 期。

以推定同意方式同意个人信息处理者在允许公开的范围内合理使用其信息。考虑到单纯从信息分类和保护的角度不易判定，故还应结合其他方法。有观点认为，已经公开的个人信息进入了社会公共领域，在某种意义上已经具有了公有物的性质。[①] 但是笔者认为，不能将公共领域的理解限制在社会，一定的场所、团体、人群范围也应该理解为公共领域，例如在工作单位公开自己的婚姻状况、工作信息等。超出特定公共领域，这些信息可能变成私密信息或是敏感信息，故可以考虑结合场景理论的各项要素来进行综合判定。在场景理论看来，敏感信息与非敏感信息在不同场景与不同信息关系中，此种分类完全可能会相互转化。[②] 例如，脸部识别信息在线下场景的信息收集中，可能是非敏感信息甚至是公开信息，但在线上场景，此类信息就可能成为敏感信息。就传输原则而言，在不同的场景与信息关系下也非常不同。例如医生与病人之间的信息传输原则，招聘场景中的雇主收集求职者信息的传输原则，就非常不同于商业场景中的网站收集消费者信息的信息传输原则。[③] 在个案的具体适用中，可以考虑结合以上原则对所处理的信息究竟是敏感信息还是公开信息加以判断。

从司法裁判的层面看，对于个人信息保护的程度由以下几个方面决定：[④]

1. 信息处理的风险。该风险与信息是否处于被公开的状态有关，处理对所有人公开的个人信息风险较小，处理对部分人公开的信息风险次之，如果是秘密信息则风险较大。实践中，法院会根据信息的内容判断信息处理风险的高低，如果涉及的信息是普通个人信息，则难以获得法院支持，

---

① 参见赵宏：《从信息公开到信息保护：公法上信息权保护研究的风向流转与核心问题》，载《比较法研究》2017 年第 2 期；陈甦、谢鸿飞主编：《民法典评注：人格权编》，中国法制出版社 2020 年版，第 391 页。

② Helen Nissenbaum, Privacy in Context – Technology, Policy, and the Integrity of Social Life, Stanford University Press, 2009, pp. 143 – 145.

③ 丁晓东：《个人信息权利的反思与重塑——论个人信息保护的适用前提与法益基础》，载《中外法学》2020 年第 2 期。

④ 参见谢远扬：《〈民法典人格权编（草案）〉中“个人信息自决”的规范建构及其反思》，载《现代法学》2019 年第 6 期。

将其判定为一种侵权行为。其具体理由可以是无法识别到具体个人、新闻报道未披露身份信息和指向性信息、披露个人隐私信息但进行了处理、债权人公开原告所负担的债权状况等。

2. 对当事人容忍义务的判断。从实践来看，直接决定个人容忍义务高低的主要是个人信息的收集和使用的目的，即信息收集和使用究竟是为了公共利益还是信息持有者的私人利益。如果是为了公共利益，如社会安全、产业发展、教育研究、新闻报道等，从利益平衡的角度出发，当事人就应当承担更高的容忍义务，即便对信息的收集和使用活动存在一定的风险，当事人也无权反对。

3. 当事人对信息的控制力。决定控制力大小的主要有两个因素：一是信息和当事人的相关程度；二是信息的内容是否经过他人的再加工，以及在这个加工过程中他人所付出的成本情况。如涉及多人的信息，单一当事人的控制力较弱，他人较易收集和利用；如果信息控制人在处理过程中花费了大量的投入和成本，那么在一定程度上削弱信息主体的控制力。

本条第 2 句规定，个人信息处理者处理已公开的个人信息，对个人权益有重大影响的，应当依照本法规定取得个人同意。因为涉及个人权益有重大影响的事项，已超出个人信息处理者合理处理已公开个人信息的必要限度，为充分保护个人对自己公开信息的自主决定权利，再次处理有重大影响的事项时，需要重新取得个人同意。不足之处在于，何谓“重大影响”难以判断，这里可以理解为可能产生侵权后果的行为，例如处理信息可能发生个人信息被歪曲，被与处理方无关的第三方取得，或是对个人造成生命、财产、名誉等权利或利益的损害。公开信息与私密信息并非截然分明的，公开也可能是在团体、单位等一定范围公开，例如公开本法第 13 条第 1 款第 2 项中提到的在劳动合同订立和人力资源管理中所采集的雇员信息，属于在一定范围内公开，但是超出这一范围，就涉嫌侵犯个人私密信息或是敏感信息。

【关联规定】

本法第 13 条第 1 款第 6 项、第 18 条、第 44 条，《中华人民共和国民法典》第 1036 条第 2 项

（撰稿人：杜丰贝）

第二节　敏感个人信息的处理规则

第二十八条　【敏感个人信息的定义及处理原则】 敏感个人信息是一旦泄露或者非法使用，容易导致自然人的人格尊严受到侵害或者人身、财产安全受到危害的个人信息，包括生物识别、宗教信仰、特定身份、医疗健康、金融账户、行踪轨迹等信息，以及不满十四周岁未成年人的个人信息。

只有在具有特定的目的和充分的必要性，并采取严格保护措施的情形下，个人信息处理者方可处理敏感个人信息。

【释义】

本条在《个人信息保护法草案（一次审议稿）》中为第29条，原表述为："个人信息处理者具有特定的目的和充分的必要性，方可处理敏感个人信息。敏感个人信息是一旦泄露或者非法使用，可能导致个人受到歧视或者人身、财产安全受到严重危害的个人信息，包括种族、民族、宗教信仰、个人生物特征、医疗健康、金融账户、个人行踪等信息。"

《个人信息保护法草案（二次审议稿）》较《个人信息保护法草案（一次审议稿）》无修改。通过后的《个人信息保护法》调整为第28条，对本条做了较大调整，有以下修改：

1. 将敏感个人信息的定义修改为："容易导致自然人的人格尊严受到侵害或者人身、财产安全受到危害的个人信息"，没有采取"受到歧视"这一表述，而是采用了更为上位的概念"人格尊严"。因为某些信息具有高敏感度，一旦泄露可能导致人格受损、被歧视和妨害人格尊严，是需要对其进行特殊保护的根本原因。只有将这些信息与一般个人信息予以区分，给其贴上敏感信息的预警标签，从信息处理的实体要求和程序要求上提供更加严格的保护，才能够全面提升对敏感信息的保护水平。[①] 所以在保护范围上，不受限于受歧视这一条件，而是任何对人格尊严能够造成影响的都属于敏感个人信息。

2. 对敏感个人信息进行列举的规定进行了修改，用语更为科学规范。例如修改后的条文使用了“生物识别信息”这一概念，与《民法典》《网络安全法》《最高人民法院关于审理使用人脸识别技术处理个人信息相关民事案件适用法律若干问题的规定》的规定保持一致。而《检察机关办理侵犯公民个人信息案件指引》《互联网个人信息安全保护指南》等司法解释、部门规章或规范性文件中，均使用统一的“行踪轨迹”概念，本条也对应地把“个人行踪”作了相应修改。本次修改使《个人信息保护法》中的概念更为精准、统一，与其他保护个人信息的法律规范形成了体系效应。

3. 加强了对于不满 14 周岁未成年人个人信息的保护，将之全部列入敏感信息的概念中。对不满 14 周岁未成年人信息保护的规定在《个人信息保护法草案（一次审议稿）》《个人信息保护法草案（二次审议稿）》第 15 条，其位置属于个人信息保护的一般规定，而通过后的《个人信息保护法》将之归入敏感个人信息，在本条和第 31 条中进行规定，以较为严格的敏感信息处理模式提高保护力度，充分体现了对于不满 14 周岁未成年人个人信息保护的重视。

4. 对敏感个人信息的处理原则提高要求，增加了“并采取严格保护措施的情形下”这一构成要件。原有条文中只要求“具有特定的目的和充分的必要性”即可，但是通过后的条文中要求个人信息处理者在对敏感信息进行处理之前，还要采取严格保护措施。本法第 55 条要求对敏感个人信息的处理采取事前风险评估机制。可采取的措施包括完善管理制度和操作流程，对敏感信息进行分类管理以区别其他个人信息，采取加密、去标识

---

① 胡文涛：《我国个人敏感信息界定之构想》，载《中国法学》2018 年第 5 期。

化等安全技术措施，合理确定对敏感信息操作的权限，对从业人员进行定期培训，制定安全事件的应急预案，采取配套措施等，保证个人的权利能够得以实现。《App违法违规收集使用个人信息自评估指南》评估项3要求“隐私政策中应对App运营者在个人信息保护方面采取的措施和具备的能力进行说明，如身份鉴别、数据加密、访问控制、恶意代码防范、安全审计等。”

本法第28条至第32条属于本法第二章第二节“敏感个人信息的处理规则”。总的来看，敏感个人信息的处理规则是个人信息保护中最重要的部分之一，涉及多个部门法协力保护。从规范位阶上看，除《民法典》《刑法》这些位阶较高的法律之外，对其具体处理规则细化的多为部门规章及规范性文件，故个人信息处理方应对这些细化规则予以充分注意。

本条第1款是对敏感个人信息的定义条款，采用属加种差的方式予以规定。敏感信息属于个人信息的下位概念，是个人信息的一种。2020年3月6日发布的《信息安全技术 个人信息安全规范》（GB/T 35273—2020）中采纳“一旦泄露、非法提供或滥用可能危害人身和财产安全，极易导致个人名誉、身心健康受到损害或歧视性待遇等的个人信息”这一概念，本条第2款对于敏感个人信息的定义与其基本保持一致，但是将“个人名誉、身心健康受到损害或歧视性待遇”抽象概括为“人格尊严”，与《宪法》《民法典》人格权编中有关人格尊严保护的规定相衔接，提高了保护力度，扩大了保护范围，保持了法律体系的统一。通常情况下，14周岁以下（含）儿童的个人信息和涉及自然人隐私的信息属于个人敏感信息。就具体范围而言，《信息安全技术 个人信息安全规范》（GB/T 35273—2020）的附录B提供了更为详细的信息范围以及判定标准。其具体定义如下：①

泄露：个人信息一旦泄露，将导致个人信息主体及收集、使用个人信息的组织和机构丧失对个人信息的控制能力，造成个人信息扩散范围和用途的不可控。某些个人信息在泄露后，被以违背个人信息主体意愿的方式

① 参见《信息安全技术 个人信息安全规范》（GB/T 35273—2020）第24页。

直接使用或与其他信息进行关联分析，可能对个人信息主体权益带来重大风险，应判定为个人敏感信息。例如，个人信息主体的身份证复印件被他人用于手机号卡实名登记、银行账户开户办卡等。

非法提供：某些个人信息仅因在个人信息主体授权同意范围外扩散，即可对个人信息主体权益带来重大风险，应判定为个人敏感信息。例如存款信息、传染病史等。

滥用：某些个人信息在被超出授权合理界限时使用（如变更处理目的、扩大处理范围等），可能对个人信息主体权益带来重大风险，应判定为个人敏感信息。例如，在未取得个人信息主体授权时，将健康信息用于保险公司营销和确定个体保费高低。

个人敏感信息举例①

个人财产信息	银行账户、鉴别信息（口令）、存款信息（包括资金数量、支付收款记录等）、房产信息、信贷记录、征信信息、交易和消费记录、流水记录等，以及虚拟货币、虚拟交易、游戏类兑换码等虚拟财产信息
个人健康生理信息	个人因生病医治等产生的相关记录，如病症、住院志、医嘱单、检验报告、手术及麻醉记录、护理记录、用药记录、药物食物过敏信息、生育信息、以往病史、诊治情况、家族病史、现病史、传染病史等
个人生物识别信息	个人基因、指纹、声纹、掌纹、耳郭、虹膜、面部识别特征等
个人身份信息	身份证、军官证、护照、驾驶证、工作证、社保卡、居住证等
其他信息	婚史、宗教信仰、未公开的违法犯罪记录、通信记录和内容、通讯录、好友列表、群组列表、行踪轨迹、网页浏览记录、住宿信息、精准定位信息等

除《个人信息保护法》对敏感信息进行专章规定，《信息安全技术 个人信息安全规范》（GB/T 35273—2020）对敏感个人信息的范围和判定标准进行细化之外，其他部门规章和规范性文件也在其所规制的范围内设立

① 参见《信息安全技术 个人信息安全规范》（GB/T 35273—2020），第 24 页。

了相应的敏感个人信息处理规则，例如2021年3月15日公布的《网络交易监督管理办法》（国家市场监督管理总局令第37号）第13条第2款规定："网络交易经营者不得采用一次概括授权、默认授权、与其他授权捆绑、停止安装使用等方式，强迫或者变相强迫消费者同意收集、使用与经营活动无直接关系的信息。收集、使用个人生物特征、医疗健康、金融账户、个人行踪等敏感信息的，应当逐项取得消费者同意。"《App违法违规收集使用个人信息自评估指南》第一部分"隐私政策文本"评估项2评估点8中规定了App的隐私政策应当对个人敏感信息类型进行显著标识（如字体加粗、标星号、下划线、斜体、颜色等）；第二部分"App收集使用个人信息行为"评估项5评估点20中要求收集个人敏感信息时，App应通过弹窗提示等明显方式向用户明示收集、使用个人信息的目的、方式、范围；《App违法违规收集使用个人信息行为认定方法》第二部分第3点中要求涉及敏感信息时，未同步告知用户其目的，或者目的不明确、难以理解的，认定为"未明示收集使用个人信息的目的、方式和范围"；《互联网个人信息安全保护指南》第6.7条"公开披露"部分要求，公开披露个人敏感信息前，除第6.7b条中告知的内容外，还应向个人信息主体告知涉及的个人敏感信息的内容；《数据安全管理办法》（征求意见稿）第15条规定："网络运营者以经营为目的收集重要数据或个人敏感信息的，应向所在地网信部门备案。备案内容包括收集使用规则，收集使用的目的、规模、方式、范围、类型、期限等，不包括数据内容本身。"该办法第17条明确了以经营为目的的网络运营者收集敏感信息时应当明确数据安全责任人。

从信息的分类保护的角度看，《个人信息保护法》区分敏感个人信息与一般个人信息，予以分别保护。对于敏感个人信息与一般个人信息的区分滥觞于20世纪80年代的国际公约。1981年欧洲理事会颁布了《有关个人数据自动化处理的个人保护协定》（Convention for the Protection of Individuals With Regard to Automatic Processing of Personal Data），该文件对于特殊类型数据的自动化处理作出了特别规定，一般认为，这是首次明确界定个人敏感信息的国际公约，其中该公约第6条首次确立了特殊类型的数据保护制度。[1] 2012 年该公约被修改为《个人数据处理中的个人保护公约》(Convention for the Protection of Individuals With Regard to the Processing of Personal Data)，公约第 6 条标题由“数据的特殊类型”变更为“敏感数据的处理”。欧盟《一般数据保护条例》第 9 条第 1 款将“敏感个人信息”界定为“显示种族或者民族出身，政治观点、宗教或者哲学信仰，工会成员资格的个人数据；为识别特定自然人为目的对基因数据、生物学数据进行的处理；对健康有关数据或者对特定自然人的性生活的数据进行的处理”。[2]

本条适用中，应注意敏感信息与私密信息、隐私之间的区别。由于《民法典》与《个人信息保护法》的立法目的不同，故采取了不同的个人信息分类与保护模式。《民法典》第 1032 条在对隐私进行定义时，将不愿为他人知悉的私密信息定义为隐私，而私密信息本身作为个人信息的组成部分，其和第 1034 条所规定的个人的生物识别信息、健康信息、行踪信息等形成了交叉和重叠。[3]《民法典》第 1033 条第 5 项、第 1034 条第 3 款中使用了私密信息的概念，但没有规定什么是敏感个人信息，故在衔接适用上有必要对私密信息与敏感信息进行区分。敏感信息与非敏感信息是《个人信息保护法》所作的一种分类，其不同于《民法典》所作的私密信息与非私密信息的分类。《民法典》与《个人信息保护法》的不同点在于：首先，二者的定位不同，其规范目的存在差异。敏感信息与非敏感信息是《个人信息保护法》从规范个人信息处理行为的角度所进行的一种分类，其所调整的是个人信息处理行为，不适用于自然人因个人或者家庭事务而处理个人信息的活动。而私密信息属于隐私，私密信息与非私密信息

---

① 参见张新宝：《从隐私到个人信息：利益再衡量的理论与制度安排》，载《中国法学》2015 年第 2 期。《有关个人数据自动化处理的个人保护协定》(Convention for the Protection of Individuals With Regard to Automatic Processing of Personal Data)，载欧洲数据保护专员公署官网，https：//edps. europa. eu/data - protection/our - work/publications/legislation/council - europe - convention - no - 108 - data - protection_ en，2021 年 8 月 6 日访问。

② 《欧盟〈一般数据保护条例〉GDPR（英汉对照）》，瑞柏律师事务所译，法律出版社 2018 年版，第 47 页。

③ 王利明：《和而不同：隐私权与个人信息的规则界分和适用》，载《法学评论》2021 年第 2 期。

的划分在于衔接隐私权的规定，是对隐私空间加以保护，其体现了民事权益的类型和保护方法的差异[①]。其次，二者规制的对象不同，本条所针对的是个人信息处理者。按本法第55条之规定，个人信息处理者在处理敏感信息时负有对敏感信息进行事前风险评估并对处理情况记录在案的义务，而处理私密信息则不存在该义务。而且，对私密信息的侵害往往不限主体，个人、机构都有可能成为侵权的一般主体，但是对于敏感信息，没有数据处理能力和处理权限的自然人一般不容易构成对本条的违反，其主体范围较窄。对个人信息处理者进行敏感信息处理时，规范性文件确立了事前评估的规则，《App违法违规收集使用个人信息自评估指南》《个人信息出境安全评估办法》（征求意见稿）等部门规章及规范性文件提供了较为详细的评估方法。总的来看，敏感的个人信息基本上分为两类：一类是可能危及个人宪法基本权利（如言论自由、信仰自由等）的安全的信息，如思想、信念等；另一类是涉及个人重大的人身财产权益安全的私密信息，如犯罪经历、生物信息、病历等。[②]

同时还应认识到的是，敏感信息和私密信息、公开信息并非对立互斥的，部分信息可能既属于敏感信息又属于私密信息，例如个人的医疗记录，网页浏览记录等。敏感信息、私密信息、公开信息在不同场景下可能发生转化，所以同一违法的信息处理行为可能同时侵害敏感个人信息和私密信息，应当同时依照《个人信息保护法》和《民法典》的相关规定进行处理。例如侵害私密信息时受害人可要求侵权方承担侵权责任。对于侵害敏感个人信息的，《个人信息保护法》第七章规定了统一的法律责任，其保护手段更为多样，受害方除了可以请求承担侵权责任外，还有行政处罚和刑事责任等公法保护手段。《民法典》第1034条第3款规定，个人信息中的私密信息，适用有关隐私权的规定；没有规定的，适用有关个人信息保护的规定，故而在对秘密信息的保护中，如果隐私权保护的相关规定

---

① 程啸：《论我国个人信息保护法中的个人信息处理规则》，载《清华法学》2021年第3期。
② 程啸：《论我国个人信息保护法中的个人信息处理规则》，载《清华法学》2021年第3期。

不足以保护私密信息的，还可援引《个人信息保护法》的相关规定进行保护。

需要注意的是，各部门法对于个人信息种类划分的意见并不统一。《刑法》上的信息分类采用三分法：敏感信息、重要信息、一般信息。对此，在《最高人民法院、最高人民检察院关于办理侵犯公民个人信息刑事案件适用法律若干问题的解释》第5条中有明确规定，其中行踪轨迹信息、通信内容、征信信息、财产信息属于敏感信息；住宿信息、通信记录、健康生理信息、交易信息等其他可能影响人身、财产安全的公民个人信息属于重要信息；除此之外的其他信息则属于一般信息。对于不同的信息等级类型，定罪起点并不相同：非法获取、出售或者提供行踪轨迹信息、通信内容、征信信息、财产信息50条以上，非法获取、出售或者提供住宿信息、通信记录、健康生理信息、交易信息等其他可能影响人身、财产安全的公民个人信息500条以上，非法获取、出售或者提供前述信息以外的公民个人信息5000条以上的，属于情节严重，可以构成侵犯公民个人信息罪。按照《最高人民法院、最高人民检察院关于办理侵犯公民个人信息刑事案件适用法律若干问题的解释》的规定，财产信息属于刑法上的敏感信息，非法获取、出售或者提供50条以上就构成犯罪；交易信息则属于重要信息，非法获取、出售或者提供500条以上的，才构成犯罪。有观点进而表示，未来应该考虑在刑法上抛弃对于个人信息种类进行细分的思路，直接采用个人信息保护法的方案将个人信息区分为敏感信息和一般信息两种。对于泄露敏感信息的，采取较低的定罪数量标准，对于除敏感信息外的一般个人信息，规定较高的定罪数量标准，同时在行为人处理一般信息实施违法行为时数罪并罚。[①] 目前，就理解本条与现行法的统一适用时，应当对刑法中对于敏感信息认识范围有所注意和把握，《个人信息保护法》所确立的敏感信息的范围较刑法更为宽泛。

---

① 参见周光权：《侵犯公民个人信息罪的行为对象》，载《清华法学》2021年第3期。相类似的见解，参见喻海松：《〈民法典〉视域下侵犯公民个人信息罪的司法适用》，载《北京航空航天大学学报（社会科学版）》2020年第6期。

本条第 2 款规定体现了信息处理者处理敏感信息时应当秉持的特定目的原则和充分必要性原则。

本条所称的“特定的目的”，是目的限制原则在本条的体现。1980 年，经济合作发展组织在《关于保护隐私和个人数据跨国流通指导原则》中首先对目的限制原则加以规定，此后，欧盟、澳大利亚、日本以及亚太经济合作组织等国家和国际组织也都陆续接受了目的限制原则。欧盟《一般数据保护条例》（GDPR）第 2 章第 5 条 1（b）即规定，为特定、明确和合法的目的而被收集，并且个人数据的后续处理不得违反以上目的；依据本条例第 89 条第 1 款为公共利益进行档案管理、出于实现科学研究或历史研究目的、统计目的而进一步处理个人数据的，不应被视为不符合初始目的（“目的限制”）。

一般认为，目的限制原则体现在两个阶段。一是收集阶段的目的明确，信息控制主体应有特定的收集、使用目的；二是使用阶段的使用限制，其基本要求是信息控制主体在实际使用个人信息时的目的，不得与约定目的相违背。从现有立法来看，目的限制原则的内容体现在法条规定的告知义务与合法守约义务中，即告知义务中明示收集、使用个人信息目的之规定，符合目的明确的基本内涵；而合法守约义务要求信息控制主体不得违反双方约定之目的收集、使用信息，体现了使用限制的基本要求。[①]

但是，究竟什么是个人信息处理者的收集、使用目的，具有模糊性。一方面，对于目的限制原则中的目的判断，应结合立法对个人信息处理者和网络服务提供商赋予的法定义务进行判断；另一方面，结合其隐私政策与业务领域及提供的相关服务，也可一窥端倪。[②]

2012 年 12 月 28 日，全国人民代表大会常务委员会通过的《关于加强网络信息保护的决定》第 2 条确立了“合法、正当、必要原则”。在“合

---

① 梁泽宇：《个人信息保护中目的限制原则的解释与适用》，载《比较法研究》2018 年第 5 期。

② 参见梁泽宇：《个人信息保护中目的限制原则的解释与适用》，载《比较法研究》2018 年第 5 期。

法、正当、必要”原则中，包含了与《关于保护隐私和个人数据跨国流通指导原则》中目的限制原则相一致的内容。[①] 具体到我国目的限制原则的内涵上，既包括业务正当性，指个人信息的收集、使用应当是其开展业务所需要的，不得超出其业务能力范围开展信息收集活动；还包括目的正当性，保护个人信息，防止被滥用，约定目的的范围应予以适当限缩，其不应超过信息控制主体的实际需求和处理、保护个人信息能力的范围。“合法、正当、必要”原则不仅要求约定目的的范围应该限缩，还要求目的应留有必要的弹性空间，而不是“最小化”。在具体的评判标准上，我国法院在决定目的是否已经足够明确时，应考虑以下要素：[②]

1. 约定目的与双方预期的关系；

2. 个人信息被收集时的情形，尤其是关于信息主体和信息控制者的关系；

3. 个人信息的性质；

4. 按照该目的进行处理个人信息对信息主体可能造成的后果；

5. 适当的保障措施的存在，如加密或匿名化处理等。

在此种情况下，若还出现因科技、商业的创新而导致必须将个人信息用于约定目的之外的目的的，信息控制主体应当取得信息主体的二次同意。

处理个人信息还应当具有充分的必要性，这是必要性原则的体现。必要性原则的核心功能在于防止信息处理者对个人信息的过度处理，对必要性原则的探讨实质上是对信息处理程度的判断。[③] 对于必要性原则的具体内涵，《信息安全技术 个人信息安全规范》在基本原则中采取了“最小必要”的表述，即“只处理满足个人信息主体授权同意的目的所需的最少个

---

① 参见全国人大常委会法制工作委员会编：《中华人民共和国消费者权益保护法释义》，法律出版社2013年版，第132页。

② 参见梁泽宇：《个人信息保护中目的限制原则的解释与适用》，载《比较法研究》2018年第5期。

③ 刘忠炫：《个人信息处理的合理限度——基于必要性原则的场景化分析》，载《上海政法学院学报（法治论丛）》第5期。

人信息类型和数量。目的达成后，应及时删除个人信息；”在第5.2条部分对个人信息收集方提出的最小必要的具体要求是：[①]

a）收集的个人信息的类型应与实现产品或服务的业务功能有直接关联；直接关联是指没有上述个人信息的参与，产品或服务的功能无法实现；

b）自动采集个人信息的频率应是实现产品或服务的业务功能所必需的最低频率；

c）间接获取个人信息的数量应是实现产品或服务的业务功能所必需的最少数量。

作为地方立法的先行典范，2021年7月6日发布的《深圳经济特区数据条例》（深圳市第七届人民代表大会常务委员会公告第10号）第11条吸收了以上有关“最小必要原则”的具体要求后，还发展出另外两项要求：

“（四）个人数据存储期限应当为实现处理目的所必需的最短时间，超出存储期限的，应当对个人数据予以删除或者匿名化，法律、法规另有规定或者经自然人同意的除外；

（五）建立最小授权的访问控制策略，使被授权访问个人数据的人员仅能访问完成职责所需的最少个人数据，且仅具备完成职责所需的最少数据处理权限。”

《App违法违规收集使用个人信息自评估指南》评估项7规定，收集个人信息应遵循必要性原则，对于App运营方而言主要关注以下方面：

评估项7：收集个人信息应满足必要性要求

评估点	评估标准
25. 实际收集的个人信息类型是否超出隐私政策所述范围	各业务功能实际收集的个人信息类型应与隐私政策所描述内容一致，不应超出隐私政策所述范围。

---

① 参见《信息安全技术 个人信息安全规范》（GB/T 35273—2020），第5.2条。

续表

评估点	评估标准
26. 收集与业务功能有关的非必要信息，是否经用户自主选择同意	当 App 运营者收集的个人信息超出必要信息范围时，应向用户明示所收集个人信息目的并经用户自主选择同意。 注 1：必要信息是指与基本业务功能直接相关，缺少该信息则基本业务功能无法实现的信息。 注 2：自主选择同意是指个人信息主体通过书面声明或主动做出肯定性动作，对其个人信息进行特定处理做出明确授权的行为。肯定性动作包括个人信息主体主动作出声明（电子或纸质形式）、主动勾选、主动点击“同意”“注册”“发送”“拨打”、主动填写或提供等。
27. 是否收集与业务功能无关的个人信息	App 不应收集与业务功能无任何关系的个人信息。
28. 是否在用户明确拒绝后继续索要权限、打扰用户	对于用户明确拒绝使用、关闭或退出的特定业务功能，App 不应再次询问用户是否打开该业务功能或相关系统权限。
29. App 更新是否更改系统权限设置	App 更新升级后，不应更改原有的系统权限设置。

《App 违法违规收集使用个人信息行为认定方法》第 4 部分对 App 违反必要原则，收集与其提供的服务无关的个人信息提供了认定办法：

1. 收集的个人信息类型或打开的可收集个人信息权限与现有业务功能无关；

2. 因用户不同意收集非必要个人信息或打开非必要权限，拒绝提供业务功能；

3. App 新增业务功能申请收集的个人信息超出用户原有同意范围，若用户不同意，则拒绝提供原有业务功能，新增业务功能取代原有业务功能的除外；

4. 收集个人信息的频度等超出业务功能实际需要；

5. 仅以改善服务质量、提升用户体验、定向推送信息、研发新产品等为由，强制要求用户同意收集个人信息；

6. 要求用户一次性同意打开多个可收集个人信息的权限，用户不同意则无法使用。

【关联规定】

本法第14条、第44条、第47条、第51条、第55条，《中华人民共和国民法典》第1034条第2款、第3款，第1035条第1款，《中华人民共和国网络安全法》第41条第1款，《中华人民共和国数据安全法》第32条第2款，《深圳经济特区数据条例》第11条，《最高人民法院、最高人民检察院关于办理侵犯公民个人信息刑事案件适用法律若干问题的解释》第5条，《网络交易监督管理办法》第13条第2款，《App违法违规收集使用个人信息自评估指南》评估点8、评估点13、评估点20，《App违法违规收集使用个人信息行为认定方法》第二部分第3点，《互联网个人信息安全保护指南》第6.7c条

（撰稿人：杜丰贝）

第二十九条　【敏感个人信息特别同意规则】处理敏感个人信息应当取得个人的单独同意；法律、行政法规规定处理敏感个人信息应当取得书面同意的，从其规定。

【释义】

本条为《个人信息保护法草案（一次审议稿）》的第30条，原表述为："基于个人同意处理敏感个人信息的，个人信息处理者应当取得个人的单独同意。法律、行政法规规定处理敏感个人信息应当取得书面同意的，从其规定。"《个人信息保护法草案（二次审议稿）》没有做修改，通过后的《个人信息保护法》进行了措辞修改，删去了"基于个人同意"，

使表述更为严谨凝练。

本条规定的是个人信息处理方处理敏感个人信息时的单独同意规则。同时对法律、行政法规在例外情况下收集敏感信息的规则设置了更高的门槛，要求必须取得书面同意。例如《征信业管理条例》第 14 条第 2 款就处理涉及金融类个人敏感信息时要求必须取得书面同意进行了规定。

本条承接《个人信息保护法》第 14 条第 1 款。本条所规定的单独同意与书面同意，属于《个人信息保护法》中第 14 条所称的“法律、行政法规规定处理个人信息应当取得个人单独同意或者书面同意的，从其规定”。本法第二章“个人信息处理规则”对告知同意规则进行了具体规定，如第 13 条第 1 款第 1 项将“取得个人的同意”作为个人信息处理者处理个人信息的一项合法要件，第 14 条至第 18 条细致规定了告知和同意的具体内涵和保护措施。本条作为规制处理敏感信息行为的规范，对同意提出了更高要求，单独同意和书面同意均系对于告知同意规则更高层次的延伸。同时，对比已有的法律、行政法规和部门规章及规范性文件，不难发现，单独同意规则在《个人信息保护法》中规定得更加严密的，其条文主要分布于本法第 14 条、第 23 条、第 25 条、第 26 条、第 29 条、第 39 条。

为平衡敏感信息保护与数据利用之间的矛盾，我国《个人信息保护法》对敏感个人信息处理采取原则上允许的做法，通过提高同意的标准来进行敏感信息保护①，即要求必须取得用户的单独同意。对于是否要将敏感信息在我国作为一个分类加以规定，学者看法不一。② 另外，将处理敏

---

① 但对于采纳原则允许的做法，学者提出了批评，参见程啸：《论我国个人信息保护法中的个人信息处理规则》，载《清华法学》2021 年第 3 期。

② 多数学者支持采纳敏感个人信息与一般个人信息区别保护的分类，主要支持观点参见张新宝：《从隐私到个人信息：利益再衡量的理论与制度安排》，载《中国法学》2015 年第 3 期；胡文涛：《我国个人敏感信息界定之构想》，载《中国法学》2018 年第 5 期；程啸：《论我国个人信息保护法中的个人信息处理规则》，载《清华法学》2021 年第 5 期。认为不宜规定的观点如周汉华教授，其所主持起草的我国《个人信息保护法（专家建议稿）》对敏感个人信息问题进行了深入研究，但最终未采纳敏感信息概念，“原因在于域外立法中提及的敏感的个人信息所包含的范围非常广泛，但其中很多不适合我国国情”。参见周汉华：《中华人民共和国个人信息保护法（专家建议稿）及立法研究报告》，法律出版社 2006 年版，第 79 页。

感信息的个人同意规则区分为两个层面，以个人单独同意为原则，以法律、行政法规的授权规定为例外。对于法律、行政法规要求的个人同意，限于个人的书面同意，在形式上具备更高要求，这就意味着，没有出具书面形式而以其他方式作出的同意（例如口头作出或者是勾选选项）不能视为取得个人同意。

理解和适用本条，较为关键的是理解“单独同意”的内涵及意义。对于“单独”一词，在文义上应解释为“独立的，不和其他一起的”，即该同意应该是独立且明确的“专项同意”，不能与其他信息混同或随意扩增其原有同意范围。[①] 单独同意对应特殊的个人信息处理情形，伴随着特殊的个人信息告知要求。因此，单独同意实际上属于一种特别同意，即要求将一切信息和可能风险告知信息主体，在“特定、明确、自愿”的基础上，取得信息主体具体同意。而一般同意应理解为概括同意，虽然也要求“特定、明确、自愿”，但并不一定针对一个具体的事项，可以是针对将来信息处理行为概括的、一揽子的同意。[②] 当处理者有多个处理目的时，为了确保个人作出的同意是明确的，不能将这些处理目的进行合并而一次性取得授权，必须就具体的处理目的分别取得个人的同意。[③]《信息安全技术 个人信息安全规范》第5.4（c）条规定，“收集个人生物识别信息前，应单独向个人信息主体告知收集、使用个人生物识别信息的目的、方式和范围，以及存储时间等规则，并征得个人信息主体的明示同意”，对单独同意进行了细化。

由《信息安全技术 个人信息安全规范》的规定可以总结，单独同意的取得需要具备几个条件：

1. 个人信息的处理者仍负有告知义务，且为单独告知。告知与同意是一对紧密联系的概念。个人信息的处理者需要以显著的方式，单独对用户

---

① 石佳友、刘思齐：《人脸识别技术中的个人信息保护——兼论动态同意模式的建构》，载《财经法学》2021年第2期。

② 韩旭至：《个人信息保护中告知同意的困境与出路——兼论〈个人信息保护法（草案）〉相关条款》，载《经贸法律评论》2021年第1期。

③ 程啸：《论个人信息处理者的告知义务》，载《上海政法学院学报（法治论丛）》2021年第5期。

进行告知说明，告知的内容既包括收集、使用个人信息的目的，例如导航软件收集位置信息是为了提供导航服务，社交软件收集、使用声音信息是为了提供通信服务，也包括收集的方式和范围。《信息安全技术 个人信息安全规范》还要求对存储时间加以说明，证明个人信息处理者在处理完个人信息后还应当对其进行删除。

2. 征得个人信息主体的同意是一种明示同意。通过明确方式告知用户并由用户作出明示的选择或其他可以识别的授权行为，并保留证据，不能通过默示方式取得用户同意。《信息安全技术 个人信息安全规范》第3.6条对明示同意进行了详细描述，明示同意是指个人信息主体通过书面声明或主动做出肯定性动作，对其个人信息进行特定处理作出明确授权的行为。同时，肯定性动作包括个人信息主体主动作出声明（电子或纸质形式），主动勾选、主动点击“同意”“注册”“发送”“拨打”等。有观点认为，单独同意的含义仍需进一步界定，因为在法律上仍可有明示或默示的不同方式。此外，过于强调单独同意并无益于解决告知过度、同意过频等问题。[①] 为此，明确明示同意作为单独同意的组成部分具有重要意义。

法律、行政法规授权处理个人信息时，取得个人同意的保护强度高于个人同意的一般原则，其原因在于本法第13条确立了以告知同意为原则，以法律、行政法规授权为例外的规范模式。为保持法律、行政法规对个人信息处理进行授权的克制，规定在此种情况下必须是单独同意或书面同意。

本条第2分句要求“法律、行政法规规定处理敏感个人信息应当取得书面同意的，从其规定”。“书面同意”意味着信息主体对生物识别信息的使用具有选择权、拒绝权等基本问题。[②] 要求书面同意的法定规则如《最高人民法院关于审理使用人脸识别技术处理个人信息相关民事案件适用法

---

① 参见吕炳斌：《个人信息保护的“同意”困境及其出路》，载《法商研究》2021年第2期。

② 付微明：《个人生物识别信息的法律保护模式与中国选择》，载《华东政法大学学报》2019年第6期。

律若干问题的规定》第2条第3项规定，基于个人同意处理人脸信息的，未征得自然人或者其监护人的单独同意，或者未按照法律、行政法规的规定征得自然人或者其监护人的书面同意的，人民法院应当认定属于侵害自然人人格权益的行为。《征信业管理条例》第14条第2款规定："征信机构不得采集个人的收入、存款、有价证券、商业保险、不动产的信息和纳税数额信息。但是，征信机构明确告知信息主体提供该信息可能产生的不利后果，并取得其书面同意的除外。"其中个人的基因、指纹、血型、疾病和病史信息，个人的收入、存款、有价证券、商业保险、不动产的信息和纳税数额信息，即属于本法所规制的敏感信息，所以征信机构在采集信息时，要取得信息主体的书面同意并明确告知可能产生的不利后果。

另外还需注意，本法第14条第2款规定："个人信息的处理目的、处理方式和处理的个人信息种类发生变更的，应当重新取得个人同意。"这种同意仍然是指单独同意或书面同意。

【关联规定】

本法第13条、第14条，《最高人民法院关于审理使用人脸识别技术处理个人信息相关民事案件适用法律若干问题的规定》第2条第3项，《征信业管理条例》第14条、第28条、第29条

（撰稿人：杜丰贝）

第三十条　【敏感个人信息告知义务】个人信息处理者处理敏感个人信息的，除本法第十七条第一款规定的事项外，还应当向个人告知处理敏感个人信息的必要性以及对个人权益的影响；依照本法规定可以不向个人告知的除外。

【释义】

本条为《个人信息保护法草案（一次审议稿）》的第31条，原表述为：“个人信息处理者处理敏感个人信息的，除本法第十八条规定的事项外，还应当向个人告知处理敏感个人信息的必要性以及对个人的影响。”《个人信息保护法草案（二次审议稿）》相较于《个人信息保护法草案（一次审议稿）》，在“十八条”之后新增了“第一款”，正式通过后的《个人信息保护法》将本条移至第30条，由于《个人信息保护法草案（二次审议稿）》第18条为现《个人信息保护法》第17条，所以本条对表述中的“本法第十八条第一款”修正为“本法第十七条第一款”。另外，本条还增加了第2分句：“依照本法规定可以不向个人告知的除外”，这主要是指《个人信息保护法》第18条第1款规定的不需要告知的情形。

本条是对本法第17条在敏感个人信息处理领域的细化规定。第17条第1款规定了“应当以显著方式、清晰易懂的语言真实、准确、完整地向个人告知下列事项”的4个事项，第4项所述的“法律、行政法规规定应当告知的其他事项”即包括本条的告知处理个人敏感信息的必要性以及对个人权益的影响。第17条是对第7条透明原则的具体化，本条是对个人享有敏感个人信息知情权的保障。

告知同意规则是个人信息保护中的核心规则，本条亦属于对告知规则的具体规定。告知规则与同意规则具有紧密的关系，即凡是需要取得个人同意的个人信息处理活动，处理者都需要履行向个人的告知义务，在取得个人同意后才能实施个人信息处理活动。否则，该处理活动就是非法的。[①] 必要性原则是个人信息保护中的基本原则之一，《个人信息保护法》第6条是该原则的体现。个人信息处理与保护的相关法律、法规、部门规章、规范性文件等都将这一原则作为处理个人信息应遵循的准则之一，如《民

① 程啸：《论个人信息处理者的告知义务》，载《上海政法学院学报（法治论丛）》2021年第5期。

法典》第1035条、《消费者权益保护法》第29条、《网络安全法》第41条、《电子商务法》第23条均对这一原则进行了重申和强调。正如本法第28条中所规定的，个人信息处理者在处理个人信息时应当遵循特定目的并有充分的必要性。所以，在处理敏感个人信息时，需要将处理的必要性告知用户，以确保其知情权。《个人信息保护法》需要赋予个人对个人信息处理的知情权，使其知道为实现何种处理目的，哪些个人信息被以何种处理方式加以处理。为此，《个人信息保护法》将“公开透明原则”（The Transparency Principle）作为一项基本原则。[①]

告知其对个人权益的影响，这属于告知义务的内容之一。该影响主要是指个人信息处理方对于敏感信息的用途、处理目的、处理方式，以及由此可能会带来的、对于信息被收集方带来的不利后果。告知的目的在于保障知情权，但是单纯对个人信息处理方科以强制告知义务，很多时候容易使当事人的知情权面临被架空的风险。[②] 为此，还应赋予信息被收集一方相应的权利，以保障知情权不被侵犯，公开透明原则得以贯彻。处理者必须向个人告知处理者的身份与联系方式，从而使得个人知悉其个人信息究竟是被何人处理，并能够向处理者行使其在个人信息处理中的权利，如查阅、复制、更正、补充、删除等权利。[③]《个人信息保护法》第四章规定了“个人在个人信息处理活动中的权利”，包括个人对其个人信息的处理享有知情权、决定权（第44条），有权向个人信息处理者查阅、复制其个人信息（第45条），发现个人信息不准确或不完整的有权请求更正或补充（第46条），在特定情形下有权要求删除个人信息（第47条）等重要权利。这些都是对保障知情权，完善公开透明原则的具体措施。

在告知的具体方式上，个人信息处理者应通过显著方式向用户明示收集、使用个人信息的目的、方式、范围。例如增加弹窗等增强式告知的

---

① 参见个人信息保护课题组：《个人信息保护国际比较研究》，中国金融出版社2021年版，第27页以下。

② 万方：《隐私政策中的告知同意原则及其异化》，载《法律科学（西北政法大学学报）》2019年第2期。

③ 程啸：《论个人信息处理者的告知义务》，载《上海政法学院学报（法治论丛）》2021年第5期。

方式，浓缩隐私政策的核心内容，向用户展示收集的个人信息类型、目的等用户最关心的事项；增加即时提示，即在用户使用过程中以即时通知的方式向用户提供关于具体个人信息处理行为的提示，及时告知用户，信息业者正在处理用户的私密信息，比如 IOS 标题栏显示正在使用位置信息；增加开启具体业务功能的单独告知，当平台式的应用集合很多功能时，可能会遵守同一份隐私政策，在用户点开某些具体业务时，产品和服务的提供者可能还会提供一次单独的告知，有针对性地告知用户隐私政策。①

告知义务的存在保障了个人对自己的敏感信息是否被收集、处理以及如何被处理享有知情权，但是告知义务并非无时无刻发挥作用。本条第二分句的规定对接《个人信息保护法》第 18 条规定，即“个人信息处理者处理个人信息，有法律、行政法规规定应当保密或者不需要告知的情形的，可以不向个人告知前条第一款规定的事项。紧急情况下为保护自然人的生命健康和财产安全无法及时向个人告知的，个人信息处理者应当在紧急情况消除后及时告知”。敏感个人信息尽管有其特殊性存在，但仍只是个人信息的下位概念。第 18 条是个人信息处理者履行告知义务的例外规定，其合理性在于，法律、行政法规要求的保密义务或不需要告知的情形往往是出于维护国家利益、社会公共利益等重大利益的考量，此时个人的敏感信息与国家利益、公共利益相比处于后顺位，社会公共利益优先于个体财产利益。② 故在涉及第 18 条所规定的情形时，依第 1 款可免于向个人告知，依第 2 款可事后补充告知。

【关联规定】

本法第 17 条、第 18 条，《征信业管理条例》第 14 条、第 15 条、第

---

① 参见张新宝：《个人信息收集：告知同意原则适用的限制》，载《比较法研究》2019 年第 6 期。

② 参见王利明：《民法上的利益位阶及其考量》，载《法学家》2014 年第 1 期。

41 条，《电信和互联网用户个人信息保护规定》第 9 条，《儿童个人信息网络保护规定》第 10 条，《中国人民银行金融消费者权益保护实施办法》第 34 条，《App 违法违规收集使用个人信息行为认定方法》第二部分第 3 点

（撰稿人：杜丰贝）

第三十一条　【未成年人同意规则】 个人信息处理者处理不满十四周岁未成年人个人信息的，应当取得未成年人的父母或者其他监护人的同意。

个人信息处理者处理不满十四周岁未成年人个人信息的，应当制定专门的个人信息处理规则。

【释义】

本条系处理不满 14 周岁未成年人个人信息的特殊同意规则。

当今社会针对未成年人的远程教学、网络游戏等产业发展迅速，未成年人个人信息权益的保护问题日益突出。一方面，由于认知能力尚未成熟，未成年人难以充分认识个人信息安全风险，所以法律有必要对未成年人提供特殊保护。另外，未成年人需要自由空间，以此获得数字生活体验以及有意识地、负责任地做出决定的机会。[①] 联合国儿童基金会发布的《2017 年世界儿童状况：数字时代的儿童》指出，接入网络有利于儿童人格的发展，将影响儿童的思维模式、行为方式与生活质量，会给儿童的生活和人生机遇带来重大影响。[②]《未成年人保护法》也没有采取“一刀切”

---

① Alexander Roßnagel, Der Datenschtz von Kindern in der DS – GVO: Vorschl'ge für die Evaluierung und Fortenwicklung, ZD 2020, 88.

② UNICEF, The State Of The World's Children 2017: Children in a Digital World，载联合国儿童基金会官网，https://www.unicef.org/media/48601/file，2021 年 5 月 21 日访问。

的禁止性保护立场，而是体现出兼顾积极发展和消极防御并重的保护观念。①《未成年人保护法》第 72 条第 1 款第 2 句规定，处理不满十四周岁未成年人个人信息的，应当征得未成年人的父母或者其他监护人同意，但法律、行政法规另有规定的除外。《个人信息保护法》采取了更为强力的保护立场，没有设计但书：个人信息处理者处理不满 14 周岁未成年人个人信息的，应当取得未成年人的父母或者其他监护人的同意。

首先，本条将同意能力的界限定在 14 周岁。随着互联网的推广，网络产品与服务已然渗透进了儿童的生活。立法者规定同意年龄低于成年年龄，符合当下大量未成年人使用智能设备和智能应用的现状，也与国际趋势相一致。例如，欧盟《一般数据保护条例》（GDPR）虽然原则上规定同意年龄为 16 周岁，但允许成员国自行将年龄标准降低到 13 岁至 15 岁。年满 14 周岁的未成年人是否就已经具备足够的判断能力，有待考证。未成年人的父母或其他监护人是否能最大限度地考虑被监护人的利益，值得讨论。在现实生活当中，父母通过微信、微博等各种社交平台“晒娃”的行为，等同于公开未成年人的个人信息，未必有利于未成年人自身的利益。对未成年人的保护，需要法秩序的进一步补强。有鉴于此，本条新增第 2 款：个人信息处理者处理不满 14 周岁未成年人个人信息的，应当制定专门的个人信息处理规则。立法者试图通过控制个人信息处理者的行为，进一步实现保护未成年人个人信息的目标。

其次，立法过程中的核心争议问题在于，是否应当将“取得父母或其他监护人的同意”的解释限定在个人信息处理者“知道或者应当知道”未成年人未满 14 周岁的情形。如果解释为法秩序要求个人信息处理者必须取得未满 14 周岁的未成年人的监护人的同意，恐怕责之过苛。这种立场也可能将个人信息处理者推向“监控者”的角色。《个人信息保护法草案

① 以网络沉迷防治为例。《未成年人保护法》规定，在“不得向未成年人提供诱导其沉迷的产品和服务”的基本前提之下（第 74 条第 1 款），由不同行业的网络服务提供者针对未成年人使用其服务设置相应的时间管理、权限管理、消费管理等功能（第 74 条第 2 款）；此外，对游戏进行分类分级管理，要求网络游戏服务提供者对游戏产品进行分类，作出适龄提示，采取技术措施，不得让未成年人接触不适宜的游戏或者游戏功能（第 75 条第 3 款）。

（一次审议稿）》也规定了个人信息处理者“知道或应当知道”这一前提条件，使处理者可以不知情无过错为由抗辩。例如，处理者在充分认证用户的身份、年龄后，由于技术或个人恶意隐瞒等原因，确实无法知晓其处理的是14周岁以下未成年人的个人信息的，可以免责。最终通过的《个人信息保护法》没有规定主观要件。《个人信息保护法》并非要求个人信息处理者承担无过错责任，而是希望科以个人信息处理者调查、审核用户身份与年龄的义务，加大了对未成年人个人信息的保护力度。例如，欧盟第29条工作小组（WP29）发布指南，建议根据个人信息的性质与风险系数采取不同的认证方法：风险较低的，可以发送电子邮件来获得父母的授权；风险较高的，可以要求进一步提供父母的信息来验证身份。[①] 在欧盟《一般数据保护条例》（GDPR）生效后，欧盟数据保护委员会（EDPB）替代第29条工作小组发挥作用。欧盟数据保护委员会进一步明确，个人信息控制者应尽合理努力验证用户已超过数字同意年龄，这些措施应与处理活动的性质和风险相称，年龄验证不应导致过度的数据处理。[②] 我国《个人信息保护法》删除“知道或应当知道”，并非旨在要求个人信息处理者承担无过错责任，而是要求个人信息处理者采取有效手段核查未成年人的年龄。联立《个人信息保护法》第9条和第69条第1款，个人信息处理者需要举证证明已经尽最大努力核实未成年人的年龄，否则即可能承担法律责任。

最后，本条仅规定个人信息处理者需要取得监护人的同意，无需取得儿童的同意。《未成年人保护法》第19条规定，未成年人的父母或者其他监护人应当根据未成年人的年龄和智力发展状况，在作出与未成年人权益有关的决定前，听取未成年人的意见，充分考虑其真实意愿。故《未成年人保护法》也仅仅要求未成年人的父母或者其他监护人充分听取未成年人

---

① Article 29 Working Party Guidelines on consent under Regulation 2016/679，2018，p. 26.

② Guidelines 05/2020 on consent under Regulation 2016/679，载欧洲数据保护委员会官网，https：//edpb. europa. eu/sites/default/files/files/file1/edpb_ guidelines_ 202005_ consent_ en. pdf，2020年8月31日访问。

的意见，但是并不要求征得他们的同意。如果未成年人已经有了一定的判断能力，似应有权拒绝公开个人信息。此时，个人信息处理者应当同时征求未成年人及其监护人的同意。

【关联规定】

《中华人民共和国未成年人保护法》第 19 条、第 72 条第 1 款，本法第 9 条、第 69 条第 1 款

（撰稿人：林洹民、王修齐）

第三十二条　【处理敏感个人信息的法定限制】法律、行政法规对处理敏感个人信息规定应当取得相关行政许可或者作出其他限制的，从其规定。

【释义】

本条在《个人信息保护法草案（一次审议稿）》中的表述为："法律、行政法规规定处理敏感个人信息应当取得相关行政许可或者作出更严格限制的，从其规定。"

与《个人信息保护法草案（一次审议稿）》相比，《个人信息保护法草案（二次审议稿）》将"作出更严格限制的"改为"作出其他限制的"，使条文逻辑更为合理。这一变动产生的后果是，《个人信息保护法草案（一次审议稿）》不允许其他法律、行政法规在《个人信息保护法》的基础上作出更为宽松的处理敏感个人信息的规定，故采用了"更严格限制"这一表述。但是正如前文所述，作为一个较新的法律领域，个人信息特别是敏感个人信息的处理规则尚处于探索阶段，即便本法用 5 个条文对敏感信息的范围、处理原则、具体处理方式进行了规定，也很难清晰地确立一套较为完善的敏感信息处理规则，剩下的更多是留待学

说、司法和法律实践去发展。其他限制可能是更为严格的限制，也可能是较本法更为宽松的限制。从敏感信息的处理规则看，本法没有采取“原则禁止、例外允许”的处理模式，而是以较高的同意规则去保护信息被收集一方，说明其本身仍然兼顾到了可能的信息利用需求，与本法的立法精神保持了一致。最终通过的《个人信息保护法》没有对本条进行改动。

本条属于开放外延的授权规定，允许法律、行政法规对处理敏感个人信息通过规定方式加以限制。现代社会特别是信息社会日新月异，新事物、新规则层出不穷。因当下突发事件、意外事件的概率有所上升，对于信息、数据的利用这一新事物而言，法律应当保持一定的灵活性加以应对，故本条通过转致条款方式，保持法律的弹性和灵活性，以便其他法律、行政法规设立行政许可或采取其他限制性规定，以确保能够及时细化对敏感个人信息的处理，具有合理性。

本条规定，法律、行政法规对处理敏感个人信息可以设置行政许可或其他限制，本质上涉及个人信息保护法的开放法源及法源位阶问题。《行政许可法》第2条规定，行政许可，是指行政机关根据公民、法人或者其他组织的申请，经依法审查，准予其从事特定活动的行为。行政许可因具有对特定活动范围进行事先控制的功能被各国政府作为一种行政管理手段而广泛采用。[①] 目前我国还没有有关个人信息的相关行政许可授权，留待将来立法予以探索。依据《立法法》的规定，全国人民代表大会制定和修改刑事、民事、国家机构的和其他的基本法律。全国人民代表大会常务委员会制定和修改除应当由全国人民代表大会制定的法律以外的其他法律（《立法法》第7条第2款、第3款）；国务院根据宪法和法律，制定行政法规（《立法法》第65条第1款）。故本条所称的“其他限制”，应考虑除《个人信息保护法》外诸如《民法典》《消费者权益保护法》《网络信息安全法》《电子商务法》等法律，《最高人民法院关于审理使用人脸识

---

① 胡建淼：《行政法学》，法律出版社2015年版，第263页。

别技术处理个人信息相关民事案件适用法律若干问题的规定》等司法解释，《征信业管理条例》等国务院制定的行政法规的规定。本条虽然将对敏感个人信息处理规则的限制规定的立法权限交给法律和行政法规，但是其本身规定是较为模糊的。这里特别涉及解释的问题，对于其限制性规定应该严格限定在法律、行政法规的明确规定当中，而不能另外再进行转介授权，亦不能将依据本法及其他有关个人信息保护相关规定而制定的部门规章、地方性法规视为对本条的特别规定。总之，本条的开放范围仅限于法律和行政法规，部门规章、地方性法规、地方政府规章及其他规范性文件，均不可设定限制，除非法律、行政法规在其本身规定中援引了下位法的某条具体规定。

但必须注意的是，还有一种较为特殊的情形是经济特区法规。涉及有关个人信息保护的具体经济特区法规是《深圳经济特区数据条例》。《立法法》第 74 条允许经济特区所在地的省、市的人民代表大会及其常务委员会根据全国人民代表大会的授权决定，制定法规，在经济特区范围内实施。如何理解经济特区立法机关制定的经济特区法规，在学界一直是一个有争议的话题。经济特区法规在我国法律体系中处于何种位阶？对此存有不同观点，第一种观点认为，其处于法律、行政法规与地方性法规之间，低于法律、行政法规，高于特区所在地地方性法规；[①] 第二种观点认为，其位阶与法律相同，只是此种观点背后所依据的学说有所不同，有的主张委托说，[②] 有的主张代理说，[③] 还有的根据《立法法》第 95 条第 2 款认为经济特区法规具有与法律相同的位阶；[④] 第三种观点认为，其位阶与地方性法规相同，经济特区法规本身也是由同意机关制定的，依据“立法权转移说”，全国人大授予相关地方国家权力机关经济特区法规制定权后，该立法权已转移至该地方国家权力机关，所以经济特区法规的位阶应当与该

① 吴鹏：《论经济特区法规的效力等级》，载《首都师范大学学报（社会科学版）》2009 年第 3 期。
② 参见周旺生：《立法论》，北京大学出版社 1994 年版，第 386、395 页。
③ 参见马怀德：《中国立法体制、程序与监督》，中国法制出版社 1999 年版，第 138 页。
④ 参见胡建淼：《法律适用学》，浙江大学出版社 2010 年版，第 204 页。

地方国家权力机关制定的规范性文件相同;[1] 第四种观点认为，应结合法源位阶理论加以认定，变通法律的经济特区法规应当具有和法律相同的位阶，变通法规的经济特区法规应当具有和该被变通的法规相同的位阶，经济特区法规中的变通性规定与其变通对象具有相同的位阶（以该变通符合授权目的，且在授权范围内为前提）、非变通性规定（不包括照搬照抄法律、行政法规的重复性规定）与同一机关制定的地方性法规具有相同的位阶。[2] 对于此种争议，《立法法》修改时也予以注意，根据立法机关制作的相关释义书显示，对于经济特区法规变通规定的限制，《立法法》没有作出明确规定。这样规定是考虑到既能适应现在有些需要变通的情况，也为今后的发展变化留下了空间和余地。经济特区的优势以及其在改革开放中的特殊作用依然存在，今后仍应允许经济特区在经济体制改革和对外开放方面作出变通性规定，但同时认为在涉及国内市场统一、社会主义法制统一，涉及国家主权以及其他只能由中央立法的事项时，经济特区法规不能涉及。[3]

结合立法机关的相关释义书及学说观点，本文认为，在不违背上述维护国家主权及社会主义法制统一的状况下，对于变通事项，至少可以认为经济特区法规在本条上与法律、行政法规保持同一效力。这主要是基于两方面考虑，一方面，认为经济特区法规与法律相同位阶或至少在变通规定上具有相同位阶在学界成为主流观点，对于可能发生与上位法抵触的，全国人大及其常委会还保留暂时调整或暂时停止法律部分适用的立法权限，故不会给法律适用造成混乱；另一方面，2019 年中共中央、国务院发布了《中共中央 国务院关于支持深圳建设中国特色社会主义先行示范区的意见》，该意见指出，要在深圳建设法治城市示范，全面提升法治建设水平，在第三部分（十）中提出“促进社会治理现代

---

① 参见陈伯礼:《授权立法的位阶探讨》，载《现代法学》1999 年第 6 期。

② 参见崔文俊:《论经济特区法规的位阶》，载《学术交流》2019 年第 6 期。

③ 参见全国人大常委会法制工作委员会编:《中华人民共和国立法法释义》，法律出版社 2015 年版，第 242 页。

化”，“探索完善数据产权和隐私保护机制，强化网络信息安全保障”。《深圳经济特区数据条例》正是在建设中国特色社会主义先行示范区的大背景下探索出台的经济特区法规，其意义重大，且具有较高的立法水准，认可其效力位阶与本条法律、行政法规相同是合理、可行的。但是要注意经济特区法规只能在经济特区范围内发生效力，除深圳外的地区不能援引该条例进行适用。

《深圳经济特区数据条例》对《个人信息保护法》中的许多规则作了细化的规定和探索，例如有关最小必要原则。《深圳经济特区数据条例》在吸收《信息安全技术 个人信息安全规范》的基础上增加两点，其第11条第4项规定：“个人数据存储期限应当为实现处理目的所必需的最短时间，超出存储期限的，应当对个人数据予以删除或者匿名化，法律、法规另有规定或者经自然人同意的除外”，第5项规定：“建立最小授权的访问控制策略，使被授权访问个人数据的人员仅能访问完成职责所需的最少个人数据，且仅具备完成职责所需的最少数据处理权限”；第14条第2款规定：“处理敏感个人数据的，应当依照前款规定，以更加显著的标识或者突出显示的形式告知处理敏感个人数据的必要性以及对自然人可能产生的影响”，这对敏感信息的告知义务和告知形式提出了更高要求；第27条对于公共数据的处理，作了去标识化的例外规定，允许在特定情形下可以不去标识化；第28条规定自然人向数据处理者要求查阅、复制个人数据的，不得收取费用；等等。这些探索具有重要意义，昭示着个人信息保护相关立法的进一步发展方向，为我国立法积累了有益的经验。《个人信息保护法》第32条的开放规定，体现出未来我国在敏感个人信息处理上从严治理的大方向，也为未来细分信息类型、“量身”制定行政法规提供了可能性和空间。[①]

---

① 石佳友、刘思齐：《人脸识别技术中的个人信息保护——兼论动态同意模式的建构》，载《财经法学》2021年第2期。

【关联规定】

《中华人民共和国立法法》第 7 条、第 65 条、第 74 条，《最高人民法院关于审理使用人脸识别技术处理个人信息相关民事案件适用法律若干问题的规定》，《征信业管理条例》，《深圳经济特区数据条例》

（撰稿人：杜丰贝）

第三节　国家机关处理个人信息的特别规定

第三十三条　【国家机关保护个人信息的法定义务与法律适用】 国家机关处理个人信息的活动，适用本法；本节有特别规定的，适用本节规定。

【释义】

在数字时代，大数据收集、分析技术给社会生活的各个方面带来了数字化转型，由个人信息采集生成的个人数据成为最有价值和最主要的数据分析来源。在个人信息保护中，国家不再单纯以超然于信息业者与信息主体双方关系之外的治理角色出现，而成为最大的个人信息处理者。[①] 例如，政府会基于国家安全、预防犯罪以及社会管理的角度，通过通信技术、摄像头监控、网络流量监测等方式，对个人的生物、行为等信息进行采集和处理，并由执法、监管和风险控制，目前大数据分析已经广泛应用于公共交通、公共卫生、社会管理、政务服务、环境保护、公共安全和城镇建设等多个政府治理建设领域[②]。虽然个人信息采集和大数据分析可以带来国家机关治理的科学性、精准性和效率性，[③] 同时，在数字时代个人信息已经成为公民参与社会生活的基本前提，但大规模收集、处理个人信息存在监控、支配和歧视公民个人的风险。此外，由于数据和信息具有非竞争、

---

① 张新宝、葛鑫：《个人信息保护法（专家建议稿）及立法理由书》，中国人民大学出版社 2021 年版，第 177～178 页。

② 石火学、潘晨：《大数据驱动的政府治理变革》，载《电子政务》2018 年第 12 期。

③ 参见熊光清：《大数据技术的运用与政府治理能力的提升》，载《科学社会主义》2019 年第 2 期；赵云辉等：《大数据发展、制度环境与政府治理效率》，载《管理世界》2019 年第 11 期。

非排他、可以无限复制的特性，若缺乏安全法律保障，则存在大规模信息泄露和隐私侵犯的风险。因此，数据监控工具如果不能被有效控制在以宪法为根基的法治秩序之内，则极容易被滥用甚至导致工具的“反噬效应”，个人信息保护立法主要挑战之一即是如何将其纳入法治框架。[①] 本条旨在明确国家机关对个人信息的保护义务，以及国家机关保护个人信息的法律适用。

本条的立法基础在于宪法层面的个人信息保护的基本权利内涵。大数据等信息技术的进步扩张了基本权利的内容。我国宪法虽未将数据保护列举为一项基本权利，但宪法基本权利体系具有价值和实践上的开放性，[②] 数据保护的相关内涵可以从既有基本权利条款中得到涵摄：《宪法》第 38 条规定了“公民的人格尊严不受侵犯”，该条作为我国人格利益保障的基本权利条款，随着个人人格由现实逐渐向虚拟世界延伸，公民决定个人信息能否被知悉以及知悉方式、范围的权利应当被纳入人格尊严的基本内涵，而成了我国保护个人信息的基本权利基础。[③] 个人信息保护作为基本权利内涵，一方面有抵御国家机关对公民不法侵害的防御权能，另一方面其作为客观价值秩序，而产生国家对公民的“国家保护义务”。[④] 既有制度构建以后者为主，而国家机关在行使权力过程中的个人信息保护却规范不足：首先，《关于加强网络信息保护的决定》《网络安全法》《电子商务法》规范的主要是网络服务提供者和企事业单位的个人信息处理行为，未对国家机关权力行使行为作出明确规定；其次，虽存在大量具体规范规定了国家机关及其工作人员对国家权力行使过程中获得个人信息的保护义务，但却未涉及其个人信息处理活动的其他行为义务性规范，从而存在覆

① 王锡锌：《个人信息国家保护义务及展开》，载《中国法学》2021 年第 1 期。
② 张翔：《基本权利的体系思维》，载《清华法学》2012 年第 4 期。
③ 参见王锡锌、彭錞：《个人信息保护法律体系的宪法基础》，载《清华法学》2021 年第 3 期。
④ 张翔：《基本权利的规范建构》，法律出版社 2017 年版，第 104 页。

盖范围不足、规范密度过低和特别规定缺位的问题。[①] 本条则贯彻实施宪法上对个人信息保护的消极防御义务，明确了国家机关对个人信息保护的具体义务以及内容。

对本条规定的理解，有以下两个要点：

首先是本条调整主体的外延。本节标题为“国家机关处理个人信息的特别规定”，本条旨在调整国家机关的个人信息处理活动，根据第4条第2款规定“个人信息的处理包括个人信息的收集、存储、使用、加工、传输、提供、公开、删除等”，本法并未直接规定其主体范围，即“国家机关”。作为基本民事法律规范，《民法典》对国家机关的机关法人资格、财产权、个人信息保护义务等作出了特殊规定，“国家机关”指国家为实现其政治统治职能和管理职能而设立的国家机构的总称，包括立法机关、行政机关、军事机关、监察机关、审判机关和检察机关，具体而言，包含：（1）县级以上各级中国共产党委员会及其所属各工作部门；（2）县级以上各级人民代表大会机关；（3）县级以上各人民政府及其所属工作各部门；（4）县级以上各政治协商会议机关；（5）县级以上各级监察机关；（6）县级以上各级人民法院、检察院机关；（7）县级以上各民主党派机关；（8）乡、镇中国共产党委员会和人民政府以及街道办事处。[②] 区别于国家机关，国家举办的事业单位以及国家举办的企业并不在本条直接调整范围之内，但根据本法第37条，法律、法规授权的具有管理公共事务职能的组织为履行法定职责而处理个人信息的，将类推适用本法关于国家机关处理个人信息的规定。

---

① 例如，《民法典》第111条虽然规定“任何组织”“不得非法收集、使用、加工、传输他人个人信息”，以及“不得非法买卖、提供或者公开他人个人信息”，其理论上应当包括国家机关处理个人信息的行为，但在具体义务中其仅在第1039条规定国家机关、承担行政职能的法定机构及其工作人员应对履职过程中知悉的个人信息负有保密义务。此外，《居民身份证法》第13条、《出口管制法》第29条、《网络安全法》第45条、《电子商务法》第25条、《契税法》第13条也规定了类似内容。参见王锡锌、彭錞：《个人信息保护法律体系的宪法基础》，载《清华法学》2021年第3期；张新宝、葛鑫：《个人信息保护法（专家建议稿）及立法理由书》，中国人民大学出版社2021年版，第177～178页。

② 参见最高人民法院民法典贯彻实施工作领导小组主编：《中华人民共和国民法典总则编理解与适用》（上），人民法院出版社2020年版，第489～490页。

其次是国家机关保护个人信息的规制模式选择和保护内容构建。比较法中存在两种选择：一方面，无论是在公共行业还是私人行业，个人信息权益内容都具有内在一致性。例如欧盟《一般数据保护条例》（GDPR）采用了一元责任主体架构，即并未区分行使公权力的国家机关和私人主体，而将“控制者”规定为“能够单独或联合决定个人数据处理目的和处理方式的自然人、法人、公共机构、行政机关或其他非法人组织”，“处理者”为代表控制者处理个人数据的自然人、法人、公共机构、行政机关或其他非法人组织，统一地规定数据主体的相关权利和保护义务。另一方面，由于国家机关与私人主体收集个人信息的正当性基础、处理目的以及保护方式存在不同，故而有的国家在个人信息立法中采取二元责任主体架构，分别规定国家机关以及私人主体作为数据处理者的义务责任。[①] 例如，新加坡针对私人行业的个人数据保护，于 2013 年制定了专门的《个人数据保护法》（Personal Data Protection Act，PDPA），就公共部门的数据保护则于 2018 年颁布了《公共部门（治理）法案》[Public Sector（Governance）Act]，专门规定公共机构收集、使用、公开私人数据相关规则以及数据主体访问和更正个人数据的权利。[②] 我国个人信息保护立法在二者之间采取了折中的形式：第一，立法将义务主体界定为“个人信息处理者”，即在我国境内以及满足第 3 条第 2 款规定要件，即在境外的任何处理个人信息的个人或组织，采取的是一元责任主体的架构，对于信息处理者的义务、个人在个人信息处理活动中的权利作出了一般性规定；第二，通过本条规定采取了“一般规则 + 特殊规定”的形式，国家机关作为“数据处理者”的一种，承担本法规定的一般义务，数据主体统一地享有知情、查阅、复制、更正、补充、携带、删除等权利；第三，考虑到国家机关行使国家权利的强制性、公益性等特点，适用特殊数据处理的特殊规则加强对个人信

---

① 参见王爽：《二元责任主体架构下国家机关处理个人信息的规则建构》，载《内蒙古社会科学》2021 年第 4 期。

② Smart Nation & Digital Government Office，“Government Personal Data Protection Policies”，载智慧国家和数字政务办公室官网，2021 年 8 月 20 日访问。

息权益的保护，并提供必要便于国家权力顺畅行使而保障国家利益和社会公共利益的空间。

【关联规定】

《中华人民共和国宪法》第 38 条，《中华人民共和国民法典》第 111 条、第 1039 条

（撰稿人：张浩然）

第三十四条　【国家机关依法定职责处理个人信息】 国家机关为履行法定职责处理个人信息，应当依照法律、行政法规规定的权限、程序进行，不得超出履行法定职责所必需的范围和限度。

【释义】

本条规定了国家机关处理个人信息的一般原则。

在现代社会，个人信息处理活动的突出特点是作为国家机关、公共组织、大型数字平台的信息处理者与作为个人的信息主体之间的实力不对等，由此导致个人信息权益易于被盘剥和侵害。[①] 因此，《民法典》第 1035 条将合法、正当、必要作为个人信息处理的一般原则，本法第 6 条进一步明确，“处理个人信息应当具有明确、合理的目的，并应当与处理目的直接相关，采取对个人权益最小的方式。收集个人信息，应当限于实现处理目的的最小范围，不得过度收集个人信息”，从而将这种损害风险限制到最小。在国家机关作为处理者时，个人信息处理活动体现出更为明显的主体地位的不平等性和单方强制性，为避免国家权力被滥用或过度扩

① 王锡锌：《个人信息国家保护义务及展开》，载《中国法学》2021 年第 1 期。

张，本条在国家机关处理个人信息活动中引入了法治国家的三项原则，即职权法定、程序法定和比例原则，来限制国家权力行使。《数据安全法》第38条也作出了类似限制："国家机关为履行法定职责的需要收集、使用数据，应当在其履行法定职责的范围内依照法律、行政法规规定的条件和程序进行；对在履行职责中知悉的个人隐私、个人信息、商业秘密、保密商务信息等数据应当依法予以保密，不得泄露或者非法向他人提供"。

本条规定可从以下三个方面理解：

首先，职权法定原则，即国家机关处理个人信息，必须具有法律、行政法规的明确授权，即不得在法定授权之外行事。与私人主体处理个人信息须经信息主体授权同意不同，本法第13条第1款第3项及第35条明确了国家机关"为履行法定职责或者法定义务所必需"不需要取得个人同意。其正当性基础在于，国家机关所享有的国家权力本身即是公民集体以立法形式将其权利向国家机关的让渡，内在地赋予其为履行公共职能处理个人信息的法定职责，即"同意"本身以立法规范的形式确定下来。[①] 这一正当性基础决定了国家机关处理个人信息必须严格依照法定授权进行。关于职权法定的法律渊源范围，实践中存在宪法、法律、行政法规、地方性法规以及行政规章授权等不同形式，本条在此明确了仅法律、行政法规授权能够成为个人信息处理的合法性基础，其他情形被排除在外。

其次，程序法定原则，即国家机关为履行法定职责处理个人信息，应当依照法律、行政法规规定的程序进行。依此原则，国家机关任何减损公民、法人和其他组织合法权益或者增加其义务的行为，都应当依照法定程序进行，不得在法定程序之外增减程序，从而避免当事人遭受不公正的待遇并保障其获得救济。[②] 在个人信息处理中也应当遵循此原则，未经法定条件和程序，即使在法定职责范围内也不得收集个人数据。举

---

① 参见王爽：《二元责任主体架构下国家机关处理个人信息的规则建构》，载《内蒙古社会科学》2021年第4期。

② 参见杨登峰：《行政程序法定原则的厘定与适用》，载《现代法学》2021年第1期。

例而言，如根据《刑事诉讼法》第 138 条第 1 款，进行搜查，必须向被搜查人出示搜查证，否则将构成对法定程序之违反而不具有个人信息收集的正当性。

最后，比例原则，即国家机关为履行法定职责处理个人信息，不得超出履行法定职责所必需的范围和限度。虽然国家机关权力的行使有法律上的依据，但必须选择使相对人利益受到限制或损害最小的方式来行使，并且使其对相对人个人利益造成的损害与所追求的行政目的或所要实现的公共利益相适应，从而达到既实现公共利益又保护公民合法权益的目的。具体则包括妥当性原则、必要性原则和狭义的比例原则。[①] 妥当性原则要求国家机关收集个人信息必须是符合履行法定职责的手段；必要性原则要求国家机关在履行法定职责时，应选择对公民权益损害最少的方式，即在最小范围内处理个人信息；狭义的比例原则是指国家机关措施与目的之间必须合比例或相称，即其职责履行与对公民个人信息处理手段之间不能显失均衡。

【关联规定】

《中华人民共和国民法典》第 1035 条，《中华人民共和国数据安全法》第 38 条

（撰稿人：张浩然）

第三十五条　【国家机关对个人的告知义务】 国家机关为履行法定职责处理个人信息，应当依照本法规定履行告知义务；有本法第十八条第一款规定的情形，或者告知将妨碍国家机关履行法定职责的除外。

---

① 参见周佑勇：《行政法总则中基本原则体系的立法构建》，载《行政法研究》2021 年第 1 期。

【释义】

本条规定的是国家机关处理个人信息的告知义务。

作为国家机关处理个人信息收集和处理的基本规则，本条内容在审议过程中经历了实质性修改和调整。在《个人信息保护法草案（一次审议稿）》《个人信息保护法草案（二次审议稿）》中，原表述为："国家机关为履行法定职责处理个人信息，应当依照本法规定向个人告知并取得其同意；法律、行政法规规定应当保密，或者告知、取得同意将妨碍国家机关履行法定职责的除外。"作为国家机关处理个人信息的前提，其不仅要求国家机关向信息主体履行告知义务，同时要求国家机关征得信息主体同意，即国家机关的信息处理行为仍然适用私人主体之间的"知情—同意"原则。但公权力主体与私人主体个人信息处理的正当性基础存在明显不同：在私人主体之间强调其民事主体地位的平等性，其权益处分以私人自治为前提，故需要以知情—同意作为信息处理的基本原则，除非立法另有规定；但公法领域以权力法定为原则，其个人信息处理活动是以法律授权而非信息主体的知情—同意为基本原则。[①] 因为国家权力本身即是公民集体以立法形式将其权利向国家机关的让渡，内在地赋予其为履行公共职能处理个人信息的法定职责，即"同意"本身以立法规范的形式确定下来，只要国家机关在法定职权范围之内处理个人信息即无需再取得信息主体的同意。[②] 因此，本法第 13 条专门明确"为履行法定指责或者法定义务所必需"的情形不需取得个人同意。原审议稿第 35 条继续将"同意"作为个人信息处理之前提似乎与该规则相冲突。有学者认为，"这只是在法定的基础上额外增加同意的要求，对公权主体处理个人信息科以高于私人处理

---

① 王锡锌、彭錞：《个人信息保护法律体系的宪法基础》，载《清华法学》2021 年第 3 期。

② 参见王爽：《二元责任主体架构下国家机关处理个人信息的规则建构》，载《内蒙古社会科学》2021 年第 4 期。

者的标准”。[①] 在一切国家机关处理个人信息活动为履行法定职能的前提下，如果以信息主体同意为处理前提，在信息主体拒绝同意时则势必会影响国家机关法定职责的履行，从而将滑向“告知、取得同意将妨碍国家机关履行法定职责的除外”的例外情形，导致同意要件成为具文。因此，本条最后删除了同意要件，而仅规定了国家机关处理个人信息的告知义务。

对本条规定的理解，有以下两个要点：

作为国家权力运行的必要条件，国家机关个人信息处理的合法性虽然不再以信息主体同意为前提，但却并不必然地要求信息主体让渡自己的知情权。一方面，《民法典》第 1035 条规定处理个人信息应当公开信息处理规则、明示处理信息的目的、方式和范围，本法第 44 条规定“个人对其个人信息的处理享有知情权”，国家机关处理个人信息时的告知义务是保障个人知情权的要求，同时也是个人行使本法赋予的查阅、复制、更正、补充、携带、删除等一系列权利的前提。另一方面，强化国家机关的告知义务，也将提升国家机关个人信息处理活动的透明度，从而对政务部门行使公权力形成一定约束。[②] 仅仅在履行告知义务将妨碍国家机关履行法定职责等特殊情形下以不通知为例外。在履行告知义务时，国家机关应当依本法第 17 条规定，在处理个人信息前，以显著方式、清晰易懂的语言真实、准确、完整地向个人告知：（1）个人信息处理者的名称或者姓名和联系方式；（2）个人信息的处理目的、处理方式，处理的个人信息种类、保存期限；（3）个人行使其权利的方式和程序；（4）法律、行政法规规定的其他事项。

同时，国家机关对信息主体知情权的确认和保障也并非绝对，而是与国家利益、公共利益等协调平衡的相对确认和保障。因此，本法进一步规定了国家机关履行告知义务的两种例外情形：（1）符合本法第 18 条第 1 款规定，“有法律、行政法规规定应当保密或者不需要告知的情形的”，可

---

① 王锡锌、彭錞：《个人信息保护法律体系的宪法基础》，载《清华法学》2021 年第 3 期。

② 张新宝、葛鑫：《个人信息保护法（专家建议稿）及立法理由书》，中国人民大学出版社 2021 年版，第 181 页。

以不向个人履行告知义务。首先，如果依照《保守国家秘密法》等法律法规确定属于国家秘密，向个人通知后可能会导致秘密泄露的，则应当从国家利益、公共利益考量不予告知。其次，关于“不需要告知的情形”，根据第 18 条文义可以存在两种理解：第一，该“不需要告知的情形”必须由法律、行政法规作出规定；第二，该“不需要告知的情形”可由包括国家机关在内的数据处理主体自由裁量确定。但由于该“不需要告知的情形”内容具有不确定性，为了避免该条款被滥用和过度侵害信息主体的知情权，故对此应当作狭义理解即交由未来立法或行政法规专门规定。关于“不需要告知的情形”从目前比较法及理论探讨来看，可考虑以下情形：a. 个人已知本法第 17 条第 1 款规定的告知的相关信息；[①] b. 间接收集个人信息时，所收集的信息为信息主体自行公开或其他合法公开的信息；[②] c. 信息处理是依据法定授权进行，并采取了适当安全保障措施保护个人合法权益。[③]（2）告知将妨碍国家机关履行法定职责的，可不予告知。但在何种情形下、在何种程度上“妨碍”履行法定职责可以不告知具有不确定性，首先，其应当包括导致国家机关法定职责无法实现的情形，例如，在犯罪技术侦查的过程中，公安机关如果将其收集的个人信息告知犯罪嫌疑人，可能将阻碍打击犯罪职能的履行；其次，还存在告知导致国家机关履行法定职责存在较高成本而难以实现的情形，例如，在比较法中，有的法域基于个人信息保护与个人信息利用效率之间的平衡考量，规定了间接收集个人信息，个人信息处理者事实上无法告知、需要付出较高成本或者不成比例成本情况下免予告知的情形。国内学者针对《个人信息保护法》的建议稿也曾有此规定。[④] 在未来法律实施过程中，为避免“妨碍国家机关

---

① 欧盟《一般数据保护条例》第 14 条 5（a）规定，若“数据主体已经获得了相关信息”，控制者则不必要向个人提供相关信息；类似地，日本《个人信息保护法修正案》第 18 条规定，“就收集个人信息的具体情形，其使用目的十分明确”的，不适用告知个人信息使用目的的相关规定。

② 张新宝、葛鑫：《个人信息保护法（专家建议稿）及立法理由书》，中国人民大学出版社 2021 年版，第 95 页。

③ 参见欧盟《一般数据保护条例》第 14 条 5（c）。

④ 参见欧盟《一般数据保护条例》第 14 条 5（b）；张新宝、葛鑫：《个人信息保护法（专家建议稿）及立法理由书》，中国人民大学出版社 2021 年版，第 187 页。

履行法定职责”等概括条款导致的不确定性，建议以行政法规或部门规章的形式对其要素进行进一步提炼、列举和类型化界定，以避免国家监控权力的过度扩张。此外，由于立法无法完成一一列举“妨碍国家机关履行法定职责”的情形，为避免概括条款被滥用而造成对公民权利和自由的不当限制，避免国家机关为履行职责而不履行告知义务，必须在法律、行政法规规定的权限之内、依照法定程序进行，同时恪守比例原则，即确保不履行告知义务是履行法定职责之必要、为对公民权利限制性最小的方式且该手段与法定目的实现比例相当。

【关联规定】

《中华人民共和国民法典》第1035条

（撰稿人：张浩然）

第三十六条　【个人信息的境内存储和境外提供风险评估】国家机关处理的个人信息应当在中华人民共和国境内存储；确需向境外提供的，应当进行安全评估。安全评估可以要求有关部门提供支持与协助。

【释义】

本条是关于国家机关处理的个人信息境内存储和向境外提供风险评估的规定。

大数据时代，数据成为一类新的生产要素，与此同时，个人信息的跨境流动将产生两个方面的风险和规制必要性：

第一，《个人信息保护法》虽然不仅适用于境内，而且对处理我国境内自然人个人信息的活动具有域外适用效力，但有效执法却一般局限于本国境内。如果传输至境外，由于各国个人信息立法以及执法水平不一，个人行使其个人信息权利的难度也将增加，从而导致公民个人信息权利受到不当侵害。在域外立法中，例如欧盟《一般数据保护条例》（GDPR）对个人数据跨境流动作出严格限制，仅允许向认定具有充分保护水平的第三国、第三国境内特定行业或国际组织自由传输数据而无需特别授权。[①] 尤其伴随着用户信息大规模泄露事件的发生，加拿大、澳大利亚等国在内的很多国家相继出台数据本地化政策，要求本国公民数据必须存储在境内服务器，并严格限制数据向境外传输。[②] 在我国个人信息立法中，对一般个人信息并没有严格的境内存储义务，但根据本法第 38 条跨境提供必须遵循严格的法定限制，即经过国家网信部门组织的安全评估、规定的专门机构进行个人信息认证、签订标准合同或法律法规规定的其他情形。

第二，在个人信息以及数据作为国际基础性战略资源的情况下，个人信息出境可能对国家安全存在一定影响，[③] 故需要在一般个人信息保护标准上提供更为严格的保护。《网络安全法》第 37 条专门明确了对关键基础设施收集和产生的个人信息和重要数据的境内存储义务和境外提供限制，“关键信息基础设施的运营者在中华人民共和国境内运营中收集和产生的个人信息和重要数据应当在境内存储。因业务需要，确需向境外提供的，应当按照国家网信部门会同国务院有关部门制定的办法进行安全评估；法律、行政法规另有规定的，依照其规定”。伴随着经济社会活动的数字化转型，社会公共服务以及国家对于经济社会事务的管理都高度依赖关键基础设施，使得关键基础设施涉及大量个人信息和国家安全经济、安全的重要数据。如果将相关数据转移至境外，关键信息基础设施的运营者对其控制力必将减弱，安全风险将会增加，因此，《网络安全法》要求关键基础设施收集和产生的个人信息、个人数据必须进行境内存储，与此同时，考

---

① 参见欧盟《一般数据保护条例》（GDPR）第 45 条。

② 黄宁、李杨：《“三难选择”下跨境数据流动规制的演进与成因》，载《清华大学学报（哲学社会科学版）》2017 年第 5 期。

③ 张新宝、葛鑫：《个人信息保护法（专家建议稿）及立法理由书》，中国人民大学出版社 2021 年版，第 154 页。

虑到关键信息基础设施跨境业务以及国际执法合作等需要，可例外性地允许数据境外提供，但必须依规定进行安全评估或依法律法规特别规定进行。[①]《数据安全法》第 31 条以及本法第 40 条都进一步明确了关键信息基础设施运营者的境内存储义务和境外提供限制。

在国家机关处理个人信息的规制中，国家机关往往并非关键信息基础设施运营者而无法直接适用《网络安全法》的相关规定。根据 2021 年 7 月 30 日公布的《关键信息基础设施安全保护条例》（国务院令第 745 号）第 2 条规定，关键信息基础设施是指“公共通信和信息服务、能源、交通、水利、金融、公共服务、电子政务、国防科技工业等重要行业和领域的，以及其他一旦遭到破坏、丧失功能或者数据泄露，可能严重危害国家安全、国计民生、公共利益的重要网络设施、信息系统等”。但国家机关收集的个人信息不同于一般个人信息处理者收集的个人信息，其无论是在数量规模还是在内容质量上都优于一般个人信息处理者，并可能涉及国家利益和社会公共利益，故有必要适用更加严格的保护要求和规则。[②] 从保障国家机关履行法定职责、保障国家利益和公共利益出发，本条参照《网络安全法》对关键信息基础设施收集和生成的个人信息和数据进行保护，规定了个人信息境内存储义务和境外提供限制。即一般情况下，国家机关收集的个人信息都应在境内储存，并按照本法第五章“个人信息处理者的义务”一般规定进行管理，从而保障有关机关为行使职权需要查阅、调取和分析个人信息。此外，国际执法合作可能存在数据跨境提供的现实需要，如本法第 41 条授权“中华人民共和国主管机关根据有关法律和中华人民共和国缔结或者参加的国际条约、协定，或者按照平等互惠原则，处理外国司法或者执法机构关于提供存储于境内个人信息的请求”，该“存储于境内个人信息”不仅包括一般个人信息处理者处理的个人信息，还可能涉及国家机关处理的个人信息。如果确有必要跨境提供的，则应当以安

---

① 杨和庆主编：《中华人民共和国网络安全法释义》，中国民主法制出版社 2016 年版，第 96 页。

② 王爽：《二元责任主体架构下国家机关处理个人信息的规则建构》，载《内蒙古社会科学》2021 年第 4 期。

全评估为前提，从数据出境的必要性、个人信息的重要性和敏感性、对公共利益造成的影响等方面实行严格评估，充分衡量信息输出的正当性和必要性。

对本条规定的理解，有以下两个要点：

第一，关于向境外提供个人信息的安全评估。就国家机关确需向境外提供个人信息的情形，《个人信息保护法草案（一次审议稿）》《个人信息保护法草案（二次审议稿）》表述均为应当进行“风险评估”，《个人信息保护法草案（三次审议稿）》中修改为“安全评估”，从而与《网络安全法》第 37 条表述相一致。对于国家机关向境外提供个人信息的安全评估的主体、程序、标准，立法目前尚未明确，虽然其与《网络安全法》中关键基础设施收集、生成个人信息、数据向境外提供的安全评估机制表述相同，但在内涵上二者似乎存在差异：《网络安全法》第 37 条规定“应当按照国家网信部门会同国务院有关部门制定的办法进行安全评估；法律、行政法规另有规定的，依照其规定”。据此，国家网信办先后在 2017 年和 2019 年发布了《个人信息和重要数据出境安全评估办法（征求意见稿）》和《个人信息出境安全评估办法（征求意见稿）》，从征求意见稿内容来看，其适用于所有网络运营者向境外提供个人信息的行为，国家机关也应当包括在内。但除“关键信息基础设施运营者”之外的一般国家机关是否应其规制范围之内仍有待商榷。从本法规定来看，评估主体应当是作为个人信息处理者的国家机关本身，因国家机关履行法定职能需求不同，立法并未与《网络安全法》类似，规定由国家网信部门会同国务院有关部门制定办法进行安全评估，而是仅仅弹性地规定了“安全评估可以要求有关部门提供支持与协助”，从而提供了更大的灵活性。为了避免安全性评估流于形式，未来仍有待出台专门规定对安全评估的程序、条件和标准作出要求。

第二，关于国家机关跨境提供个人信息的个人权利保障。本条是关于国家机关跨境提供个人信息的特别规定，但其仅规定了国家机关跨境提供个人信息的安全评估义务。除了安全评估外，本法第 39 条作为个人信息跨境提供的一般规则同时规定："个人信息处理者向中华人民共和国境外提供个人信息的，应当向个人告知境外接受方的名称或者姓名、联系方式、处理目的、处理方式、个人信息的种类以及个人向境外接受方行使本法规定权利的方式和程序等事项，并取得个人的单独同意。"当国家机关作为个人信息处理者时是否应当适用第 39 条而承担告知和同意义务？对此存在两种理解：一是本条未对此作明确规定，故应依据本法第 33 条适用此规则，国家机关具有向个人告知并取得同意的义务；二是本条未对此作明确规定是对该义务的有意排除，因特别规定优于一般规定，故国家机关并不承担本法第 33 条之下的义务。按照第一种理解，绝对地要求国家机关向境外提供个人信息向个人告知并取得同意，有可能会妨碍国家机关法定职责的履行，但若完全排除其告知义务将造成对公民个人信息权利的过度侵害。其实除本条之外，本节相关规定可以解决此问题：根据本法第 4 条，个人信息处理包括对个人信息的"提供"，应当既包括向境内提供也包括向境外提供；本法第 35 条，国家机关履行法定职责处理个人信息，可不经个人同意但必须履行告知义务，妨碍国家机关履行法定职责的除外。因个人信息跨境提供属个人信息处理的一种形式，故国家机关跨境提供个人信息同样适用第 35 条，即可不经个人同意但必须履行告知义务，存在第 18 条第 1 款规定的情形或将妨碍国家机关履行法定职责的，可不予告知。告知的内容可适用本法第 39 条，包括境外接受方的名称或者姓名、联系方式、处理目的、处理方式、个人信息的种类以及个人向境外接受方行使本法规定权利的方式等事项。

【关联规定】

《中华人民共和国网络安全法》第 37 条，《中华人民共和国数据安全法》第 31 条

（撰稿人：张浩然）

第三十七条　【法定公共职能的组织的参照适用】 法律、法规授权的具有管理公共事务职能的组织为履行法定职责处理个人信息，适用本法关于国家机关处理个人信息的规定。

【释义】

本条是关于法律、法规授权的具有管理公共事务职能的组织（以下简称法定公共职能的组织）处理个人信息的特别规定，明确了法定公共职能的组织参照适用关于国家机关处理个人信息的相关规则。

在立法过程中，《个人信息保护法草案（一次审议稿）》在第二章第三节“国家机关处理个人信息的特别规定”中仅仅规定了国家机关作为个人信息处理者的相关规则，对法定公共职能的组织并未作具体规定。但除了国家机关外，法定公共职能的组织作为一类特殊行政主体，也是管理国家经济、文化、社会事务的重要平台，其依照法律法规授权在特定情形下行使行政处罚权、行政许可权、行政强制权等行政权力，同时也因行政权力的行使而负担相关义务，[1] 如《政府信息公开条例》第 54 条规定，法定公共职能的组织适用条例进行政府信息公开；《数据安全法》第 43 条规定，法定公共职能的组织为履行法定职责开展数据处理活动，适用国家机关数据安全与开放的相关规定。在依据法律法规授权的个人信息处理活动中，法定公共职能的组织相对个人具有地位不平等性和单方强制性，同时其个人信息处理又具有国家机关信息处理的公益性，[2] 因此，有必要对其适用与国家机关适用个人信息处理的相同规则。因此，《个人信息保护法草案（二次审议稿）》增加了现有的第 37 条规定：“法律、法规授权的具有管理公共事务职能的组织为履行法定职责处理个人信息，适用本法关于国家机关处理个人信息的规定。”此规定加强了对具有管理公共事务职能

---

① 于立深：《法定公共职能组织的资格、权能及其改革》，载《华东政法大学学报》2016 年第 6 期。

② 参见王爽：《二元责任主体架构下国家机关处理个人信息的规则建构》，载《内蒙古社会科学》2021 年第 4 期。

的组织处理个人信息的规范要求。

对于本条规定的理解，有以下两个要点：

第一，关于"法律、法规授权的具有管理公共事务职能的组织"这一概念，虽然在《数据安全法》《行政处罚法》《行政许可法》《公务员法》《反垄断法》《行政检察法》《行政强制法》等多部法律中被援引使用，但却缺乏统一界定，其内涵和范围并不清晰，不同政府、司法机关、社会组织之间对此认定存在差异。该组织要求从事于社会公共事务，同时获得法律、法规授权行使管理公共事务和社会事务的职权，类型包括国家机关之外的事业单位、企业、行业协会等。实践中，法定公共职能组织存在的形式五花八门，包括法律与行政法规授权、地方性法规的授权、行政规章授权以及规范性文件授权。[①] 本法第 13 条规定，"为履行法定职责或者法定义务所必需"时，个人信息处理者方可不经个人同意而直接处理个人信息；第 34 条进一步规定："国家机关为履行法定职责处理个人信息，应当依照法律、行政法规规定的权限、程序进行，不得超出履行法定职责所必需的范围和限度。"故在此的"法定职责"或"法律、法规授权"仅包括依照法律、行政法规授权管理公共事务的情形，其他依地方性法规的授权、行政规章授权以及规范性文件授权的管理公共事务职能的组织不在此列，只能依照个人信息处理的一般规定进行。

第二，法定公共职能的组织应严格限定于"为履行法定职责"时才可适用关于国家机关处理个人信息的规定。法定公共职能的组织一般仅具有"片面的行政主体身份"，[②] 因往往同时具有其他主营业务或公共职能，故其行政管理权限是不全面的和特定的。在特定情形下，委托其行使公共权力仅仅为了解决公务执行的便利性和便宜性。例如，铁路运输公司以铁路客运货运为主要业务，但同时依照法定授权负责铁路运输安全监督检查、行政许可、行政处罚等职责。作为国家权力行使和法定职责履行之必要，

---

① 于立深：《法定公共职能组织的资格、权能及其改革》，载《华东政法大学学报》2016 年第 6 期。

② 于立深：《法定公共职能组织的资格、权能及其改革》，载《华东政法大学学报》2016 年第 6 期。

法定公共职能的组织仅在“为履行法定职责”之时适用本节规定处理个人信息。

【关联规定】

《中华人民共和国数据安全法》第 43 条，《中华人民共和国政府信息公开条例》第 54 条

（撰稿人：张浩然）

第三章 个人信息跨境提供的规则

【导读】

本章系统地规定了个人信息跨境流动的专门管理要求。互联网的出现消除了人类活动的“属地性”，在数字经济时代，个人信息的跨境流动日益频繁，作为管辖权基础的国界等物理联系被大大削弱，与此同时，各国的法律制度、对个人信息的保护水平存在差异，为此有必要对个人信息跨境规则予以明确，以更好地符合现实需要、适应时代趋势、管控安全风险。本章围绕个人信息出境法律条件（第 38 条、第 39 条）、关键信息基础设施个人信息出境安全评估（第 40 条）、外国司法或者执法机构调取个人信息（第 41 条）、对外国侵害行为及歧视性措施的对等反制（第 42 条、第 43 条）等核心问题分别作出相应规定，有效完善了我国个人信息跨境提供的规则。

第一，对跨境提供个人信息的法律条件予以明确，同时对“告知—同意”作出更严格的要求。其一，确需向境外提供个人信息，须具备通过国家网信部门组织的安全评估、经专业机构认证、订立标准合同、按照我国缔结或参加的国际条约和协定等条件之一（第 38 条）。其二，应当采取必要措施保障境外接收方处理个人信息的活动达到本法规定的保护标准（第 38 条）。其三，应当明确告知方式和程序等各类事项，并取得个人的单独同意（第 39 条）。

第二，对个人信息出境的安全评估作出规定。关键信息基础设施是经济社会运行的神经中枢，是网络安全的重中之重。本章专条明确关键信息基础设施运营者和处理个人信息达到国家网信部门规定数量的处理者，确需向境外提供个人信息的，应当通过国家网信部门组织的安全评估（第40条），其相关规定的表述沿用了《网络安全法》第37条规定，细化的具体标准有待结合配套规范加以明确。

第三，明确外国司法或者执法机构调取我国境内个人信息需经批准。对因国际司法协助或者行政执法协助，需要向境外提供个人信息的，要求依法申请有关主管部门批准（第41条），切实应对目前国际执法调取个人信息日益频繁的情况。

第四，规定了对外国侵害行为及歧视性措施的对等反制。为维护国家主权、安全和发展利益，根据不同的情形明确了个人信息保护领域内对外国有关危害行为的对等反制措施。其一，对从事损害我国公民个人信息权益等活动的境外组织、个人，可以将其列入限制或者禁止个人信息提供清单，予以公告，并采取限制或者禁止向其提供个人信息等措施（第42条）。其二，在个人信息保护方面对我国采取歧视性的禁止、限制或者其他类似措施的国家和地区，可以根据实际情况对等采取措施（第43条）。

（撰稿人：沈达）

第三十八条　【个人信息跨境条件】个人信息处理者因业务等需要，确需向中华人民共和国境外提供个人信息的，应当具备下列条件之一：

（一）依照本法第四十条的规定通过国家网信部门组织的安全评估；

（二）按照国家网信部门的规定经专业机构进行个人信息保护认证；

（三）按照国家网信部门制定的标准合同与境外接收方订立合同，约定双方的权利和义务；

（四）法律、行政法规或者国家网信部门规定的其他条件。

中华人民共和国缔结或者参加的国际条约、协定对向中华人民共和国境外提供个人信息的条件等有规定的，可以按照其规定执行。

个人信息处理者应当采取必要措施，保障境外接收方处理个人信息的活动达到本法规定的个人信息保护标准。

【释义】

一、规范对象与宗旨

本条是关于向境外提供个人信息的条件的规定。

在信息全球化时代，个人信息无法避免地跨境流动是一个既定事实，但全球各个国家和地区对个人信息的保护方式和力度并不相同。因此，需要防范个人信息在跨境尤其是出境过程中可能面临的信息主体权益受损风险，例如境内监管机构对境外的个人数据持有者并无有效的法律管辖权、数据出境前后所适用的管辖法律发生变化、境内个人难以就境外个人数据持有者的侵害行为主张权利，等等。正如全国人大常委会法工委经济法室发言人指出，“随着经济全球化、数字化的不断推进以及我国对外开放的不断扩大，个人信息的跨境流动日益频繁，但由于遥远的地理距离以及不同国家法律制度、保护水平之间的差异，个人信息跨境流动风险更加难以控制”。[①] 本条规定就是为了保障个人信息在出境转移途中仍然能够获得同等保护程度，其遵循的原则是对个人的信息权益保护不拘泥于一国境内，而是实现个人信息全程保护。

适用本条规定时，需要先明确个人信息的境内提供方不是国家机关，且个人信息的境外接收方不是司法或执法机构。简单地说，本条规定适用于商业业务往来等场景，也有可能通过扩大解释适用于非国家机关组织如

---

① 朱宁宁：《8 章 74 条，个人信息保护法来了！权威解读十大亮点》，载微信公众号“法治日报”2021 年 8 月 21 日，2021 年 8 月 23 日时间。

研究机构。但凡个人信息输入或输出一方为国家机关（司法机构或执法机构）的，则本条规定不适用。

首先，基于第36条已经对国家机关向境外提供个人信息进行单独规定，可以确定本条所指的个人信息提供方不包括国家机关。“因业务等需要”并没有将自然人行为排除在本条适用范围之外（详见下文阐述），理解为限制较少更为适宜，因为自然人掌握的个人信息数量有限。本法第62条规定为小型个人信息处理者专门制定规则和标准，在责任和义务上可能会有所放宽，这也是因为小型个人信息处理者掌握和处理的个人信息数量有限，且合规能力相对较小。总而言之，本条规定的“个人信息处理者”的主体范围应予以限缩。

其次，本条规定的个人信息接收方不包括外国司法或执法机构，而主要是企业或其他组织。根据本法第41条规定，个人信息处理者向外国司法或执法机构提供存储于境内个人信息的，须经国内主管机关批准。实务中，有跨国企业在海外经营中可能会被当地司法机构或执法机构要求提供诉讼或执法所需的数据，其中可能会涉及存储于我国境内的个人信息。此种情形下，该企业并不能适用本条规定提供个人信息，而应当根据第41条规定获得主管机关的批准。

再次，与第36条进行比对后可发现，国家机关处理的个人信息原则上应当进行数据本地化存储，但本条涉及的“个人信息处理者”向境外提供个人信息应不包括强制本地化存储的个人信息。通观本法其他规定以及《网络安全法》《数据安全法》等其他法律法规，可以确定的是，只有关键信息基础设施运营者处理的个人信息和重要数据、国家机关和收集个人信息达到国家网信部门规定数量的企业需满足个人信息本地化存储要求。需要厘清的是，出境管控措施与本地化存储要求二者之间并不必然存在联系，即出境受到限制的个人信息并不一定要求存储在境内，而要求本地化存储的个人信息也并非不能向境外提供。

最后，个人信息出境不同于（重要）数据出境。欧盟数据治理框架不区分个人信息和个人数据，然而我国采取的是数据和信息、重要数据和个人信息“分而治之”的立法路径。我国《个人信息保护法》通篇没有提及“数据”二字，而《数据安全法》则将涉及个人信息的数据处理活动作为一项特殊的数据处理活动，指示“应当遵守有关法律、行政法规的规定”，且将数据定义为“任何以电子或者其他方式对信息的记录”。国内将个人信息和重要数据混为一谈的观点并不少见，这可能是受《网络安全法》“关键信息基础设施”条款的影响。《网络安全法》第37条规定，关键信息基础设施的运营者在中华人民共和国境内运营中收集和产生的个人信息和重要数据应当在境内存储。事实上，只有与关键信息基础设施有关时，个人信息和重要数据才会适用同一规定。

《数据安全法》只对三种数据出境场景进行限制。一是与关键信息基础设施运营者有关的重要数据（适用《网络安全法》规定，在境内存储），二是其他数据处理者在境内运营中收集和产生的重要数据（适用国家网信部门制定的出境安全管理办法），三是向外国司法或执法机构提供存储于中华人民共和国境内的数据（经中华人民共和国主管机关批准，注意不再仅限于重要数据）。

相较之下，《个人信息保护法》对个人信息的出境管理更加细致、周全，除在第三章“个人信息跨境提供的规则”专门规定向境外提供个人信息的一般条件和规则外，本法主要对四种个人信息的出境场景进行限制。一是与关键信息基础设施运营者有关的个人信息（在境内存储，确需向境外提供的，应通过安全评估或从其他规定）。二是处理个人信息达到国家网信部门规定数量的个人信息处理者在境内收集和产生的个人信息（在境内存储，确需向境外提供的，应通过安全评估或从其他规定）。三是向外国司法或者执法机构提供存储于中国境内的个人信息（经主管机关批准）。四是国家机关处理的个人信息（境内存储，确需向境外提供的，应当进行安全评估）。

二、条文是否存在修改、修改目的与效果

从《个人信息保护法草案（一次审议稿）》《个人信息保护法草案（二次审议稿）》到《个人信息保护法草案（三次审议稿）》，本条规定每稿都有变动，且每次修改较上一次修改都有实质增订，可见全国人大法工委对本条规定的重视程度。《个人信息保护法草案（二次审议稿）》相较于《个人信息保护法草案（一次审议稿）》，主要是明确条件（三）的表述从“与境外接收方订立合同，约定双方的权利和义务，并监督其个人信息处理活动达到本法规定的个人信息保护标准”变更为“按照国家网信部门制定的标准合同与境外接收方订立合同，约定双方的权利和义务”。这一变动意味着，选择通过订立合同向境外提供个人信息的，该合同必须按照国家网信部门制定的标准合同订立。对于个人信息处理者而言，这一改动更加明确、更具有可执行性，因为标准合同将直接由国家网信部门提供。参照欧盟委员会和欧盟数据保护机构颁布和更新标准合同条款的做法，国家网信部门提供的标准合同也应当能够为个人信息处理者直接使用，个人信息处理者无须再自行拟定合同条款。

此外，《个人信息保护法草案（三次审议稿）》中还新增了“中华人民共和国缔结或者参加的国际条约、协定对向中华人民共和国境外提供个人信息的条件等有规定的，可以按照其规定执行”，以及“个人信息处理者应当采取必要措施，保障境外接收方处理个人信息的活动达到本法规定的个人信息保护标准”两款规定。

新增第2款规定对于推动数字贸易、打造数字贸易开放格局意义重大。通过经贸投资等专题谈判，达成国际条约和协定，已经成为数字贸易中的数据开放与跨境流动的重要机制。2019年1月，包括美国、欧盟、日本、新加坡、澳大利亚、中国、巴西、俄罗斯在内的76个WTO成员共同签署《关于电子商务的联合声明》，确认将在WTO现有协定框架基础上，开展电子商务诸边谈判。① 与此同时，在WTO多边框架之外，超大型自由贸易协定（Mega FTAs）正成为新一轮国际经贸规则的主轴，呈现出主导全球经贸秩序的新态势。② 国内海南自贸港、上海自贸区临港片，以及最

① 商务部新闻办公室：《中国与75个世贸组织成员在达沃斯发表关于电子商务的联合声明》，载中国商务部新闻网，http：//www. mofcom. gov. cn/article/ae/ai/201901/20190102830332. shtml，2021年8月23日访问。

② 张茉楠：《国际经贸规则重构进行时》，载《半月谈（内部版）》2020年第5期。

新的北京、浙江等多地自贸区方案都无一例外将数据跨境流动制度作为重点制度。

新增第 2 款的作用在于，“可以按照其规定执行”意味着可以直接适用国际条约或协定中与向境外提供个人信息的有关规定，而无须先履行为国内法所接受的立法程序。这一规定，至少为国际协定或条约在国内的快速落地提供了可能，对于我国通过“自下而上”路径探索部分区域、行业以及企业的数据跨境突破口具有不言而喻的积极意义，对于我国加入已有数据流动圈或建立不同于欧美数据流动圈的道路同样具有支撑意义。我国在经贸、投资以及其他相关专题谈判中可以采取更加主动进取的姿态。

新增第 3 款要求“个人信息处理者采取必要措施，保障境外接收方处理个人信息的活动达到本法规定的个人信息保护标准”，此处修改与《个人信息保护法草案（一次审议稿）》相比，需要关注两个方面。其一，该款从原先“（三）”中独立出来，成为单独一款，意味着其适用范围不再仅限于“订立标准合同”这一出境场景，而将适用于本条规定的全部条件，包括安全评估、认证以及其他法定条件。其二，关注具体的措辞变化，原先的“监督”变为“采取必要措施，保障……”使得提供方的义务更加明确，被提供方的个人信息能够获得的保障更加具体。其中，“必要措施”包括组织措施和技术措施，组织措施如通过合同方式约定对方内部管理制度和操作流程，技术措施如加密、去标识化以及可能的隐私计算技术，等等。总之，遵循“对等保护”原则，要求保障境外接收方处理个人信息的活动能够达到本法规定的个人信息保护标准。

三、其他规范要点和适用疑难

关于“因业务等需要”的理解，可先按照企业间行为进行理解。企业间行为又可进一步划分为集团内企业间行为和企业外部合作行为。前者主要是指跨国公司境内外公司之间因业务管理、内部管理等需要而进行的个人信息交互，比如因外国母公司全球信息化管理需要，境内公司通过办公自动化 OA 系统向境外母公司提供员工个人信息等管理信息，又或是向境外母公司共享其在中国境内开展业务过程收集、汇总客户名片等个人信息。后者主要是指一些跨境服务开展过程中涉及的跨境提供个人信息行为，比如保险、医疗、旅游、留学咨询等跨境服务行业将其运营过程中收集的个人信息提供给境外公司，或者在境外设置的服务器、数据中心等存储相应个人信息，又或是经营者在开展跨境电商、跨境第三方支付、跨境物流服务、跨境社交服务、国际云计算业务等业务过程中，将其在境内经营过程中收集的个人信息存放在境外的服务器，或者将个人信息处理业务外包给境外公司，或是允许外国组织或个人访问境内服务器。

关于“向中华人民共和国境外提供”的理解，应包括一次性活动和连续性活动。同样，本条规定的“向境外提供”不包括国家机关行为，国内提供方或国外接收方其中一方或双方是国家机关的（外国司法机构或执法机构），则该提供行为适用本法其他规定。具体而言，“向境外提供”包括以下几种情形：一是将境内收集和产生的个人信息存储在境外服务器上（强制进行本地化存储的个人信息除外）；二是向不属于我国司法管辖或未在境内注册的我国境内主体提供个人信息；三是向境外组织或个人提供个人信息；四是个人信息虽未转移存储至境外，但可被境外的机构、组织、个人访问查看的（公开信息、网页访问除外）。需要注意的是，境外数据经由中华人民共和国中转，未经任何变动或加工处理的情形不属于数据出境。

关于“向中华人民共和国境外提供个人信息的具体条件”的理解，条件之一，本规定借鉴了欧盟《一般数据保护条例》（GDPR）标准合同条款这一个人数据跨境传输保障机制。欧盟标准合同条款由欧盟委员会制定，欧盟数据保护机构可以出台相关指南和建议。我国的标准合同则由网信部门制定，在具体内容上未来也可适当参考欧盟标准合同条款的思路，通过对合同权利义务的安排，保障个人信息出境后获得同等保护。条件之二，“通过由国家网信部门组织的安全评估”在本条规定中只是作为可以选择的方式之一，与第36条规定的“应当进行安全评估”、第40条规定的“应当通过国家网信部门组织的安全评估”表述不同，二者的适用层次也不同。必须在境内存储的个人信息如向境外提供，则必须且只能通过网信部门的安全评估，换言之，本条规定的四种条件（包括本条所指的安全评估）应该是适用于无须在境内存储的个人信息。《个人信息保护法草案（三次审议稿）》在表述上将“应当至少具备下列一项条件”修改为“应当具备下列条件之一”，删去“至少”二字，也进一步说明了安全评估这一条件与其他条件之间是并列关系，尽量避免重复安排。条件之三，个人信息保护认证机制作为跨境提供的机制之一首先由我国提出，不过欧盟《一般数据保护条例》（GDPR）第4章第42条第1项在“行为准则和认证”章节也提到了认证制度，“成员国、监管机构、欧盟数据保护委员会和欧盟委员会应当鼓励——尤其是在欧盟层面——建立数据保护认证机制、数据保护印章和标记，以证明控制者和处理者的处理操作符合本条例”。可见，虽然将认证制度运用在出境机制上是我国首创，但在具体操作思路上与欧盟鼓励建立的这一机制相似，且日本个人信息保护法框架也有类似机制，如日本《个人信息保护法》第四章第五节“民间团体对个人信息保护的推进”第47条。因此立足于我国国情之上也可以适当参考其他国家的认证制度与体系。与安全评估机制相同，认证机制后续需等待网信部门出台可供遵循的文件或指南，且认证应当是可撤回的。

【关联规定】

《中华人民共和国网络安全法》第37条，《中华人民共和国数据安全法》第31条、第36条，《数据安全管理办法》（征求意见稿）第28条，《个人信息出境安全评估办法》（征求意见稿），《个人信息和重要数据出境安全评估办法（征求意见稿）》，《信息安全技术　数据出境安全评估指南（征求意见稿）》

（撰稿人：姜文）

第三十九条　【出境的告知要求】个人信息处理者向中华人民共和国境外提供个人信息的，应当向个人告知境外接收方

的名称或者姓名、联系方式、处理目的、处理方式、个人信息的种类以及个人向境外接收方行使本法规定权利的方式和程序等事项，并取得个人的单独同意。

【释义】

一、规范对象与宗旨

本条是关于个人信息出境的告知要求的规定。其目的在于保障信息主体的知情权、对个人信息的自决权和控制权，方便信息主体行使信息权益，确保本法规定的个人信息权益不因出境至其他国家或地区而受到减损。告知的内容采取了“列举 + 兜底”的方式，包括“境外接收方的名称或姓名、联系方式、处理目的、处理方式、个人信息的种类以及个人向境外接收方行使本法规定权利的方式”等事项。需要注意的是，必须同时满足第 38 条的监管要求和本条规定的取得个人单独同意时，个人信息处理者方可向境外传输个人信息。

二、条文是否存在修改、修改目的与效果

本条规定历经三次审议，整体内容变化不大，仅在部分地方进行表述微调，说明本条规定制定过程中已经具备比较成熟的立法共识。《个人信息保护法草案（二次审议稿）》没有对《个人信息保护法草案（一次审议稿）》进行修改，而《个人信息保护法草案（三次审议稿）》主要在告知内容的措辞上有些许调整，分别是：境外接收方的“身份”改为“名称或者姓名”；“个人向境外接收方行使本法规定权利的方式”增改为“个人向境外接收方行使本法规定权利的方式和程序”。

第一处修改，“身份”改为“名称或者姓名”属于对本法表述的统一修正，正式稿中还有另外三处也存在同样修改。这一修改相当于再次明确个人信息处理者也包括自然人，当个人信息处理者是企业或其他组织时，应向个人告知名称；当个人信息处理者是自然人时，应向个人告知姓名。同时，这也意味着，境外接收方也可以是个人，在主体范围界定上与国内的个人信息处理者保持一致。亦即，作为自然人的境外接收方在当地不属于个人信息保护相关立法的义务主体，并不妨碍我国要求境内提供方向个人告知境外接收方自然人的姓名。

第二处修改，在原先“方式”的基础上增加“程序”，在措辞上更加严谨、周全，比较符合个人向大型企业或组织行使权利时可能需要多道程序的实际情况。个人信息处理者需要在告知时，尽到足够的说明义务，给出明确的行使方式和流程，方便个人能够切实行使本法赋予的知情权、查阅权、携带权、更正权等。

三、其他规范要点和适用疑难

取得个人的单独同意是本条规定的重点之一。除了满足安全评估、信息保护认证或签订合同的前提条件外，个人信息处理者向我国境外提供个人信息时，还应当履行向个人信息权利主体的告知义务，并取得其单独同意。对于基于个人同意情形下的“单独同意”，仅通过用户协议中的个人信息保护政策或隐私政策等向用户告知并要求用户进行勾选同意的做法恐难被认为获得了“单独同意”。实践中，很可能需要通过单独弹窗等方式获得个人的同意，或是探索其他既能满足单独同意的实质要求又能减少对用户打扰的告知同意方式。事实上，作为我国个人信息保护法首创制度，单独同意虽然在国外并无完全相同的制度，但强调获取同意的明确性（明示同意）、充分保护和尊重用户的知情权和选择权已经成为各国数据执法机构的立法工作重点和执法重点，同时也是各国规定的“明示同意”题中应有之意。而且，单独同意在国内具有充分的用户基础，其他领域的立法已经开始吸纳这一规定，如《网络交易监督管理办法》第 13 条使用“逐项同意”这一表述与“单独同意”在立法用意上非常近似，该办法要求网络交易经营者在收集、使用个人生物特征、医疗健康、金融账户、个人行踪等敏感信息的，应当逐项取得消费者同意。

本法第 23 条规定，个人信息处理者向其他个人信息处理者提供其处理的个人信息的，应当取得个人的单独同意。向境外提供个人信息的，各国个人信息保护力度强弱不一。如果接收方所在国家缺乏同等程度的保护水平，信息主体可以在单独同意发出之时选择拒绝提供；又或者，个人信息处理者的确按要求告知并取得了信息主体的单独同意，信息主体权益受到损害时，个人还可以按照告知的联系方式、处理目的、个人信息的种类等内容决定是否向境外接收方行使权利以及如何行使。因此，个人信息处理者提供的告知内容应当保持随时可以访问，而不仅仅在提供同意选项时告知。

相比欧盟《一般数据保护条例》（GDPR）第44条允许在“为订立或者履行个人作为一方当事人的合同所必需”等情形下向境外提供个人信息，我国个人信息处理者向境外提供个人信息的合法性基础有且仅有基于个人同意这一条，因为本法第13条并不能直接适用于个人信息出境场景。总体而言，我国在个人信息出境上态度更加审慎。

【关联规定】

本法第14条、第17条、第38条，《中华人民共和国网络安全法》第10条、第37条、第66条，《中华人民共和国数据安全法》第31条、第36条、第46条，《个人信息出境安全评估办法（征求意见稿）》第2条、第13条、第14条、第15条

（撰稿人：姜文）

第四十条　【关键信息基础设施的要求】关键信息基础设施运营者和处理个人信息达到国家网信部门规定数量的个人信息处理者，应当将在中华人民共和国境内收集和产生的个人信息存储在境内。确需向境外提供的，应当通过国家网信部门组织的安全评估；法律、行政法规和国家网信部门规定可以不进行安全评估的，从其规定。

【释义】

本条规定了本法对关键信息基础设施运营者和处理个人信息达到国家网信部门规定数量的个人信息处理者的个人信息储存要求与安全评估。本条规定在《个人信息保护法草案（一次审议稿）》《个人信息保护法草案（二次审议稿）》《个人信息保护法草案（三次审议稿）》中均未修改。

"关键信息基础设施"概念入法肇始于2017年。[①] 2017年正式实施的《网络安全法》首次提出"关键信息基础设施"的概念并对其范围进行了明确。根据《网络安全法》第31条第1款的规定，"国家对公共通信和信息服务、能源、交通、水利、金融、公共服务、电子政务等重要行业和领域，以及其他一旦遭到破坏、丧失功能或者数据泄露，可能严重危害国家安全、国计民生、公共利益的关键信息基础设施，在网络安全等级保护制度的基础上，实行重点保护。关键信息基础设施的具体范围和安全保护办法由国务院制定"。《关键信息基础设施安全保护条例》第2条进一步明确了关键信息基础设施具体是指具备上述重大作用的重要网络设施、信息系统等，并就此给出了具体可操作的认定标准。[②]

对于数据处理者，《数据安全法》第31条根据数据处理业务性质进行了二分，并就规范适用问题作出转致。该条规定指出，关键信息基础设施的运营者在中华人民共和国境内运营中收集和产生的重要数据的出境安全管理，适用《网络安全法》的规定；而其他数据处理者在中华人民共和国境内运营中收集和产生的重要数据的出境安全管理办法，由国家网信部门会同国务院有关部门制定。因此，对于非关键信息基础设施的数据处理者，具体合规审查、安全评估白名单机制的指定，仍需要等待国家网信部

① 在《网络安全法》出台以前，现有法律条文中并没有给出关键信息基础设施的明确概念，在涉及重要或者关键的信息基础设施的保护时经常处于无法可依的状况或者存在相关法规层级较低而无法有力保护的情况。

② 详见《关键信息基础设施安全保护条例》第二章"关键信息基础设施认定"。

门与国务院有关部门的具体规范性文件出台方可确定。

该条所指“国家网信部门组织的安全评估”，可参照现有的网络安全审查制度执行。《网络安全法》第 35 条：“关键信息基础设施的运营者采购网络产品和服务，可能影响国家安全的，应当通过国家网信部门会同国务院有关部门组织的国家安全审查。”《网络安全审查办法》第 4 条规定，在中央网络安全和信息化委员会领导下，国家互联网信息办公室会同中华人民共和国国家发展和改革委员会、中华人民共和国工业和信息化部、中华人民共和国公安部、中华人民共和国国家安全部、中华人民共和国财政部、中华人民共和国商务部、中国人民银行、国家市场监督管理总局、国家广播电视总局、国家保密局、国家密码管理局建立国家网络安全审查工作机制。网络安全审查办公室设在国家互联网信息办公室，负责制定网络安全审查相关制度规范，组织网络安全审查。《网络安全审查办法》同时明确要从“产品和服务安全性、可能带来的国家安全风险”方面开展审查。第 6 条规定，对于申报网络安全审查的采购活动，运营者应通过采购文件、协议等要求产品和服务提供者配合网络安全审查，包括承诺不利用提供产品和服务的便利条件非法获取用户数据、非法控制和操纵用户设备，无正当理由不中断产品供应或必要的技术支持服务等。第 16 条规定，参与网络安全审查的相关机构和人员应严格保护企业商业秘密和知识产权，对运营者、产品和服务提供者提交的未公开材料，以及审查工作中获悉的其他未公开信息承担保密义务；未经信息提供方同意，不得向无关方披露或用于审查以外的目的。第 17 条规定，运营者或网络产品和服务提供者认为审查人员有失客观公正，或未能对审查工作中获悉的信息承担保密义务的，可以向网络安全审查办公室或者有关部门举报。

本条规定所指安全评估，涉及网络安全服务机构。《网络安全法》第 38 条规定，关键信息基础设施的运营者应当自行或者委托网络安全服务机构对其网络的安全性和可能存在的风险每年至少进行一次检测评估，并将检测评估情况和改进措施报送相关负责关键信息基础设施安全保护工作的部门。

《网络安全审查办法》第 2 条规定，关键信息基础设施运营者（以下简称运营者）采购网络产品和服务，影响或可能影响国家安全的，应当按照本办法进行网络安全审查。

【关联规定】

《中华人民共和国网络安全法》第 31 条、第 35 条、第 38 条，《关键信息基础设施安全保护条例》，《网络安全审查办法》第 2 条、第 4 条、第 6 条、第 16 条、第 17 条

（撰稿人：林北征）

第四十一条　【个人信息跨境提供的主管批准】 中华人民共和国主管机关根据有关法律和中华人民共和国缔结或者参加的国际条约、协定，或者按照平等互惠原则，处理外国司法或者执法机构关于提供存储于境内个人信息的请求。非经中华人民共和国主管机关批准，个人信息处理者不得向外国司法或者执法机构提供存储于中华人民共和国境内的个人信息。

【释义】

随着经济全球化、数字化的不断推进以及我国对外开放的不断深入，个人信息的跨境流动日益频繁，但由于遥远的地理距离以及不同国家法律制度、保护水平之间的差异，个人信息跨境流动风险更加难以控制。本条明确了国际司法协助或行政执法协助情形下向境外提供个人信息需报批的原则性要求，旨在一定程度上封堵境外机构的长臂管辖，维护国家主权和安全及境内个人的权益。本条规定承袭了《数据安全法》第 36 条的立法精神，可以视为《数据安全法》第 36 条在个人信息保护领域的

具体规定。

第一，从法条构成上看，《数据安全法》第36条同样分为境外特定机构数据请求处理、数据跨境主管批准两个层次的内容。其规定："中华人民共和国主管机关根据有关法律和中华人民共和国缔结或者参加的国际条约、协定，或者按照平等互惠原则，处理外国司法或者执法机构关于提供数据的请求。非经中华人民共和国主管机关批准，境内的组织、个人不得向外国司法或者执法机构提供存储于中华人民共和国境内的数据。"较之《数据安全法》，本条规定在境外特定机构数据请求处理方面，从"数据"具化到规定了"境内个人信息"；在数据跨境主管批准方面，从"存储于中华人民共和国境内的数据"限缩为"存储于中华人民共和国境内的个人信息"。

第二，从立法目的上看，本条规定基于维护国家主权、安全和发展利益的需要，对向境外司法或执法机构提供个人信息、限制跨境提供个人信息的措施等作了规定。对比《个人信息保护法草案（一次审议稿）》《个人信息保护法草案（二次审议稿）》《个人信息保护法草案（三次审议稿）》的文本变化，本条规定较之《个人信息保护法草案（一次审议稿）》《个人信息保护法草案（二次审议稿）》，针对长臂管辖的功能性更强，需报批情形包括国际司法协助或行政执法协助，明确从行政执法和司法两个层面阻却境外机构对境内机构或个人实施的长臂管辖。与此同时，本条明确规定了例外情形，妥善解决了法律与国际条约、协定的适用问题。

第三，从立法表述上看，对比三个立法文本，也可以看出立法态度的细微差别：《个人信息保护法草案（一次审议稿）》《个人信息保护法草案（二次审议稿）》都采取了"主管批准在前，依约循例在后"的文本表达，强调了立法机关对国家数据主权与数据跨境管理的重视；而《个人信息保护法草案（三次审议稿）》则依照《数据安全法》的立法技术，采取了"依约循例在前，主管批准在后"的文本表达，既体现出数据立法体系在数据跨境调取上的一致性与体系化，也体现出《个人信息保护法》鼓励个人信息可在包容、开放、审慎的合规框架内实现跨境自由流动的立法导向。

本条的规范要点与适用疑难有二：第一，主管机关尚未明确。本条规定所指“主管机关”是个人信息跨境流动场景下的重要主体，但本法对其是何行政机关未予指定。与现在国际上更多的是设立统一的执法机构不同，本法规定的履行个人信息保护职能的机构是网信部门与相关部门，依然属于较为原则化的表述，且是否具有上述主管职能也尚待明确。一般而言，个人信息跨境流动所涉商业活动会接受多个政府部门的监管，如商务部、外交部、网信部门等，因此，在本条规定适用过程中，本条所指主管机关需要依靠专门的政府部门规章予以明确。

第二，职能分配与统合未明确。本条规定了行政与司法两类审核内容。其中，行政机构职能分配问题前文已讨论。针对司法机构职能分配问题，根据《民事诉讼法》，涉外司法职能归口最高人民法院。外国司法机构一般通过请求司法协助、判决承认与执行等途径，向我国境内主体要求提供存储于境内个人信息。以判决承认与执行为例，根据中国的法律规定以及签订的双边司法协助条约，需要满足如管辖权条件、终局性条件、程序正义条件、非欺诈条件、无诉讼竞合条件、公共秩序条件等“一揽子”要求，外国判决才可以得到我国法院的承认与执行。从司法实践来看，中国关于外国民商事判决承认与执行的主要问题集中在互惠原则存在的必要性上。在过去的司法实践中，中国法院在与判决做出国没有订立司法协助协定的情况下，通过外交途径对个别案件临时达成协议，曾给予一些国家的法院判决予以执行。因此，基于实践经验，最高人民法院可直接根据他国司法机构申请独立审核权限。

但反观本条第二句的文本表达，主管机关似乎具有唯一性，结合《数据安全法》第48条第2款有关违法后果的表述，“违反本法第三十六条规定，未经主管机关批准向外国司法或者执法机构提供数据的，由有关主管部门给予警告，可以并处十万元以上一百万元以下罚款，对直接负责的主管人员和其他直接责任人员可以处一万元以上十万元以下罚款；造成严重后果的，处一百万元以上五百万元以下罚款，并可以责令暂停相关业务、停业整顿、吊销相关业务许可证或者吊销营业执照，对直接负责的主管人员和其他直接责任人员处五万元以上五十万元以下罚款”。其中，涉及警告、罚款与责令暂停相关业务、停业整顿、吊销相关业务许可证或者吊销营业执照等处罚方式。由此可见，若最高人民法院的职能不具有终局性，则本条涵摄的司法与行政两种职能分配与统合亦亟待明确。

【关联规定】

《中华人民共和国数据安全法》第 36 条、第 48 条，《中华人民共和国反外国制裁法》第 12 条

（撰稿人：林北征）

第四十二条　【境外违法个人信息处理活动的禁止性规定】 境外的组织、个人从事侵害中华人民共和国公民的个人信息权益，或者危害中华人民共和国国家安全、公共利益的个人信息处理活动的，国家网信部门可以将其列入限制或者禁止个人信息提供清单，予以公告，并采取限制或者禁止向其提供个人信息等措施。

【释义】

本条的规范对象是境外组织、个人从事的违反中华人民共和国法律的个人信息处理活动，是我国个人信息保护法律体系域外效力的体现之一。本条规范的具体行为主体是境外的组织和个人，具体行为包括损害中国公民个人信息保护权益以及危害国家安全、公共利益的个人信息处理活动。本条针对以上行为规定的法律后果是列入“黑名单”并采取限制或禁止性措施，具体来讲，包括三个方面的法律后果：第一，由国家网信部门将行为主体列入限制或禁止个人信息向境外提供的“黑名单”；第二，予以公

告；第三，采取限制或禁止向其提供个人信息等措施。

本法第 3 条确立了《个人信息保护法》的属地管辖规则，分两层内涵。第一层内涵是，依照第 3 条第 1 款的属地管辖原则，本法适用于中华人民共和国境内的个人信息处理活动。第二层内涵是，依照第 3 条第 2 款规定，本法适用于虽然发生在境外，但处理的是中华人民共和国境内自然人个人信息的信息处理活动，只要该信息处理活动满足以下三种情形之一即可：以向境内自然人提供产品或者服务为目的；分析、评估境内自然人的行为；符合法律、行政法规规定的其他情形。

欧盟的个人数据保护法也确立了类似的地域管辖范围规则。根据欧盟《一般数据保护条例》第 3 条的规定，GDPR 不仅适用于欧盟内的企业，且不论其数据处理活动是否在欧盟内进行，出于保护欧盟公民个人数据的目的，也适用于满足以下三种情形的设立在欧盟以外的企业，第一，向欧盟内的个人提供商品或服务的，无论此项商品或服务是否需要数据主体支付对价；第二，对发生在欧盟内的数据主体的行为进行监控的；第三，个人数据处理活动虽然由设立在欧盟之外的控制者进行，但欧盟成员国法律通过国际公法能够适用于数据控制者所在地的。

在第 3 条的属地管辖权之外，本条针对境外违法的个人信息处理活动的禁止性规定则确立了我国个人信息保护法的保护性执法管辖权。保护性管辖权是指国家法律对于外国人在该国境外侵害该国的国家和公民重大权益的违法犯罪行为行使的管辖权。理论上，保护性管辖权的适用范围应当大于属地管辖的适用范围，是对属地管辖的补充。本条即是出于保护中国公民的个人信息权益、国家安全和公共利益的目的，赋予我国网信部门对境外组织、个人所从事的危害国家和个人重大利益的个人信息处理活动采取禁止性措施的权力。禁止性措施包括建立针对境外组织、个人的“黑名单”制度，公示制度和采取限制或禁止向其提供个人信息等措施。

与《个人信息保护法草案（二次审议稿）》相比，本条并未作出修改。

【关联规定】

《中华人民共和国网络安全法》第75条，《中华人民共和国数据安全法》第24条、第25条

（撰稿人：魏露露）

第四十三条 【针对中国的歧视性禁止、限制措施的对等原则】任何国家或者地区在个人信息保护方面对中华人民共和国采取歧视性的禁止、限制或者其他类似措施的，中华人民共和国可以根据实际情况对该国家或者地区对等采取措施。

【释义】

本条的规范对象是我国在个人信息保护方面采取对等措施的权力，属于赋权性的条款，赋予我国权力机关针对在个人信息保护方面对我国采取歧视性的禁止、限制或者其他类似措施的国家或地区对等采取措施的权力，是中国在个人信息保护方面反制裁、反干涉、反制长臂管辖的法律依据。

对等原则多指在商业和外交关系之中双方相互承认权利或特权，而在国际关系上的对等原则一般是指国与国之间相互给予某种权利或者限制。2021年6月10日，第十三届全国人民代表大会常务委员会第二十九次会议通过《反外国制裁法》，一方面，明确了我国坚持独立自主的和平外交政策，坚持互相尊重主权和领土完整、互不侵犯、互不干涉内政、平等互利、和平共处的五项原则；另一方面，针对霸权主义和强权政治，我国坚决反对任何国家以任何借口、任何方式干涉中国内政。外国国家违反国际法和国际关系基本准则，以各种借口或者依据其本国法律对我国进行遏

制、打压，对我国公民、组织采取歧视性限制措施，干涉我国内政的，我国有权采取相应的反制措施。本条是《反外国制裁法》第 3 条在个人信息保护领域的体现。

对于采取对等措施的决策和执行机关，根据《反外国制裁法》规定，国务院有关部门可以决定将直接或者间接参与制定、决定、实施本法第 3 条规定的歧视性限制措施的个人、组织列入反制清单（第 4 条），同时国家设立反外国制裁工作协调机制，负责统筹协调相关工作；国务院有关部门按照各自职责和任务分工确定和实施有关反制措施（第 10 条）。而我国境内的组织和个人均应当执行国务院有关部门的反制措施（第 11 条）。而对于危害我国主权、安全、发展利益的行为，除《反外国制裁法》的规定外，有关法律、行政法规、部门规章可以规定采取其他必要的反制措施（第 13 条）。

本条与《个人信息保护法草案（二次审议稿）》相比，将“采取相应措施”修改为“对等采取措施”。将“相应”改为“对等”，用词更加准确，更能体现外交关系中的对等原则。

【关联规定】

《中华人民共和国数据安全法》第 36 条，《中华人民共和国反外国制裁法》第 3 条、第 4 条、第 10 条、第 11 条、第 13 条、第 15 条

（撰稿人：魏露露）

第四章　个人在个人信息处理活动中的权利

【导读】

本章规范的是“个人在个人信息处理活动中的权利”，旨在明确自然人的各项个人信息权利，与“个人信息处理者的义务”（第五章）和“履行个人信息保护职责的部门”（第六章）相呼应，共同形成了《个人信息保护法》的三大支柱：在水平层面上，自然人的各项个人信息权利正对应着个人信息处理者的义务，比如，个人的知情权和决定权（第44条）能否实现在很大程度上依赖于信息处理者告知义务（第18条）和确保安全义务（第51条）的履行；在垂直层面上，个人信息保护职能部门能够通过接受、处理与个人信息保护相关的投诉、举报和调查、处理违法个人信息处理活动等形式，确保个人信息权利保护和义务履行等具体规范的贯彻落实（第61条）。对本章的理解，总体上应当把握以下关键点：

第一，本章规定了个人信息权利的内容和体系，主要包括知情权和决定权（第44条）、查阅权、复制权和可携带权（第45条）、更正权和补充权（第46条）、删除权（第47条）、要求解释和说明权（第48条）、死者个人信息保护（第49条）、个人信息权利行使的申请受理和处理机制（第50条）等内容。但是，值得注意的是：一方面，《个人信息保护法》中规定的个人信息删除权并不完全等同于“被遗忘权”，同时也没有规定“封锁权”（中止或暂停信息处理的权利）等其他个人信息权利类型。另一方面，本章将个人信息权利限制在“个人信息处理活动中”似无必要。《个人信息保护法》对个人信息处理的定义非常宽泛，仅是“储存”也是个人信息处理活动（参见第 4 条第 2 款）。换言之，如果个人信息处理活动尚未开始或者已经结束，个人信息处理者及其相应的个人信息保护义务不存在，故立法无须对个人信息权利附加“在个人信息处理活动中”的限制。

第二，本章规定的个人信息权利主体是“个人”。实际上，个人信息权利主体为“自然人”或“本人”。法律概念应具备指向性。顾名思义，个人信息当然是“个人”的信息或者至少是与“个人”有关的信息，法律意义上的个人信息是指可识别到特定自然人身份或特定活动的各种信息，重在保护自然人的人格尊严（基本人格权），避免大规模数据处理对个人的权益及自主性造成损害。①《民法典》第 1035 条、《互联网个人信息安全保护指南》第 3.2 条和《个人金融信息保护技术规范》（银发〔2020〕45 号）第 3.4 条等规定都已经明确个人信息主体或权利主体为个人信息所标识的自然人。②

第三，个人信息权利或权益的性质问题。与《民法典》采用“个人信息”“个人信息保护”的做法不同，《个人信息保护法》第 1 条、第 2 条以及其他条文等共计 15 处明确使用了“个人信息权益”或“个人权益”的概念。③ 但是，本章不仅命名为“个人在个人信息处理活动中的权利”，同时明确规定“个人对其个人信息的处理享有知情权、决定权”（第 44 条）并以之为主线：在实质内容上，个人信息权利包括查阅和复制权、更正和

---

① 参见张平：《大数据时代个人信息保护的立法选择》，载《北京大学学报（哲学社会科学版）》2017 年第 3 期。

② 《民法典》第 1035 条规定：“处理个人信息的，应当遵循合法、正当、必要原则，不得过度处理，并符合下列条件：（一）征得该自然人或者其监护人同意，但是法律、行政法规另有规定的除外；……”《互联网个人信息安全保护指南》规定：“3.2 个人信息主体：个人信息所标识的自然人。”《个人金融信息保护技术规范》（银发〔2020〕45 号）规定；“3.4 个人金融信息主体（personal financial information subject）：个人金融信息所标识的自然人。”在比较法上，欧盟《一般数据保护条例》（GDPR）的用语是“数据主体（the data subject）”，我国台湾地区“个人资料保护法”第 2 条规定：“本法用词，定义如下：……九 当事人：指个人资料之本人。”

③ 参见《个人信息保护法》第 1 条、第 2 条、第 6 条、第 8 条、第 11 条、第 20 条、第 24 条、第 27 条、第 30 条、第 42 条、第 51 条、第 55 条、第 56 条、第 69 条和第 70 条。其中，第 70 条表述为“众多个人的权益”。

补充权、删除权、要求解释和说明权，而且决定权还包括限制处理和拒绝权；在表达形式上，《个人信息保护法》关于“权利”的规定存在多处，其实指向的就是个人信息权利，比如，第 20 条第 1 款（个人信息共同处理规则）但书规定“该约定不影响个人向其中任何一个个人信息处理者要求行使本法规定的权利”而非“权益”。由此可见，本章的规定可能导致个人信息权利化的解读，进而与前述“个人信息权益”的定位发生冲突。

（撰稿人：谢琳）

第四十四条　【知情权和决定权】 个人对其个人信息的处理享有知情权、决定权，有权限制或者拒绝他人对其个人信息进行处理；法律、行政法规另有规定的除外。

【释义】

本条是对个人信息主体知情权和决定权的规定。《个人信息保护法草案》第 44 条规定：“个人对其个人信息的处理享有知情权、决定权，有权限制或者拒绝他人对其个人信息进行处理；法律、行政法规另有规定的除外。”本条内容和序号在第一次审议、第二次审议和第三次审议过程中都没有发生变化。

首先，个人对其个人信息的处理享有知情权。“知情权系体现信息自决观念的重要基础性、核心权利。”[①] 知情权是个人信息主体能够行使决定权、查阅权、复制权、更正权、删除权等其他权利的基础。只有充分地掌握了信息，才能做出理性的决策。相应地，知情权与个人信息处理者的告知义务是相辅相成的，只有个人信息处理者积极地履行告知义务，才能够真正保障个人信息主体知情权的实现。

从知情权的内容上看，《个人信息保护法》第 17 条规定了个人信息处理

① 参见姚佳：《论个人信息处理者的民事责任》，载《清华法学》2021 年第 3 期。

者应当告知的事项，即“个人信息处理者在处理个人信息前，应当以显著方式、清晰易懂的语言真实、准确、完整地向个人告知下列事项：（一）个人信息处理者的名称或者姓名和联系方式；（二）个人信息的处理目的、处理方式，处理的个人信息种类、保存期限；（三）个人行使本法规定权利的方式和程序；（四）法律、行政法规规定应当告知的其他事项。前款规定事项发生变更的，应当将变更部分告知个人。个人信息处理者通过制定个人信息处理规则的方式告知第一款规定事项的，处理规则应当公开，并且便于查阅和保存。”《个人信息保护法》第30条规定，个人信息处理者处理敏感个人信息的，除本法第17条第1款规定的事项，还应当向个人告知处理敏感个人信息的必要性以及对个人权益的影响。《个人信息保护法》第39条规定，个人信息处理者向中华人民共和国境外提供个人信息的，应当向个人告知境外接收方的名称或者姓名、联系方式、处理目的、处理方式、个人信息的种类以及个人向境外接收方行使本法规定权利的方式和程序等事项，并取得个人的单独同意。对于个人信息控制者应当如何制定个人信息保护政策，《信息安全技术 个人信息安全规范》第5.5条规定了更为详细的要求。

从知情权的行使方式上看，《个人信息保护法》要求个人信息处理者积极主动地履行告知义务，从而保障个人的知情权得以实现。个人信息处理者应当以“显著方式、清晰易懂的语言”向个人进行告知，而不应当以复杂的术语、冗长的篇幅为之，否则将可能触发格式合同条款的适用，引发协议无效等法律后果。此外，个人信息主体还应当可以主动行使知情权，主要表现就是有权对个人信息的相关情况进行查阅或询问。《信息安全技术 个人信息安全规范》第5.5条规定，个人信息控制者应该告知“处理个人信息主体询问、投诉的渠道和机制”；第8.1条规定，个人信息控制者应当向个人信息主体提供查询特定信息的方法。这些规范有助于个人信息主体便捷地行使知情权。当个人信息控制者未能尽到告知义务时，个人信息主体有权提起民事诉讼，要求个人信息控制者对相关事项进行披露。

其次，个人对其个人信息的处理享有决定权，有权限制或者拒绝他人对其个人信息进行处理。个人信息具有极强的人格属性，规定个人信息主体的决定权，体现了我国立法对人格尊严的保护。在理论上，这一权利与“信息自决权”密切相关。“信息自决权”（das Recht auf informationelle Selbststimmung）的概念最早源自德国。1971 年德国学者施泰姆勒接受德国内政部的委托提出联邦个人信息保护法草案时，在草案说明中提出了这一概念。1984 年，德国联邦宪法法院的“人口普查案”将个人信息自决权作为一般人格权的一个种类，并将其作为判决论证的基本出发点，使得这一理论广为人知，并对世界其他国家和地区产生了重要影响。[①] 在我国，亦有学者将个人信息自决权解释为一项宪法权利，认为可以经由我国宪法第 38 条与第 33 条等条文得以证成。[②]

我国个人信息保护相关立法一向重视个人信息主体的决定权，最典型的例证便是知情同意规则。例如，在《民法典》第 1035 条、《个人信息保护法》第 13 条中，取得个人的同意是处理个人信息的合法性基础之一。此外，个人能够对其个人信息做出更正、删除、撤回同意等决策，也是决定权的自然延伸。个人信息处理者不得以强制方式对个人信息进行处理，应当为个人信息主体行使其决定权提供足够方便的渠道和方法。

最后，本条规定了个人享有知情权和决定权的除外条款，即“法律、行政法规另有规定的除外”。个人信息主体的知情权和决定权在某些特定的情形下会发生权利克减。例如，除获得个人的知情同意外，现行立法也规定了处理个人信息的其他合法性基础。比如，《民法典》第 1036 条规定：“处理个人信息，有下列情形之一的，行为人不承担民事责任：……（二）合理处理该自然人自行公开的或者其他已经合法公开的信息，但是该自然人明确拒绝或者处理该信息侵害其重大利益的除外；（三）为维护公共利益或者该自然人合法权益，合理实施的其他行为。”《个人信息保护

① 杨芳：《个人信息自决权理论及其检讨——兼论个人信息保护法之保护客体》，载《比较法研究》2015 年第 6 期。

② 姚岳绒：《论信息自决权作为一项基本权利在我国的证成》，载《政治与法律》2012 年第 4 期。

法》第 13 条也规定了若干不需取得个人同意即可处理个人信息的情形，第 18 条规定了不需向个人进行告知的情形。从比较法上来看，欧盟《一般数据保护条例》《巴西通用数据保护法》（LGPD）等规范也规定了类似的权利克减条款。

需要注意的是，根据本条款，有权对知情权和决定权做出克减规定的只能是法律或行政法规，其他位阶较低的法律文件无权对个人信息主体的知情权和决定权进行限制。

【关联规定】

本法第 17 条、第 18 条、第 30 条、第 39 条，《中华人民共和国消费者权益保护法》第 8 条、第 14 条，《信息安全技术 个人信息安全规范》第 5.5 条、第 8.1 条

（撰稿人：王旭）

第四十五条　【查阅权、复制权和可携带权】个人有权向个人信息处理者查阅、复制其个人信息；有本法第十八条第一款、第三十五条规定情形的除外。

个人请求查阅、复制其个人信息的，个人信息处理者应当及时提供。

个人请求将个人信息转移至其指定的个人信息处理者，符合国家网信部门规定条件的，个人信息处理者应当提供转移的途径。

【释义】

本条是关于个人信息主体查阅权、复制权和可携带权（转移权/迁移

权）的规定。其中，查阅权也被称为“查询权”或“访问权”（the right of access），是指本人得以查阅其个人信息及其处理情况并要求答复的权利，它不仅是落实知情原则和透明性原则要求的重要保障，同时也是复制权、可携带权、更正权和删除权等其他个人信息权利行使的前提。这是因为，对信息的控制与支配，必须首先了解哪些个人信息被收集、处理与利用的情况，特别是在此过程中信息是否被保持完整、正确与适时。易言之，个人信息主体必须首先了解自己的哪些个人信息被处理以及被处理的情况如何，即持续地了解其个人信息处理的基本事项，才能判断信息处理者的处理活动是否符合自己的预期，并决定是否有必要对相关信息进行更正、删除。[①] 同样地，作为知情原则延伸的复制权也有利于保障个人对其个人信息的控制。有学者评价：“查阅权、复制权在文义上都充满了前互联网时代的意涵，信息主体并不会像查阅账簿一样去信息处理者那里查看自己的个人信息，他也不可能要求企业给他提供一个关于他个人信息的复印件……从立法完善的角度，应当将查阅、复制个人信息的权利直接明确为访问权和信息获取权。”[②] 事实上，当个人信息主体拥有复制权的时候，他当然也有权利将其信息传输到第三方，故直接将其个人信息转移至其他信息处理者也是迟早的事情。

《个人信息保护法草案（一次审议稿）》第45条和《个人信息保护法草案（二次审议稿）》第45条规定：“个人有权向个人信息处理者查阅、复制其个人信息；有本法第十九条第一款规定情形的除外。个人请求查阅、复制其个人信息的，个人信息处理者应当及时提供。”在第三次审议的过程中，有的常委委员和社会公众、部门、专家提出，为方便个人获取并转移其个人信息，建议借鉴有关国家和地区的立法，增加个人信息可携带权的规定。全国人大宪法和法律委员会经研究，建议增加规定：个人请求将其个人信息转移至其指定的个人信息处理者，符合国家网信部门规定

① 参见黄薇主编：《中华人民共和国民法典人格权编释义》，法律出版社2020年版，第205页。

② 参见汪庆华：《数据可携带权的权利结构、法律效果与中国化》，载《中国法律评论》2021年第3期。

条件的，个人信息处理者应当提供转移的途径。[①]

上述关于个人信息可携带权的立法建议最终落实为《个人信息保护法》第 45 条第 3 款的规定。个人信息可携带权（data portability）指个人信息主体转移其个人信息至其指定的信息处理者的权利，主要包括个人信息的获取和传输两项权能，即从信息处理者取得本人的个人信息并传输到另一个信息处理者。[②] 在我国，部门规章和国家标准对个人信息可携带权已经进行了积极探索和初步规定。比如，按照《携号转网服务管理规定》（工信部信管〔2019〕242 号）的要求，在同一本地网范围内，蜂窝移动通信用户变更签约的基础电信业务经营者，有权保持号码不变。按照《信息安全技术 个人信息安全规范》第 8.6 条的规定，在技术可行的前提下，个人信息主体可以请求将其基本资料、身份信息、健康生理信息、教育工作信息的副本直接传输给本人指定的第三方主体。总的来说，个人信息可携带权的确立增强了个人信息主体对其个人信息的控制和再利用空间，有利于打破发展在先企业对海量用户的锁定效应，进而促进信息自由流动和市场充分竞争，同时也可能给中小企业带来更大的合规压力，使得消费者转移其个人信息至占据优势地位的大企业。[③]

对本条的理解，总体上应当从以下要点来把握：

第一，信息主体请求查阅和复制的范围。首先，根据本条第 1 款的文义，除非法律另有规定，否则个人信息主体有权向个人信息处理者查阅和复制的只能是“其个人信息”即“本人的”个人信息。[④] 其次，如果存在“法律、行政法规规定应当保密或者不需要告知”（《个人信息保护法》第 18 条第 1 款）、“告知将妨碍国家机关履行法定职责”（《个人信息保护法》

① 《全国人民代表大会宪法和法律委员会关于〈中华人民共和国个人信息保护法（草案）〉审议结果的报告》，载中国人大网，http：//www. npc. gov. cn/npc/c30834/202108/a528d76d41c44f33980eaffe0e329ffe. shtml，2021 年 8 月 23 访问。

② 参见丁宇翔：《个人信息保护纠纷：理论释解与裁判实务》，中国法制出版社 2021 年版，第 330 ~ 331 页。

③ 参见丁晓东：《论数据携带权的属性、影响与中国应用》，载《法商研究》2020 年第 1 期。

④ 比如，《未成年人保护法》第 98 条规定：“国家建立性侵害、虐待、拐卖、暴力伤害等违法犯罪人员信息查询系统，向密切接触未成年人的单位提供免费查询服务。”

第35条）的情形，个人信息主体则无权查阅和复制，个人信息处理者有权拒绝响应。同时，第三人的基本权利和重大利益也可能成为阻碍信息主体行使查阅权和复制权的事由。[①] 最后，个人信息主体查阅和复制的内容主要包括但不限于：（1）本人个人信息是否正在被处理；（2）个人信息处理的目的；（3）被处理的个人信息的类型；（4）个人信息传输或分享的对象；（5）个人信息储存期限或其确定标准；（6）个人信息的来源（比如非直接获得信息的交易前手）；（7）个人信息救济的权利。[②]

第二，提供个人信息查阅和复制的时限。按照本条第2款的规定，在个人信息主体请求查询或复制的情形下，信息处理者应当“及时”提供个人信息。换句话说，立法并未施加“立即”或类似于“不晚于72小时内”等固定期限的限制。这就意味着，在结合个人信息主体提出请求和身份核实的时间、信息查询和复制的难易程度以及信息处理活动行业惯例等合理因素来进行综合判断的前提下，个人信息处理者只要“无不当延迟”（without undue delay）即可满足个人信息查阅和复制提供的及时性要求。此外，如果发现存在不允许查阅的正当事由，信息处理者可以告知个人信息主体该事由后推迟查阅，该事由消失后应当立即提供。

第三，提供查阅途径和复制形式的问题。在提供个人信息查询和复制时，个人信息处理者应当以人们通俗（容易理解）和便利（清晰简洁）的方式来进行，这些方式主要包括言词、书面、电话、短信、传真、电子邮件或者其他足以使个人信息主体知悉或可能知悉的方式。此外，在个人信息主体通过电子方式请求查阅或复制同时没有其他特殊请求的，信息处

---

① 欧盟《一般数据保护条例》第15条第4款规定：“复制权不应当对他人的权利与自由产生负面影响。”我国台湾地区“个人资料保护法实施细则”（2016年修正）第18条规定：“……所称妨害第三人之重大利益，指有害于第三人个人之生命、身体、自由、财产或其他重大利益。”《韩国个人信息保护法》（2017年修正）第35条第4款规定：“若属于下列任意情形，个人信息管控者告知信息实体其事由后，可以限制或拒绝查阅：……（二）可能对他人的人生、生命造成损害或使他人的财产或利益遭受不当侵害；……”

② 《信息安全技术 个人信息安全规范》第8.1条规定：“个人信息控制者应向个人信息主体提供查询下列信息的方法：a）其所持有的关于该主体的个人信息或个人信息的类型；b）上述个人信息的来源、所用于的目的；c）已经获得上述个人信息的第三方身份或类型。”

理者应当为其提供相应的访问通道（网络链接）或电子格式的副本（代码、文档）。

第四，个人信息查阅和复制的收费问题。本条没有规定信息处理者提供个人信息查询和复制是否收费以及收费标准的问题。通常来说，本人查阅其个人信息原则上无须付费，[①] 但是，对于个人信息复制是否收费，存在不同做法：（1）收取必要成本费用。比如，欧盟《一般数据保护条例》第 15 条第 3 款规定："对于数据……副本，控制者可以根据管理成本收取合理的费用。"（2）不收取费用。比如，《深圳经济特区数据条例》第 28 条规定："自然人可以向数据处理者要求查阅、复制其个人数据，数据处理者应当按照有关规定及时提供，并不得收取费用。"（3）视情况决定是否收费。比如，《信息安全技术 个人信息安全规范》第 8.7 条第 c 项规定："对合理的请求原则上不收取费用，但对一定时期内多次重复的请求，可视情收取一定成本费用。"此外，有的规定也要求，除了给付首份或法定数量的复制本（个人信息副本）外，信息处理者可以根据成本酌收必要费用。由此可知，关于个人信息查询和复制是否收费等问题，本法似乎有意不作规定，旨在给其他法律或行政法规综合不同部门或行业的实际情况（信息采集、数据库建设等投入费用）、信息处理者的不同类型（公共机构抑或市场主体）和个人信息副本的形式（纸本抑或电子格式）等合理因素来进行具体规定预留足够的判断空间。

第五，个人信息可携带权的适用问题。首先，在类型上，不是所有的个人信息，个人都能够请求转移至其他信息处理者。这是因为，除个人主动提供的基础性信息（比如姓名、身高、职业、学历等）外，个人信息还包括属于信息处理者投入资本、技术、劳动等形成的个人衍生信息，比如

---

① 目前，针对自然人查询本人信用信息或征信报告，相关规定采取了有限免费的做法。《征信业管理条例》第 31 条规定："金融信用信息基础数据库运行机构可以按照补偿成本原则收取查询服务费用，收费标准由国务院价格主管部门规定。"《国家发展改革委关于进一步降低中国人民银行征信中心服务收费标准的通知》（发改价格规〔2019〕1318 号）第 2 点规定："个人柜台查询自身信用报告，每年前 2 次免费，自第 3 次起每次收费 10 元，不得另行收取纸张费、打印费等其他费用。个人通过互联网查询自身信用报告免费……"

伴生个人信息（行动轨迹、健身记录等）和预测个人信息（经由算法预测的个人偏好、预期寿命等）。[①] 按照欧盟关于可携带权的相关指引，个人可以主张转移的个人信息包括其主动提供的基础信息和因合同履行而被记录的观测信息，后者主要包括用户行为记录、行踪轨迹、网页浏览历史以及搜索记录等。[②] 进一步来说，个人信息处理者应当建立信息分类标记管理制度，对不属于可携带权范围的衍生信息进行脱敏加工处理，及时评估并处理用户的个人信息获取和传输请求。其次，在形式上，可携带权仅适用于采用通用格式的个人信息。究其本质，个人信息可携带权的核心在于，自然人有权决定其个人信息在不同信息处理者之间的无障碍传输。但是，只有在技术可行的前提下，即个人信息处理者或平台采用可供终端设备读取和传输的通用格式，个人才能够主张可携带权。比如，按照欧盟《一般数据保护条例》第 20 条的规定，只有个人数据经自动化处理同时以“结构化的、通用的且是机器可读的格式”（in a structured，commonly used and machine - readable format）存在时，数据主体才可以主张可携带权。最后，在效果上，可携带权能否最终实现，取决于信息技术的发展和数据壁垒的消除。本条第 3 款对可携带权进行了和缓化规定，个人信息处理者在收到个人信息主体的信息转移或传输请求时，只有“符合国家网信部门条件的”，才应当提供“转移的途径”，而非直接按照其请求将个人信息传输至第三方信息处理者。[③] 由此可见，本款规定授权国家网信部门根据我国信息技术发展、行业惯例等合理因素来灵活设定相应的条件，在个人信息主体和信息处理者之间进行审慎的平衡。

---

① 谢琳、曾俊森：《数据可携权之审视》，载《电子知识产权》2019 年第 1 期。关于个人信息和数据具体类型的区分，参见丁道勤：《基础数据与增值数据的二元划分》，载《财经法学》2017 年第 2 期；邢会强：《大数据交易背景下个人信息财产权的分配与实现机制》，载《法学评论》2019 年第 6 期。

② 参见汪庆华：《数据可携带权的权利结构、法律效果与中国化》，载《中国法律评论》2021 年第 3 期。

③ 通常认为，个人信息可携带权不适用于基于社会公共利益目的处理个人信息的情形，同时也不能影响他人的基本权利和自由。比如，个人信息主体在转移与他人的聊天记录、合照等信息时，应当考虑不对他人的隐私权和信息删除权造成影响。相关规定参见欧盟《一般数据保护条例》（GDPR）第 20 条第 3 款和第 4 款。

【关联规定】

《中华人民共和国民法典》第1037条第1款前半句，《中华人民共和国电子商务法》第24条，《深圳经济特区数据条例》第28条，《信息安全技术 个人信息安全规范》第8.1条、第8.6条、第8.7条

（撰稿人：邓辉）

第四十六条　【更正权和补充权】 个人发现其个人信息不准确或者不完整的，有权请求个人信息处理者更正、补充。

个人请求更正、补充其个人信息的，个人信息处理者应当对其个人信息予以核实，并及时更正、补充。

【释义】

本条是关于个人信息更正权和补充权的规定。在个人信息权利体系中，针对个人信息不准确或不完整的情形，本人有权要求进行更正和补充。《个人信息保护法》第8条（信息质量原则）规定："处理个人信息应当保证个人信息的质量，避免因个人信息不准确、不完整对个人权益造成不利影响。"按照这一原则的要求，个人信息处理者应当保障个人信息在其处理目的范围内的准确性、完整性和时效性。换言之，只有确保个人信息的准确性、完整性和及时性，信息处理者才能有效维护个人信息主体的合法权益，同时不断提升个人信息处理活动和相关服务的质量，从而充分挖掘个人信息在商业化利用和社会公共管理中的巨大价值。

在比较法上，确保个人信息的准确、完整和及时，并赋予信息主体享有对其个人信息的更正权和补充权是通行做法。1980年《欧洲议会关于个人数据自动化处理中保护公约》（Convention for the Protection of Individuals with regard to the Automatic Processing of Personal Data）规定数据主体有纠正错误个人数据的权利；1980 年，经济合作组织《隐私保护和个人数据跨境流通指南》（OECD Guidelines on the Protection of Privacy and Trans – border Flows of Personal Data）所确立的“数据质量原则”（Data Quality）和“个人参与原则”（Participation）明确规定个人有权改正、完善与其相关的个人数据，以保证数据准确、完整和及时；1995 年《欧洲议会和理事会关于个人数据处理和自由流动的指令》（Directive 95/46/EC on the Protection of Individuals with Regard to the Processing of Personal Data and on the Free Movement of such Data）；2004 年《亚太经济合作组织隐私框架》（APEC Privacy Framework）同样对“信息完整原则”（Integrity）和“当事人查询及更正原则”（Access and Correction）进行了规定，即当事人有权查询和纠正、完善或修改其个人信息，以确认他们信息的准确性；[①] 欧盟《一般数据保护条例》第 16 条规定：“数据主体应当有权从控制者那里及时得知与其相关的不正确信息。在考虑处理目的的前提下，数据主体有权更正不充分的数据，包括使用额外声明的方式。”

在我国，针对错误的个人信息，部分立法已经规定个人信息主体的更正权。比如，《网络安全法》第 43 条规定：“个人发现网络运营者违反法律、行政法规或者双方的约定收集、使用其个人信息的，有权要求网络运营者删除其个人信息；发现网络运营者收集、存储的其个人信息有错误的，有权要求网络运营者予以更正。网络运营者应当采取措施予以删除或者更正。”《民法典》第 1037 条第 1 款规定：“自然人可以依法向信息处理者查阅或者复制其个人信息；发现信息有错误的，有权提出异议并请求及时采取更正等必要措施。”但是，除了错误或不准确外，片面、不完整的个人信息无法展现或全面展示个人的信息化形象（信息或数字人格）的，同样可能给个人信息主体带来损害。

---

① Robert Walters, Leon Trakman and Bruno Zeller, Data Protection Law: A Comparative Analysis of Asia – Pacific and European Approaches, Singapore: Springer Nature Singapore Pte Ltd., 2019, p. 414.

相较于以前的法律规定，本条规定进行了修改和完善：在措辞表达上，立法将更正权针对的个人信息“错误”修改为“不准确”，使得法律表述更加严谨和恰当；在权利类型上，立法增加了“补充权”，即有权对于遗漏、不完整的个人信息请求进行补充。[①] 这些修改有利于确保个人信息的准确性、完整性和可用性。

对本条的理解，应当主要从以下要点来把握：

第一，个人信息更正权和补充权的适用范围。具体来看，被记录或记载的个人信息与真实状况不符主要存在三种情形：一是不准确，即错误；二是不完整，即遗漏；三是不及时，即过时陈旧。相应地，广义的个人信息更正权包括：（1）个人信息错误更正权，即本人对于错误的个人信息有更正的权利；（2）个人信息补充权，即本人对遗漏个人信息有补充的权利；（3）个人信息更新权，即本人对过时的个人信息有要求及时更新的权利。这里需要注意的是，对于过时的个人信息，本人可以选择进行更新（第 46 条）或请求删除（第 47 条）。这种更新是用新发生的个人信息替换过时的个人信息，因而也可以被“补充权”涵盖。

第二，个人信息更正权和补充权的行使方式。首先，针对不准确或不完整的个人信息，信息主体可以采取口头（言词、电话）或书面（短信、传真、电子邮件）的方式来请求更正、补充。其次，按照《未成年人保护法》第 72 条第 2 款的规定，未成年人个人信息的更正请求也可以由其父母或其他监护人来提出。[②] 最后，对于个人信息主体的请求，个人信息处理者也可使用技术解决方案来处理。

第三，个人信息处理者响应的程序和时限。首先，按照本条第 2 款的规定，信息处理者在收到信息主体的请求后，应当“核实”相关的信息，即对本人的更正或补充请求进行审查，确认信息主体是否为待更正或补充

---

① 《深圳经济特区数据条例》第 24 条也规定：“个人数据不准确或者不完整的，数据处理者应当根据自然人的要求及时补充、更正。”

② 《未成年人保护法》第 72 条第 2 款规定：“未成年人、父母或者其他监护人要求信息处理者更正、删除未成年人个人信息的，信息处理者应当及时采取措施予以更正、删除，但法律、行政法规另有规定的除外。”

个人信息对应的信息主体，个人信息是否确有不准确、不完整的情形，申请更正或补充的信息内容是否真实、准确等。按照《电子商务法》第24条第2款的规定，电子商务经营者还应当对用户的身份进行核实。[①] 其次，在核实期间内，个人信息是否确需更正或补充处于悬而未决的状态，信息处理者可以通过"异议标识"进行标注，待核查个人信息是否存在错误、遗漏等不准确、不完整情形后，再进行相应处理。[②] 最后，如果个人信息确有不准确、不完整的，信息处理者应当"及时"即在合理期限内进行处理，不得无故拖延。

【典型案例】

案例一　于某林诉某市公安局某分局解放派出所、某市公安局个人信息录入行为违法案[③]

原告于某林前往某市公安局某分局解放派出所开具"无犯罪记录证明"，被告某局解放派出所出具证明的内容载明："经查阅辽宁公安综合信息资源应用平台，该人系案件A的嫌疑人"。原告认为，派出所依据的信息平台上没有"某市某区人民检察院于2019年7月1日认为某市公安局认定该案的犯罪事实不清，证据不足，不符合起诉条件，作出不起诉决定，并于同日对于某林解除取保候审"的登记信息，属于对其个人信息登记不准确、不完全，遂诉至法院。

案例二　徐某章与某县第二人民医院等一般人格权纠纷案[④]

原告徐某章系2012年4月1日在工作期间受伤，被告长林公司员工当

---

① 《电子商务法》第24条第2款规定："电子商务经营者收到用户信息查询或者更正、删除的申请的，应当在核实身份后及时提供查询或者更正、删除用户信息。用户注销的，电子商务经营者应当立即删除该用户的信息；依照法律、行政法规的规定或者双方约定保存的，依照其规定。"

② 参见张新宝、葛鑫：《个人信息保护法（专家建议稿）及立法理由书》，中国人民大学出版社2021年版，第130页。

③ 参见（2020）辽0381行初126号；（2021）辽03行终13号。

④ 参见（2015）成郫民初字第4435号。

日将其送至被告某县第二人民医院住院治疗，入院病历载明：姓名汤某田，性别男，年龄51岁。原告主张，被告长林公司未给原告购买社保及其他保险，因此长林公司将已购买保险的汤某田的身份证作为原告徐某章受伤后的住院登记证件。上述行为导致原告徐某章无法取得病历、申请工伤认定等，请求将“汤某田”住院病历上的患者名字更改为原告徐某章并支付误工损失及精神损害赔偿金。一审法院认为，从原告徐某章向法院提交的证明、录音，被告长林公司提交的报销单和认可徐某章受伤住院的事实以及汤某田否认2012年受伤住院的事实能够证实该次住院的患者为本案原告徐某章，故徐某章要求更正住院病历上姓名信息的诉讼请求，有事实和法律依据，予以支持。

【关联规定】

《中华人民共和国民法典》第1037条第1款后半句，《中华人民共和国网络安全法》第43条，本法第8条，《中华人民共和国未成年人保护法》第72条第2款，《中华人民共和国电子商务法》第24条，《深圳经济特区数据条例》第24条，《信息安全技术 个人信息安全规范》第8.2条

（撰稿人：邓辉）

第四十七条　【删除权】有下列情形之一的，个人信息处理者应当主动删除个人信息；个人信息处理者未删除的，个人有权请求删除：

（一）处理目的已实现、无法实现或者为实现处理目的不再必要；

（二）个人信息处理者停止提供产品或者服务，或者保存期限已届满；

（三）个人撤回同意；

（四）个人信息处理者违反法律、行政法规或者违反约定处理个人信息；

（五）法律、行政法规规定的其他情形。

法律、行政法规规定的保存期限未届满，或者删除个人信息从技术上难以实现的，个人信息处理者应当停止除存储和采取必要的安全保护措施之外的处理。

【释义】

本条是对个人信息主体删除权的规定。

在大数据时代，个人信息正在被广泛地处理和持续地记录，这改变了人类社会“以遗忘为常态、以记忆为例外”的历史。大量无法删除的信息将对个人信息主体的社会评价造成重要影响，甚至会对其行为造成不当的限制。例如，维克托·迈尔-舍恩伯格在其著作《删除：大数据取舍之道》中提及，加拿大心理咨询师安德鲁·费尔德玛被禁止进入美国境内，仅仅是由于边境卫兵在网络上检索到他在大约40年前服用过致幻剂。[①] 为了避免互联网超强的个人信息存储能力导致的不良后果，有必要对个人信息主体的删除权加以规定。

本条第1款前段规定了个人信息删除权的行使方式。在符合法定情形时，个人信息处理者负有主动删除个人信息的义务。但是，当个人信息处理者并未依法进行删除时，个人也有权以诉讼或非诉讼的方式要求个人信息处理者进行删除。

本条第1款后段具体规定了个人信息删除权的法定情形。

第1项情形为“处理目的已实现、无法实现或者为实现处理目的不再

① ［英］维克托·迈克-舍恩伯格：《删除：大数据取舍之道》，袁杰译，浙江人民出版社2013年版，第8~9页。

必要”。目的限制是个人信息保护法的一项基本原理，本法第 6 条规定：“处理个人信息应当具有明确、合理的目的，并应当与处理目的直接相关，采取对个人权益影响最小的方式。收集个人信息，应当限于实现处理目的的最小范围，不得过度收集个人信息。”个人信息处理的正当性显然与处理目的息息相关，一旦处理目的已经达成、无法达成，或者个人信息的处理对于处理目的的实现不再必要时，那么继续处理个人信息也就失去了其正当性，相应地，个人信息主体有权行使删除权。在立法过程中，《个人信息保护法草案（一次审议稿）》仅明定了“处理目的已实现”的情形，《个人信息保护法草案（二次审议稿）》修改为“处理目的已实现或者为实现处理目的不再必要”，正式通过的《个人信息保护法》又新增了处理目的“无法实现”的情形，使得相关论述更为周延。

第 2 项情形为“个人信息处理者停止提供产品或者服务，或者保存期限已届满”。在现实生活中，提供产品或者服务的个人信息处理者在处理个人信息时，往往声称处理目的是便于提供产品或者服务，因而，“个人信息处理者停止提供产品或者服务”，事实上属于第 1 项规定的“处理目的无法实现”的情形。这里予以单独列举，是为了在文义上更加明确，避免解释的烦琐。事实上，个人信息处理者停止提供产品或者服务时，通常会减少相关人力和技术资源的投入，对于个人信息的安全保障力度也大不如前，因此在这种情形下规定个人信息主体的删除权，不仅是个人信息保护理论的应有之意，也可以降低个人信息的安全风险。本法第 17 条第 1 款第 3 项规定，个人信息处理者应当向个人告知保存期限，事实上这也构成了双方之间的协议。因此，个人信息保存期限届满时，个人信息处理者不再具备处理个人信息的正当性基础，应当遵照此前的约定，对相关个人信息予以删除。

第 3 项情形为“个人撤回同意”。本法第 13 条第 1 款第 1 项将“取得个人的同意”作为个人信息处理者处理个人信息的一项合法性基础，第 15 条规定了撤回同意的权利，即“基于个人同意处理个人信息的，个人有权撤回其同意。个人信息处理者应当提供便捷的撤回同意的方式。个人撤回同意，不影响撤回前基于个人同意已进行的个人信息处理活动的效力。”

准此而言，一旦个人撤回其同意，对于此前基于其同意处理的个人信息，便发生应当被删除的法律效果。例如，各手机 App 基于用户同意而收集的个人信息，一旦用户撤回其同意，就应当将相关个人信息予以删除。

第 4 项情形为“个人信息处理者违反法律、行政法规或者违反约定处理个人信息”。本法第 5 条规定，处理个人信息应当遵循合法、正当、必要和诚信原则。因此，个人信息处理者在处理个人信息时应当遵守法律、行政法规和相关约定。如果个人信息处理者已经出现了违法或违约的行为，那么个人信息主体与个人信息处理者之间的信赖基础已经出现破裂，此时再要求个人信息主体的个人信息继续交由处理者进行处理，未免强人所难。因此，法律将这种情形也明定为删除权的一项行使条件。

第 5 项情形为“法律、行政法规规定的其他情形”。这是一项兜底条款，以后随着社会发展的需要，可以通过法律、行政法规另行规定的方式扩充删除权的行使条件。不过，本法仅授权法律和行政法规进行扩充规定，效力位阶较低的其他法律文件无权另行规定。

本条第 2 款规定了删除权特殊情形下的处理方式。具体而言，本款规定了两种特殊情形，一种是“法律、行政法规规定的保存期限未届满”，另一种是“删除个人信息从技术上难以实现的”。也就是说，在满足本条第 1 款规定的情况下，如果出现了本条第 2 款规定的两种情形之一，那么，个人信息处理者无须彻底删除相关个人信息，而是可以对个人信息进行存储和采取必要的安全保护措施，同时应当停止对个人信息的其他处理。这事实上是一种折中的处理办法，通过对个人信息处理者行为的具体限制，来尽可能地保护个人信息主体。

需要注意的是，本条规定的删除权与比较法上的被遗忘权较为相似。欧盟《一般数据保护条例》第 17 条规定了被遗忘权，该权利经由谷歌西班牙案而广为人知。在我国，“任某某诉某度案”被称为“被遗忘权第一案”，也使得这一域外名词走入我国民众的视野。[①] 欧盟的被遗忘权一经实

① （2015）一中民终字第 09558 号。

施，便引发了世界范围内的讨论。有学者认为，被遗忘权制度引发了数据隐私和言论自由之间的紧张关系，需要谨慎对待。[①] 我国学者对被遗忘权制度的评价亦褒贬不一。[②] 在个人信息保护法实施后，我们应当重视被遗忘权制度在域外的实践经验，认真对待审判实务中出现的新案件、新需求，审慎考虑删除权与被遗忘权之间的异同，以求实现不同利益之间的平衡。

【关联规定】

《中华人民共和国民法典》第 1037 条第 2 款，本法第 6 条、第 13 条、第 15 条，《中华人民共和国网络安全法》第 43 条，《中华人民共和国电子商务法》第 24 条，《中华人民共和国未成年人保护法》第 72 条第 2 款，《信息安全技术 个人信息安全规范》第 8.3 条

（撰稿人：王旭）

第四十八条　【要求解释和说明权】个人有权要求个人信息处理者对其个人信息处理规则进行解释说明。

【释义】

本条是关于个人信息主体要求解释和说明权的规定，即个人有权要求个人信息处理者解释和说明其个人信息处理规则。

《个人信息保护法草案（一次审议稿）》第 48 条规定："个人有权要求个人信息处理者对其个人信息处理规则进行解释说明。"这一条规定在

---

① ［美］罗伯特·C. 波斯特：《数据隐私与尊严隐私：谷歌西班牙案、被遗忘权与公共领域的构建》，王旭译，载《京师法学》2019 年第 12 辑。

② 相关讨论可参见杨立新、韩煦：《被遗忘权的中国本土化及法律适用》，载《法律适用》2015 年第 2 期；万方：《终将被遗忘的权利——我国引入被遗忘权的思考》，载《法学评论》2016 年第 6 期；刘文杰：《被遗忘权：传统元素、新语境与利益衡量》，载《法学研究》2018 年第 2 期；等等。

接下来的审议过程中均未发生改动，最终成为本法第48条。

要求个人信息主体解释和说明个人信息处理规则，主要存在以下理由：

首先，个人信息处理规则能否被个人信息主体准确理解，与个人信息权利保护密切相关。按照本法第7条和第17条的规定，处理个人信息应公开个人信息处理规则，与此同时，个人信息处理者通过制定个人信息处理规则来履行告知义务的，应当以显著方式、清晰易懂的语言真实、准确、完整地来进行。也就是说，个人信息处理者应当对有关个人信息处理的方式、政策、事项等予以公开，使得信息主体知悉本人个人信息处理的一般情况。[①] 但是，在实践中，个人信息处理活动日趋专业化和流程化，个人信息处理规则不得不使用大量的专业术语，而且逐渐变得冗长、艰深和晦涩，导致缺乏相应知识储备与能力的个人根本无法获得准确理解，也难以对个人信息处理活动的风险进行判断。[②] 除了个人信息收集阶段的告知外，透明和公开原则还应当贯穿个人信息处理活动全流程。即使在后续信息处理活动中，信息主体仍有权要求解释和说明来获得对个人信息处理规则的准确理解，进而知悉其个人信息处理中的重要事项并作出理性决策。

其次，个人信息处理规则经常出现在网络服务合同的格式条款中，个人信息主体容易忽视、难以理解或无法协商。在现代社会中，通过签订合同来获得信息主体的授权是个人信息商业化利用的常态。若合同当事人违反个人信息保护义务，违约方须承担违约责任。当事人不仅能够事先对各自的权利和义务进行合理安排，事后也可以积极寻求违约救济来保障合法权益，[③] 同时由于“服务换取信息”交易模式的普遍存在，个人信息呈现

① 参见张新宝、葛鑫：《个人信息保护法（专家建议稿）及立法理由书》，中国人民大学出版社2021年版，第31页。

② 个人信息的种类、利用方式与途径非常复杂，即使专业人员也常常难以理解，更不用说一般的普通用户。参见丁晓东：《个人信息保护：原理与实践》，法律出版社2021年版，第91页。

③ Giuseppe Versaci, “Personal Data and Contract Law: Challenges and Concerns about the Economic Exploitation of the Right to Data Protection,” European Review of Contract Law, Vol. 14, No. 1, 2018, pp. 376 ~ 380.

出明显的对价属性，采取有偿合同的形式有助于反映现实交易的客观情况。[①] 然而，在个人信息处理为主要内容的合同中，由信息处理者提供的《用户协议》和《隐私政策》往往内容固定、语言冗长而晦涩，个人为了快速获得服务无暇进行仔细地阅读和审查，[②] 而占据市场优势地位的经营者为了实现经济利益的最大化，通常单方预先拟定不公平的合同条款，使得相关合同中缺乏充分通知、侵犯用户权益的格式条款仍旧大量存在，从而带来一种微妙的环境压力，造成对消费者的进一步压迫。[③] 这就架空了作为个人信息处理合法性基础的知情同意原则，无法确保真正的意思自治和实质公平。根据《民法典》第 496 条第 2 款的规定，格式条款提供方应当采取合理的方式提示对方注意免除或者减轻其责任等与对方有重大利害关系的条款，按照对方的要求，对该条款予以说明。未履行提示或者说明义务，致使对方没有注意或者理解与其有重大利害关系的条款的，对方可以主张该条款不成为合同的内容。

最后，随着算法和自动化决策的兴起，个人信息处理规则更需要进行说明和解释。在云计算、大数据等技术的加持下，人们能够通过算法程序来自动分析个人的行为习惯、兴趣爱好、经济、健康、信用状况等个人信息并应用于个性化推荐、自动筛选简历、信贷领域评估贷款额度等目的。不过，由于数据来源不透明、算法黑箱等因素，算法权力在商业领域和公共空间中存在异化的风险，[④] 比如，在消费者信息整合形成精准的“人格画像”（personality profile）后，个人信息处理进一步助长了“大数据杀熟”现象，使得多次消费的老顾客在网络购物、打车出行、预订酒店或机票时反而为相同品质的商品或服务支付更高昂的价格。对此，本法第 24 条第 1 款和第 3 款分别规定：“个人信息处理者利用个人信息进行自动化决策，应当保证决策的透明度和结果公平、公正，不得对个人在交易价格

① 参见郑观：《个人信息对价化及其基本制度构建》，载《中外法学》2019 年第 2 期。
② 参见杨显滨：《网络平台个人信息处理格式条款的效力认定》，载《政治与法律》2021 年第 4 期。
③ 参见夏庆锋：《网络合同中不正当格式条款的纠正规则》，载《江淮论坛》2020 年第 2 期。
④ 参见张凌寒：《权力之治：人工智能时代的算法规制》，上海人民出版社 2021 年版，第 41 ~ 50 页。

等交易条件上实行不合理的差别待遇。”“通过自动化决策方式作出对个人权益有重大影响的决定，个人有权要求个人信息处理者予以说明……”那么，为了知悉本人个人信息是否被用于算法自动化决策、个性化推荐、定向广告，个人信息主体有权要求信息处理者对其个人信息处理规则进行解释和说明。

对本条的理解，应当主要从以下两个方面进行把握：

一方面，个人信息主体要求解释和说明的条件。总的来说，个人信息处理者对其个人信息处理规则进行解释和说明可以分为两种情况：第一种情况是主动解释和说明。在个人信息处理规则包含《个人信息保护法》第17条第1款规定的告知事项（比如个人信息的处理目的、处理方式，处理的个人信息种类、保存期限等）时，由于这些事项对个人信息主体权益的影响较大，个人信息处理者若未以显著方式、清晰易懂的语言告知，则应当主动进行解释和说明，以满足告知的充分性和清晰性。第二种情况是依要求或请求解释和说明。在个人信息处理规则不包含法定告知事项时，个人信息处理者无须主动告知，同样也不用主动解释和说明。但是，按照本条规定，只要个人信息主体认为存在疑问、困惑或难以理解的地方，无论是个人信息处理规则中的专业术语还是其他条款、字词，个人均可要求个人信息处理者进行相应的解释和说明。本条规定主要针对第二种情形。

另一方面，个人信息处理者进行解释和说明的方式。其一，采用足以使社会一般人准确理解的手段。这主要包括但不限于采用口头、书面或电子格式的形式、使用简洁清晰和通俗易懂的语言等。其二，适当考虑个人信息主体的特殊需求。如果信息处理者经个人告知或其他途径知晓信息主体存在特殊情况（比如个人视力受损无法阅读、只能阅读少数民族文字），个人信息处理者应当把这些因素纳入考虑范围并依据实际情况来决定是否提供可能的替代形式，使得个人信息主体能够便利、快捷和及时地获得信息处理者的解释和说明。其三，在个人信息主体要求或请求的范围内，个人信息处理者对相关规则的解释和说明应当真实、准确和完整，不得脱离个人信息处理的目的或者进行虚假、模糊和片面的解释和说明。

【关联规定】

本法第7条、第17条、第24条，《中华人民共和国民法典》第496条

（撰稿人：邓辉）

第四十九条　【死者个人信息保护】自然人死亡的，其近亲属为了自身的合法、正当利益，可以对死者的相关个人信息行使本章规定的查阅、复制、更正、删除等权利；死者生前另有安排的除外。

【释义】

本条是关于死者个人信息保护的规定。

《个人信息保护法草案（一次审议稿）》并无死者个人信息保护的相关规定。在初次审议过程中，有的常委委员和专家、社会公众提出，《民法典》中规定，死者的姓名、肖像、名誉等受到侵害的，其近亲属有权依法请求行为人承担民事责任。建议参照上述内容对死者的个人信息保护问题作出规定。全国人大宪法和法律委员会经研究，建议增加一条规定：自然人死亡的，个人在个人信息处理活动中的权利由其近亲属行使。[①]《个人信息保护法草案（二次审议稿）》第49条规定："自然人死亡的，本章规定的个人在个人信息处理活动中的权利，由其近亲属行使。"在第二次审议过程中，有的常委委员和专家提出，死者的近亲属行使相关权利应当有合理的理由，并尊重死者生前的安排，建议对上述规定再作研究。全国人

---

① 《全国人民代表大会宪法和法律委员会关于〈中华人民共和国个人信息保护法（草案）〉审议结果的报告》，载中国人大网，http：//www. npc. gov. cn/npc/c30834/202108/a528d76d41c44f33980eaffe0e329ffe. shtml，2021年8月23访问。

大宪法和法律委员会经研究，建议将这一条修改为：自然人死亡的，其近亲属为了自身的合法、正当利益，可以对死者的个人信息行使本章规定的查阅、复制、更正、删除等权利；死者生前另有安排的除外。[①] 前述建议最终成为本法第49条。

在本法出台前，死者人格利益、人脸信息已有相关保护规定。比如，《民法典》第994条规定："死者的姓名、肖像、名誉、荣誉、隐私、遗体等受到侵害的，其配偶、子女、父母有权依法请求行为人承担民事责任；死者没有配偶、子女且父母已经死亡的，其他近亲属有权依法请求行为人承担民事责任。"《最高人民法院关于审理使用人脸识别技术处理个人信息相关民事案件适用法律若干问题的规定》（法释〔2021〕15号）第15条规定："自然人死亡后，信息处理者违反法律、行政法规的规定或者双方的约定处理人脸信息，死者的近亲属依据民法典第九百九十四条请求信息处理者承担民事责任的，适用本规定。"

为了防止死者个人信息被任意获取和滥用、落实民法典对死者人格利益保护的要求，本条规定了死者个人信息保护，由此扩大了个人信息权利的保护范围，使个人信息能够得到更全面和更完整的保护，有利于解决现实中日益增多的因自然人去世引发的个人信息纠纷。但是，对死者个人信息进行保护，并非意味着死者仍然是其个人信息的权利主体。自然人去世后不再具有权利主体资格，也无法享有任何民事权利和利益。因此，本条规定的核心构造在于"其近亲属……可以对死者的相关个人信息行使……权利"，即死者近亲属代为行使个人信息权利。

对本条的理解，应当主要从以下要点来进行把握：

第一，代为行使死者个人信息权利的主体。按照本条的规定，对死者个人信息行使权利的主体仅限于死者的近亲属，即死者的配偶、父母、子女、兄弟姐妹、祖父母、外祖父母、孙子女、外孙子女（《民法典》第

---

① 赵晨熙：《个人信息保护法草案三审稿提请审议对大数据杀熟等作出针对性规范》，载《中国青年报》8月17日。

1045 条第 2 款)。但是，与《民法典》第 994 条的做法不同，本条没有规定代为行使个人信息权利的近亲属次序，故死者的配偶、子女、父母与其他近亲属均可行使相关个人信息权利。这可能造成死者个人信息存在不同权利主张的情形，即死者存在多个近亲属而且彼此意见无法达成一致。此时，应当在尊重死者生前意愿的基础上进一步综合具体主张的合理性以及对其他近亲属权益的影响程度等相关合理因素来进行权衡。

第二，代为行使死者个人信息权利的条件。按照本条规定，死者近亲属代为行使个人信息的前提有二：其一，死者生前未另有安排（本条但书)。比如，死者在生前表示希望注销其社交网络账号的，其近亲属无权违背死者的生前意愿行使查阅、复制、更正等个人信息权利，只能请求个人信息处理者注销该社交网络账号并删除其个人信息。其二，死者近亲属存在合理事由，即“为了自身的合法、正当利益”。为了防止对死者个人信息的侵害，死者近亲属只有存在自身的合法和正当利益时才可以代为行使个人信息权利。比如，查阅、复制死者个人信息是为了明确死者遗产范围即存在自身的合法、正当利益，而用于出售或变相出售来换取经济利益就不存在自身的合法、正当利益。总之，死者近亲属代为行使个人信息权利是否确属“为了自身的合法、正当利益”，需要在个案中进行具体判断。

第三，代为行使死者个人信息权利的客体。按照严格的文义解释，死者近亲属可以代为行使的个人信息权利仅包括查阅、复制、更正和删除等权利，无法涵盖知情、决定、可携带（转移)、要求解释和说明等其他权利。或许是因为，本条中未列举的权利需要告知个人信息主体并取得其同意（知情和决定权)、关系着是否信任信息处理者（可携带权）与对个人信息处理规则存在疑问或难以理解（要求解释和说明权)，其权利基础或行使条件更加依赖于个人信息主体本人的意愿，只能由生存的自然人即生者行使，不适宜由死者近亲属等其他人代为行使。

第四，死者个人信息保护的期限问题。与《著作权法》第 23 条的规定不同，本条没有规定死者个人信息保护的期限。只有死者的近亲属去世后，死者的个人信息才不受保护。换句话说，死者个人信息保护的期限与死者近亲属的生存期限相同。但是，这种解释可能导致死者个人信息保护的期限过长。有学者建议，我国死者人格精神利益的保护期限应当设定为50年。[①] 此外，这一问题还需要考虑个人信息的通常保存期限，只能留待未来的立法和司法实践来解决。

第五，个人信息处理者的响应机制。在实践中，个人信息处理者需要在正常的个人信息权利响应机制之外，建立死者个人信息权利响应机制，比如核实自然人的死亡证明和死者近亲属的身份，并在审查通过的情况下及时响应相应的权益主张。当死者个人信息被侵害时，个人信息处理者应当根据死者近亲属提出的申诉及时采取必要措施，并配合死者近亲属代为行使和维护个人信息权利的行为。

【关联规定】

《中华人民共和国民法典》第994条，《最高人民法院关于审理使用人脸识别技术处理个人信息相关民事案件适用法律若干问题的规定》第15条

（撰稿人：邓辉、赵精武）

第五十条　【个人信息权利行使的申请受理和处理机制】 个人信息处理者应当建立便捷的个人行使权利的申请受理和处理机制。拒绝个人行使权利的请求的，应当说明理由。

个人信息处理者拒绝个人行使权利的请求的，个人可以依法向人民法院提起诉讼。

---

① 参见张红：《死者人格精神利益保护：案例比较与法官造法》，载《法商研究》2010年第4期。

【释义】

本条是关于个人信息处理者建立申请受理和处理机制的要求，不仅是个人信息处理者的义务性规定，同时也是个人信息主体行使权利的配套措施。在大数据时代，除了国家机关外，以互联网平台为代表的市场主体是最主要的个人信息处理者，应当建立个人信息权利行使响应和投诉处理机制，落实个人信息权利保护。

《个人信息保护法草案（一次审议稿）》第 49 条规定：“个人信息处理者应当建立个人行使权利的申请受理和处理机制。拒绝个人行使权利的请求的，应当说明理由。”① 在第三次审议过程中，有的常委委员提出，应当要求个人信息处理者提供便捷的途径，并明确个人向人民法院起诉寻求救济的权利，以更好保障个人行使个人信息查询、复制等权利。全国人大宪法和法律委员会经研究，建议在《个人信息保护法草案（三次审议稿）》第 50 条中增加以下规定：一是个人信息处理者应当建立“便捷的”个人行使权利的申请受理和处理机制；二是个人信息处理者拒绝个人行使权利的请求的，个人可以依法向人民法院提起诉讼。②

在《个人信息保护法》出台前，我国已有相关规定。比如，《网络安全法》第 49 条规定：“网络运营者应当建立网络信息安全投诉、举报制度，公布投诉、举报方式等信息，及时受理并处理有关网络信息安全的投诉和举报。网络运营者对网信部门和有关部门依法实施的监督检查，应当予以配合。”《电子商务法》第 59 条规定：“电子商务经营者应当建立便捷、有效的投诉、举报机制，公开投诉、举报方式等信息，及时受理并处理投诉、举报。”《深圳经济特区数据条例》第 31 条规定：“数据处理者应当建

---

① 参见《个人信息保护法草案（二次审议稿）》第 50 条和《个人信息保护法草案（三次审议稿）》第 50 条。

② 《全国人民代表大会宪法和法律委员会关于〈中华人民共和国个人信息保护法（草案三次审议稿）〉修改意见的报告》，载中国人大网，http://www.npc.gov.cn/npc/c30834/202108/5e507c650c4147f6a600d9935868b2c5.shtml，2021 年 8 月 23 日访问。

立自然人行使相关权利和投诉举报的处理机制，并以易获取的方式提供有效途径。数据处理者收到行使权利要求或者投诉举报的，应当及时受理，并依法采取相应处理措施；拒绝要求事项或投诉的，应当说明理由。”此外，在国家标准层面，《信息安全技术 个人信息安全规范》第8.7条（响应个人信息主体的请求）和第8.8条（投诉管理）进行了更为全面和细致的规定。

在比较法上，欧盟《一般数据保护条例》专门要求个人信息处理者在内部任命“数据保护官”（Data Protection Officer/ DPO）来负责个人信息保护的各项工作，其主要职责包括关于个人信息保护政策的告知与建议、监督个人信息处理活动、配合监管机构执法以及与个人信息主体保持联系，即处理个人信息主体的咨询、投诉等。[①] 数据保护官的重要职责就是充当个人信息主体同信息处理者之间的联络点，不仅要掌握相关的专业知识，而且要足够了解信息处理者内部个人信息保护的事项与活动。与此同时，个人信息处理者应当将数据保护官的联系方式提供给个人信息主体以保持密切联系，个人信息主体可以就其个人信息处理和法律规定的个人信息权利行使的所有问题进行联络和咨询。[②]

对本条的理解，应当主要从以下要点进行把握：

第一，个人信息权利行使机制的主要内容。根据本条第1款的规定，个人信息行权机制主要包括：其一，申请受理机制。综合来看，本章规定的查阅、复制、转移、更正、补充、要求解释和说明等个人信息权利具备请求权性质，其行使方式主要是提出相应的要求或请求。因此，只有建立个人信息行权的受理申请机制，个人信息处理者才能进行响应。其二，处理机制。这里的处理既包括个人信息权利申请受理后的继续处理（即是否及如何响应个人信息主体的请求），也包括对个人信息主体投诉的处理。对于个人信息侵害行为，个人信息主体有权向信息处理者进行投诉，这是个人信息权利纠纷的内部解决方式。相应地，个人信息处理者应建立投诉

---

① Andrew Denley, Mark Foulsham and Brian Hitchen, GDPR: How to Achieve and Maintain Compliance, New York: Routledge, 2019, p. 20.

② 参见肖冬梅、成思雯：《欧盟数据保护官制度研究》，载《图书情报工作》2019年第2期。

管理机制和投诉跟踪流程，并在合理的时间内对投诉进行响应。[1]

第二，个人信息权利行使机制的便捷性要求。首先，个人信息行权机制应当具备便利性。比如，采用交互式页面（网站、移动互联网应用程序、客户端软件等）提供产品或服务的，宜直接设置便捷的交互式页面提供功能或选项，便于个人信息主体在线行使其访问、更正、删除、撤回授权同意、注销账户等权利。[2] 同时，直接实现个人信息主体的请求需要付出高额成本或存在其他显著困难的，个人信息控制者应向个人信息主体提供替代方法。[3] 其次，个人信息行权机制应当具备及时性。在验证个人信息主体身份后，信息处理者应及时响应个人信息主体提出的请求，在法律、行政法规规定的期限或合理期限内作出答复或解释。[4]

第三，个人信息权利行使机制的理由说明。按照本条第 1 款后段的规定，拒绝个人行使权利的请求的，应当说明理由。即如果个人信息处理者决定不响应个人信息主体的请求，应向其告知该决定的理由。除了个人信息主体不适格（比如不是自然人本人或死者的近亲属、身份审核未通过等）外，这些理由主要包括：（1）与个人信息处理者履行法律法规规定的义务相关的；（2）与国家安全、国防安全直接相关的；（3）与公共安全、公共卫生、重大公共利益直接相关的；（4）与刑事侦查、起诉、审判和执行判决等直接相关的；（5）有充分证据表明个人信息主体存在主观恶意或滥用权利的；（6）出于维护个人信息主体或其他个人的生命、财产等重大合法权益但又很难得到本人授权同意的；（7）响应个人信息主体的请求将导致个人信息主体或其他个人、组织的合法权益受到严重损害的；（8）涉及商业秘密的。[5]

第四，拒绝个人信息权利行使的司法救济。按照本条第 2 款的规定，个人信息处理者拒绝个人行使权利的请求的，个人可以依法向人民法院提

---

① 参见《信息安全技术 个人信息安全规范》第 8.8 条。
② 参见《信息安全技术 个人信息安全规范》第 8.7 条第 b 项。
③ 参见《信息安全技术 个人信息安全规范》第 8.7 条第 d 项。
④ 参见《信息安全技术 个人信息安全规范》第 8.7 条第 a 项。
⑤ 参见《信息安全技术 个人信息安全规范》第 8.7 条第 e 项。

起诉讼。这是个人信息纠纷的外部解决途径，即司法救济。需要注意的是，在个人信息受到侵害或权利行使遭遇障碍时，个人信息主体可以选择的救济途径包括投诉、举报、申诉和起诉等，向个人信息处理者投诉并非获得司法救济的前置程序。①

【关联规定】

《中华人民共和国网络安全法》第 49 条，《中华人民共和国电子商务法》第 59 条，《深圳经济特区数据条例》第 31 条，《信息安全技术 个人信息安全规范》第 8. 7 条、第 8. 8 条

（撰稿人：邓辉）

① 个人信息权利的救济途径还包括与个人信息处理者进行协商、请求个人信息保护组织或者依法成立的其他调解组织调解以及根据与个人信息处理者达成的仲裁协议进行仲裁等。参见张新宝、葛鑫：《个人信息保护法（专家建议稿）及立法理由书》，中国人民大学出版社 2021 年版，第 230 页。

第五章　个人信息处理者的义务

【导读】

本章以“个人信息处理者的义务”为核心，规定了个人信息处理者在数据处理活动中的主体责任和应当履行的义务，从结构上与第一章总则第9条“个人信息处理者应当对其个人信息处理活动负责，并采取必要措施保障所处理的个人信息的安全”相呼应，并向后承接第七章的相应法律责任。

在数字经济时代，个人信息安全的内涵与外延已经不再局限于传统安全范畴的“完整性、保密性、可用性”，而是逐步演进为对贯穿数据收集、处理和使用全生命周期各环节可能造成个人人身、财产侵害以及不公平对待等新风险的预防与对抗。个人信息处理者作为对自然人主体信息收集、存储、使用、加工、传输等动作的直接行为主体，理应被列为重要规制对象，成为解决上述挑战的切入点。

为有效应对这一挑战，域外个人信息保护法律通过“问责制”的方式构建相关数据保护规则。如在GDPR中，“问责制”（Accountability）是个人信息保护的核心原则之一，其中包括需要采取适当的安全技术和组织管理措施、对数据受托方通过合同协议等方式确定责任、任命专门的数据保护负责人、记录并在必要时报告个人信息泄露、对可能对个人利益造成高风险的个人数据的使用开展个人信息保护影响评估并对数据处理活动进行记录和保存，个人信息控制者（GDPR下的主要规制主体）通过履行这些义务以证明个人信息处理活动的合规性。我国《个人信息保护法》借鉴域外个人信息保护法律的立法经验，并结合我国数字产业实践，同样构建了以“问责制”为核心的处理者义务体系，但具体内涵又凸显创新与特色，即从个人信息处理者的主体责任、个人信息安全保障基本要求、个人信息保护影响评估三个方面进行规制。这些规定是应对传统安全风险法律规范上的一次全面升级：一方面将个人信息处理者的责任提升到新的高度，大型平台需要承担“守门人”责任；另一方面将个人信息处理者的安全义务从基于数据重要程度的安全管理体系，拓展至数据利用环节对个人合法、正当权利影响的评估，个人信息安全保障义务的内涵更加丰富。具体而言：

第一，全面强化个人信息处理者的主体责任。中国的互联网经过20多年的高速发展，涌现出一大批平台型互联网企业，而数字产业的发展也推动了大量传统企业的数字化转型和智慧城市、数字政务的建设。在这一背景下，《个人信息保护法》从内部合规治理结构、增设“守门人”责任、强化社会外部力量监督三方面增强个人信息处理者的主体责任。其一，强制设定个人信息处理者的内部合规治理结构。首次在国家立法层面确立了汇集大量个人信息的处理者专门责任人制度（第52条），对达到规定数量的个人信息处理者的有关个人信息保护的内部治理结构做出强制义务性规定。同时，对向我国境内提供服务的境外个人信息处理者，要求其在我国境内设立专门机构或者指定代表，负责处理个人信息保护相关事务（第53条）。在要求境外个人信息处理者遵循我国个人信息保护法律规定的同时，确保在发生个人信息保护违规或安全事件时有可问责的主体或代表（第53条）。其二，针对提供基础性互联网平台服务、用户数量巨大、业务类型复杂的个人信息处理者设定“守门人”责任（第57条），这也是《个人信息保护法草案（一次审议稿）》相对《个人信息保护法草案（二次审议稿）》的重要新增内容，特别是要求平台型个人信息处理者对平台生态内提供服务的第三方个人信息处理者制定合理的平台规则，明确平台第三方处理个人信息的规范和保护个人信息的义务。其三，强化社会力量监督。本法将社会监督作为强化个人信息处理者责任的重要组成部分：一方面通过要求向有关部门报送个人信息保护负责人相关信息并向社会公开联系方式（第 52 条），定期发布个人信息保护社会责任报告（第 57 条），以发挥和调动社会公众监督力量；另一方面在个人信息处理者内部合规治理体系中引入外部专业人士、用户代表等因素，对个人信息处理者的个人信息保护工作情况进行监督，以发挥和调动社会专业监督力量（第 57 条）。

第二，明确个人信息安全保障基本要求。个人信息安全保障基本要求是对个人信息处理者充分履行安全保障义务的基线要求，是进一步做好应对数据利用环节风险控制的基础。本章明确了个人信息保护需要基于风险路径开展的原则（第 51 条），需要根据对个人信息的处理目的、处理方式、种类、对个人的影响以及可能存在的安全风险采取相应的必要措施进行保护。这一规定既衔接了《关于加强网络信息保护的决定》《网络安全法》《信息安全等级保护管理办法》《国家网络安全事件应急预案》中有关数据安全、网络安全、应急响应等方面的规定，又与《数据安全法》中关于数据分级分类、重要数据保障等新规定相互呼应，确保个人信息安全保障方面的新旧法律规则的有序衔接。

个人信息安全保障的基本要求着眼于防范传统安全风险，即防止未经授权的访问以及个人信息泄露或者被窃取、篡改、删除，确保个人信息处理过程符合法律法规的相关规定，要求个人信息处理者从组织管理、安全技术等方面建立起一整套覆盖个人信息生命全周期的综合安全保障机制：一是在日常运营层面建立完善的内部管理制度、操作规程（第 51 条）；二是加强对从业人员这一核心节点的管理，着重强化权限控制与培训安全意识（第 51 条）；三是加强内部监督检查要求，将数据安全合规纳入审计活动范围（第 54 条）；四是强化应急响应机制，要求个人信息处理者制定并组织实施个人信息安全事件应急预案，在发生个人信息泄露事件时，需要立即采取补救措施和履行相应的通知义务（第 51 条、第 56 条）。在落实前述相关要求的过程中，一方面需要注意与相关法律法规的具体要求衔接，另一方面也需要基于风险的路径采取相应的数据安全保障措施，并基于风险的具体情形进行动态调整。

第三，建立个人信息保护影响评估机制。个人信息保护影响评估机制在我国肇始于国家推荐标准《信息安全技术 个人信息安全影响评估指南》（GB/T 39335—2020），要求在高风险场景下进行个人信息处理活动前须开展评估，以防止个人权利遭受侵害。此次《个人信息保护法》将该要求首次纳入我国法律体系之中（第55条），这一规定是《个人信息保护法》专门为应对数据处理和使用环节所面临的新的安全风险而制定的，与国家标准具有承继发展关系，也和国际当前通行实践保持对齐（如GDPR中的“数据保护影响评估（DPIA）”），即以规定个人信息处理者（GDPR中的数据控制者）以可自我证明合规的方式开展个人信息处理活动，并确保数据利用过程中不侵犯个人信息主体的权利。

开展DPIA评估工作，是面向欧盟区域提供服务或产品的企业在GDPR的“问责制原则”原则下的一项关键义务。欧盟数据保护机构认为，好的DPIA可以帮助数据控制者证明其已经预见到数据处理活动中存在的风险，并且采取了相关措施以履行数据保护义务。这是由于虽然“告知—同意”原则是个人信息处理活动的关键要素，但是由于复杂的数据处理活动对个人而言是“黑箱”状态，依赖个人对其信息的自主控制是不现实的。同时，对监管部门而言，对数据处理活动的检测也多围绕客户端采集数据类型、频率等浅层问题开展，对数据处理的合法性依据选择是否正确、数据处理过程中是否保障了个人的合法权利、数据处理的目的是否正当，是否在收集数据后改变了处理目的等核心关键问题均难以覆盖。因此法律需要构建起一套负责任的数据保护框架，以确保数据能够被以可预期、可接受和可证明的方式进行处理，而适配这一框架的就是个人信息保护影响评估机制。通过这样的制度设计充分地调动了数据处理活动中合规评估的积极性，可以将大规模处理数据活动的合规性、安全性控制责任切实落脚在个人信息处理者（GDPR中的数据控制者）内部的治理结构中，在很大程度上解决了依赖监督检查所带来的前述问题。

个人信息保护影响评估既是一项合规工具，也是一项风险评估工具。

通过个人信息影响评估，不仅可以帮助个人信息处理者系统地分析、识别和最小化项目的数据保护风险，并证明数据处理活动的合法性、正当性与必要性，还可以帮助个人信息处理者开展行之有效的个人信息影响评估工作，能够在早期阶段识别并解决问题，并为组织和企业带来更广泛的利益。例如，可以在设计环节考虑隐私保护合规工作，避免或减少后续合规改造压力，还可以寻求数据价值利用与个人信息保护的最佳平衡点，并增强个人信息处理的透明度，以获得更多的信任。

我国个人信息安全评估在发起条件、评估内容以及风险管理上的重点都是“高风险”数据处理活动的开展，且并不要求消除所有的安全风险，而是将风险控制在可接受的范围内。根据本法规定，对敏感个人信息（例如，处理个人生物识别数据、医疗健康数据等）、开展自动化决策（例如，基于算法决策的信用等级评估）、数据共享、数据出境等可能对个人有重大影响的个人信息处理活动应当事先开展评估，并重点评估个人信息的处理目的、方式是否符合法律规定，可能对个人造成的影响和风险，以及应对措施是否有效。同时对这些风险评估报告保存三年，以备在安全检查、发生风险事件、个人信息权利人投诉等情形下进行合规性评估复盘。

（撰稿人：刘欢）

第五十一条　【个人信息安全管理要求】个人信息处理者应当根据个人信息的处理目的、处理方式、个人信息的种类以及对个人权益的影响、可能存在的安全风险等，采取下列措施确保个人信息处理活动符合法律、行政法规的规定，并防止未经授权的访问以及个人信息泄露、篡改、丢失：

（一）制定内部管理制度和操作规程；

（二）对个人信息实行分类管理；

（三）采取相应的加密、去标识化等安全技术措施；

（四）合理确定个人信息处理的操作权限，并定期对从业人员进行安全教育和培训；

（五）制定并组织实施个人信息安全事件应急预案；

（六）法律、行政法规规定的其他措施。

【释义】

本条明确个人信息处理者应当采取有效措施确保个人信息处理活动的安全性。

个人信息处理者控制着个人信息的收集、存储、适用、加工、传输、提供、公开等环节，对个人信息的处理活动及其风险有最直接的认识，最有可能控制风险。根据收益与风险相一致的原则，作为处理活动的获益者，处理者也应承担相应的风险。事实上，处理者自身也具备履行安全保护义务的技术和管理条件。因此，处理者在个人信息的处理活动中负有一定的注意义务，应根据处理目的、方式、对个人的影响程度等因素，采取积极措施确保处理行为的安全性与合法性。

1. 本条第1项规定，处理者应制定内部管理制度和操作规程。内部管理制度主要指处理者制定的有关管理架构、人员配备以及责任等的规则，操作规程则主要指相关操作设备或业务办理应遵守的程序性规定。近年来，组织内部员工造成数据泄露的事件层出不穷。例如，部分员工传输文件时不使用公司指定的软件，而是使用微信、电子邮箱等媒介，导致数据安全风险显著上升；抑或是离职时拷贝、保存其经手的数据，并带入新雇主的数据库。由此可见，制定内部管理制度和操作规程，对于应对来自内部的数据安全威胁十分重要。为充分防范个人信息安全风险，内部管理制度和操作规程应全面覆盖个人信息收集、存储、使用、加工、传输、提供、公开等环节。

2. 本条第2项规定，处理者应对个人信息实行分类管理。个人信息的分类，是指针对不同类别的个人信息设计不同的保护标准。对于个人信息处理者而言，个人信息的价值与面临的风险，随着处理目标、方式与其所处的环节而有所不同。因此，实践当中并非仅区分一般信息和敏感信息两类，个人信息处理者会根据其业务需求与目标确定分类的标准，对个人信息进行分类管理，如有部分处理者以形式与内容分标准，也有根据应用场景、指涉对象进行划分的。个人信息的分类管理，不仅意在采取具有针对性的措施保护个人信息安全，也有助于数据的管理和利用。需要注意的是，《个人信息保护法草案（一次审议稿）》强调“分级”，本法将之修改为“分类”。立法机构有意识地将个人信息保护与网络安全、数据安全加以区分。《网络安全法》第 53 条第 3 款和《数据安全法》第 21 条均强调对网络安全、数据安全的分级保护。根据不同的安全等级，主管机关也将有所不同（网安部门、数安部门和公安部门等）。

3. 本条第 3 项规定，个人信息处理者应采取相应的加密、去标识化等安全技术措施。安全技术措施还包括边界防护、访问控制、入侵防范、恶意代码防护机制、剩余信息保护、云计算与物联网安全机制等。[①] 就措施的选择而言，建议处理者根据个人信息分类的结果，采取相应的措施，以降低个人信息可能面临的风险。

根据本法第 73 条第 3 项规定，本项所列举的“去标识化”，是指个人信息经过处理（如密码、随机化、数据合成等），使其在不借助额外信息的情况下无法识别特定自然人的过程。相较于《个人信息安全规范》，本法与《个人信息去标识化指南》（GB/T 37964—2019）在定义中均删去了“关联个人信息主体”等相关表述，更加强调信息的“识别性”。

“去标识化”（de－identified）和“匿名化”（Anonymization）不同。根据《个人信息保护法》第 73 条第 4 项规定，匿名化，是指个人信息经过处理无法识别特定自然人且不能复原的过程。去识别化强调处理个人信息使得不借助额外信息无法识别个人，是对过程的强调。匿名化则是去标识化的结果。去识别化也可能导向假名化（Pseudonymisation）。假名化技

---

① 公安部网络安全保卫局、北京网络行业协会、公安部第三研究所于 2019 年联合发布的《互联网个人信息安全保护指南》。

术是一种使用假名替换直接标识（或其他准标识符）的去标识化技术。假名化技术为每一个人信息主体创建唯一的标识符，以取代原来的直接标识或准标识符。不同数据集中的相关记录在进行假名化处理后依然可以进行关联，并且不会泄露个人信息主体的身份。[①] 可见，相较于“匿名化”所要求的“不可复原”，“去标识化”的标准相对宽容，在一定程度上减轻了处理者的合规成本，也有利于其实现开发利用数据的目的。然而，由于可识别性的标准较为模糊，个人信息处理者需密切关注技术的动态发展，过去“去标识化”后的个人信息将来可能是可识别的。因此，《个人信息去标识化指南》（GB/T 37964—2019）第4.2条第e项要求个人信息处理者持续改进：在完成去标识化工作后应进行评估和定期重评估，对照工作目标，评估工作效果（包括重标识风险和有用性）与效率，持续改进方法、技术和工具，并就相关工作进行文档记录。

4. 本条第4项规定，个人信息处理者应合理确定个人信息处理的操作权限，加强安全教育和培训，以保护企业数据、个人信息的安全。就操作权限的内部配置而言，《个人信息安全规范》第7.1条第a项指出，合理的操作权限配置应符合最小授权的访问控制策略，使被授权访问个人信息的人员只能访问职责所需的最小必要的个人信息，且仅具备完成职责所需的最少的数据操作权限。这一权限配置符合处理个人信息的最小必要原则，是对个人信息处理者的限制、对信息主体权益的保护。个人信息处理者应当定期对从业人员进行安全教育和培训。个人信息安全教育应贯穿培训的全过程，具体内容包括但不限于应急响应、识别恶意软件或钓鱼邮件、掌握个人信息保护的相关规范等，从而不断提高员工的网络安全和数据隐私意识。

5. 本条第5项规定，处理者应制定并组织实施个人信息安全事件应急预案。应急预案指突发事件的应急方针、策略、组织机构、物资保障等方

① 《全国信息安全标准化技术委员会信息安全技术——个人信息去标识化指南》（GB/T 37964—2019），第A4.1条。

面的要求与文件，内容主要包括但不限于各方的分工与责任、各类事故的诊断方法、重建步骤与措施等。个人信息处理者可以参照《个人信息安全规范》第10条的要求，定期组织内部人员开展相关应急响应培训和应急演练，促使相关人员掌握应急处理流程、事件上报流程等处置策略和规程。此外，处理者也应定期对原有的应急预案进行评估、修订与完善。

6. 本条第6项则留下了弹性空间，即法律、行政法规对个人信息保护者提出其他保护措施要求的，应依照其规定。但本项将“其他保护措施”的范围限定为法律、行政法规，未必能够起到鼓励处理者提高技术水平，保护个人信息安全的作用。信息技术带来的挑战千变万化，而立法却具有滞后性。若仅要求个人信息处理者履行由法规明确规定的义务，个人信息处理者就可能在出现个人信息安全事件时，以“已采取法规规定的安全保护措施”为由进行抗辩。个人信息处理者将缺乏充足的“诱因”努力开发降低安全风险的新技术以及探索新型安全管理模式。再者，本项的规则设计也不利于行业自律规则的生成与发展。

根据欧盟《一般数据保护条例》第24条第1款规定：“个人信息控制者在考虑了处理的性质、范围、语境与目的，以及考虑了处理对自然人权利与自由所带来的不同概率和程度的风险后，应当采取恰当的技术与组织措施，保证处理符合本条例规定的，并且能够证明处理符合本条例规定。必要时，这些措施应当被审查。”数据控制者负有采取适当的技术和组织措施以及数据保护政策，以确保数据处理行为符合规定的义务。欧盟开放式的义务设计，有助于督促企业不断探索新的技术和组织方案，保障个人信息安全。在欧盟的个人信息保护实践当中，个人信息控制者常通过“数据保护管理体系”落实安全保护义务。该系统通过引入信息技术安全概念规范处理过程中的基础设施、数据管理和用户交互行为，通过组织章程督促内部成员遵守内部的合规要求。[①]

---

① 京东研究院：《欧盟数据宪章》，法律出版社2018年版，第95页。

【关联规定】

本法第73条，《中华人民共和国网络安全法》第53条第3款，《中华人民共和国数据安全法》第21条

（撰稿人：林洹民、王修齐）

第五十二条　【个人信息负责人制度】 处理个人信息达到国家网信部门规定数量的个人信息处理者应当指定个人信息保护负责人，负责对个人信息处理活动以及采取的保护措施等进行监督。

个人信息处理者应当公开个人信息保护负责人的联系方式，并将个人信息保护负责人的姓名、联系方式等报送履行个人信息保护职责的部门。

【释义】

本条规定个人信息保护负责人制度。

长期以来，人类都是通过试错的方式革新技术，构建制度。但当技术越来越强大时，人们就应当越来越少地依赖试错法保障系统安全。人们应当更加积极主动地建立起有效的制度控制个人信息处理行为，因为一旦发生个人信息泄露或滥用，就无法真正“恢复原状”。

为了实现对个人信息处理活动的全流程控制，德国率先设立了个人数据保护顾问制度。公权力机关有监督个人信息处理活动的需要，法秩序有必要将公权力的触角深入企业内部。但监管以不过度损及企业的经营自由为前提。德国要求符合条件的企业设立个人数据保护顾问，该顾问是企业的员工，因此不会过度干涉经营自由；个人数据保护顾问依法享有特定的

权利、承担监督个人信息处理活动的义务，从而实现对个人信息处理活动的“陪同性控制”。德国的个人数据保护顾问制度有效地制造了深入企业内部的多系统连结点，从而使得在公权力监管前提下，最大限度实现数据活动合规。这套运作模式有利于政治系统中行政部门始终保持对算法发展的敏感度，有利于保护经济系统中企业的经营自由，也有利于降低裁判门槛，实现数据正义。欧盟《一般数据保护条例》也延续了这一设计。

本条也规定了个人信息保护负责人制度。个人信息保护负责人制度的具体设计构想如下：(1) 符合一定条件和规模的企业必须任命个人信息保护负责人；(2) 个人信息保护负责人应具备专业性，必须可信赖，必须符合法律规定的资格要求；(3) 如果数据公司未履行该义务，应当遭受行政处罚；(4) 个人信息保护负责人应当对企业负有保密义务，不得泄露因职务之便获得的商业秘密；(5) 个人信息保护负责人应当积极向企业负责人及其员工传授数据活动合规知识；(6) 个人信息保护负责人应当参与算法的设计、检验和评估，书写和保存算法报告；(7) 个人信息保护负责人应当定期检查企业的数据活动；(8) 个人信息保护负责人有权要求企业配合工作；(9) 个人信息保护负责人有权向数据活动监管机关寻求帮助和支持；(10) 个人信息保护负责人怠于行使职责或与企业共同为不法行为的，应与企业共同承担连带责任。

借助个人信息保护负责人这一设置，公权力对个人信息处理活动的监管需求、法律对证明难度的化简诉求均不同程度上得到了满足。但个人信息保护负责人毕竟是企业员工，难免会如同一般雇员一样受到雇主的干扰。虽然法秩序要求个人信息保护负责人在不履行职责时对外承担法律责任，但若不给予其化解内部压力的机会，那会事实上将个人信息保护负责人逼入进退维谷的状态。相较于法律处罚的可能性，个人事业受阻的现实性可能对个人信息保护负责人的行为影响更大。例如，部分个人数据保护顾问未能如预期那样发挥作用，2006 年和 2007 年德国多家大型公司，如德国最大的电信服务商 Deutsche Telekom、德国铁路公司、德意志银行、连锁超市 Lidl 等均发生了大量的数据泄露、数据倒卖和滥用等丑闻。如果不能保障个人信息保护负责人的独立性，这套制度只能成为企业违法的遮羞布。作为回应，德国不得不在2009年修改了《联邦数据保护法》，突出强调了对个人数据保护顾问的职业性保障。可见个人信息保护负责人职能的充分发挥还依赖于独立性之确保。

要保证个人信息保护负责人的独立性，需要在两个维度细微设计：（1）个人信息保护负责人的工作应尽可能地不受公司员工的干扰；（2）个人信息保护负责人的工作应尽可能地不受公司高层的干扰。个人信息保护负责人亦应免受科层制结构的影响，立法应明确个人信息保护负责人直接向公司负责人汇报工作，从而降低信息传递过程中的风险。为了保障个人信息保护负责人不受公司高层的深度干扰，个人信息保护负责人必须享有免受指示的权利，法律也应当专门为个人信息保护负责人规定特殊的歧视禁止规则和解雇保护规则。个人信息保护负责人享有免受指示的权利意味着，个人信息保护负责人行使职责时应受直属上司、董事会、股东会或其他特定人员关于个人信息处理活动的指示，或者按照上述人员的要求审查或制定个人信息处理活动报告。所有对于个人信息保护负责人职业行为的影响都应被法律所禁止。免受指示的权利被认为是德国个人数据保护顾问独立性之核心（Kernstück）。[①] 除此之外，个人信息保护负责人不得因其工作而被置于不利地位。可以想象，企业主有多种手段惩罚他们不喜欢的员工。例如，企业主可以在工作配合、薪金、福利以及职位提升等诸多方面对员工施加压力。因此，法律应当创设专门的禁止歧视规则，防止个人信息保护负责人因其工作性质而在待遇上遭受直接或间接的歧视。再者，解雇保护是确保个人信息保护负责人依法执业的关键性措施。德国2009年《联邦数据保护法》专门增加了特殊的解雇保护规则。第4f条第3款规定，除非基于重大事由使得坚持解雇期限被认为是不合理的，否则不能终止和个人数据保护顾问之间的劳动关系；依据该款，如果已经解雇了一名个人数据保护顾问，在一年以内解雇新的个人数据保护顾问是不被允许

---

① Spiros Simitis，Bundesdatenschutzgesetz Kommentar，8. Aufl.，Nomos Verlag 2014，§ 4f Rn. 122.

的，除非基于重大事由使得坚持解雇期限是不合理的。我国可以借鉴德国的解雇保护规则，使个人信息保护负责人实质上获得优于一般雇员的法律地位，以此保证个人信息保护负责人能够无后顾之无忧地履行自己的法定义务，践行自身的社会责任。建议立法机关增设相关规定，或由主管机关出台专门法律文件，完善我国的个人信息保护负责人制度。法条设计建议如下：

个人信息保护负责人应当具备专业能力，并有权要求个人信息处理者提供履行职责所需的必要帮助。个人信息处理者不得影响个人信息保护负责人及时、独立履行工作职责。

个人信息保护负责人岗位仅次于个人信息处理者的最高负责人，薪酬不得低于同等岗位的平均水平。

个人信息处理者不得终止与个人信息保护负责人之间的劳动合同或委托合同，但个人信息保护负责人违反法律、法规或无法履行职责的除外。

个人信息保护负责人有权向国家履行个人信息保护职责的部门寻求帮助和支持。

个人信息保护负责人怠于履行职责，造成个人信息主体损害的，应与个人信息处理者共同承担连带责任。

【关联规定】

本法第 60 条、第 61 条、第 64 条，《中华人民共和国数据安全法》第 27 条，《电信和互联网用户个人信息保护规定》第 13 条

（撰稿人：林洹民）

第五十三条　【境外个人信息处理者设立境内专门机构或指定代表的义务】本法第三条第二款规定的中华人民共和国境外的个人信息处理者，应当在中华人民共和国境内设立专门机构或者指定代表，负责处理个人信息保护相关事务，并将有关

机构的名称或者代表的姓名、联系方式等报送履行个人信息保护职责的部门。

【释义】

本条明确了中国境外个人信息处理者在境内设立专门机构或者指定代表的义务，是对本法第 3 条第 2 款的延伸补充[①]，参考 GDPR 第 27 条[②]“指定在欧盟内的代表”的规定，要求境外的个人信息处理者在境内设立专门机构或指定代表，并向履行个人信息保护职责的部门报送相关信息。本法第 3 条第 1 款规定本法的适用范围采属地原则，无论数据处理者是否为境外主体，无论个人信息主体是否为外国人，只要数据处理活动发生在境内，即适用本法；除以属地原则为基础外，该条第 2 款规定了三种类型的境外的个人信息处理活动也应当适用本法，借鉴 GDPR 第 3 条第 2 款[③]关于地域范围适用的规定，赋予《个人信息保护法》必要的域外适用效力。[④]

因此，本法第 3 条第 2 款规定中华人民共和国境外的个人信息处理者处理个人信息时也应当遵守个人信息处理者的一般规则及义务。一是需取得个人同意，由个人在充分知情的前提下自愿、明确作出或法律、行政法规规定的其他情形。二是需有公开的个人信息处理规则，个人信息处理者在处理个人信息前，应当以显著方式、清晰易懂的语言，真实、准确、完

---

① 龙卫球：《个人信息保护法具有深远的国际意义》，载《经济参考报》2021 年 8 月 23 日。

② See Article 27 of GDPR：The controllers or processors not established in the Union shall designate in writing a representative in the Union.

③ See Article 3 of GDPR：2. This Regulation applies to the processing of personal data of data subjects who are in the Union by a controller or processor not established in the Union，where the processing activities are related to：（a）the offering of goods or services，irrespective of whether a payment of the data subject is required，to such data subjects in the Union；or（b）the monitoring of their behaviour as far as their behaviour takes place within the Union.

④ 本法在域外管辖问题上，采用了与《数据安全法》同样的原则，《数据安全法》第 2 条规定，在中华人民共和国境外开展数据处理活动，损害中华人民共和国国家安全、公共利益或者公民、组织合法权益的，依法追究法律责任。

整地向个人告知下列事项：个人信息处理者的名称或者姓名和联系方式；个人信息的处理目的、处理方式，处理的个人信息种类、保存期限；个人行使本法规定权利的方式和程序；法律、行政法规规定应当告知的其他事项。前款规定事项发生变更的，应当将变更部分告知个人。个人信息处理者通过制定个人信息处理规则的方式告知以上规定事项的，处理规则应当公开，并且便于查阅和保存。三是个人信息处理者不得以个人不同意处理其个人信息或者撤回同意为由，拒绝提供产品或者服务；处理个人信息属于提供产品或者服务所必需的除外。四是利用个人信息自动化决策的相关要求，应当保证决策的透明度和结果公平、公正，不得对个人在交易价格等交易条件上实行不合理的差别待遇等。五是个人信息处理者主动删除义务。六是个人信息处理者的信息安全风险管理义务。七是个人信息处理者的合规审计义务。八是事前的个人信息保护影响评估要求。九是发生或可能发生负面情况的，个人信息处理者需采取的补救措施等。

除一般规则外，由于境外个人信息处理者在地理位置上具有管辖不便的客观性，本条明确了其特殊义务，具体包括四个要点。第一，适用对象为在中华人民共和国境外处理中华人民共和国境内自然人个人信息的活动的个人信息处理者。实践中，对于中国境外个人信息处理者，因管辖问题，我国相关部门往往难以直接履行其监管职责，不利于个人信息保护和监管规则的执行落实。因此，本法明确境外的个人信息处理者应在境内通过专门机构或者指定代表处理个人信息保护相关事务，确保境外个人信息处理者通过其境内机构或代表履行义务，承担相应的责任，把对个人信息的保护落到了实处。《个人信息出境安全评估办法（征求意见稿）》第 20 条也规定“境外机构经营活动中，通过互联网等收集境内用户个人信息，应当在境内通过法定代表人或者机构履行本办法中网络运营者的责任和义务”。其立法主旨都是通过境内主体间接实现对境外责任主体的监管。

第二，其个人信息处理活动指向境内自然人。本法第 3 条第 2 款具体情形为以向境内自然人提供产品或者服务为目的，分析、评估境内自然人的行为或法律、行政法规规定的其他情形的境外个人信息处理活动。或是个人信息处理活动的成果去向为境内自然人，或以境内自然人个人信息为分析、评估的客体，均是将个人信息处理活动指向境内自然人。

第三，处理个人信息相关事务的方式为通过境内专门机构或指定代表。本条规定通过境外个人信息处理者的境内专门机构或指定代表间接实现了监管部门对通过互联网等收集境内个人信息的境外机构的管辖。虽然本条并未明确设立专门机构或者指定代表的具体流程和要求，也并未明确其法律主体和责任。但由于相关机构或代表信息会报送至履行个人信息保护职责的部门，我国可以通过建立境外个人信息处理者“白名单制度”，有效加强对个人信息安全的必要管控，防止因个人信息非法出境等情况而使得我国境内公民人身权益遭受不必要的损害。此外，本条所提及的境外个人信息处理者的境内专门机构，所指向的对象是其境内分公司、子公司还是办事处等其他机构，有待进一步明确。分公司是公司的分支机构，具有营业资格但不具有法人资格，其民事责任需要由成立分公司的公司承担；子公司具有独立的法人资格，对外能够独立地承担责任民事责任，其母公司无须承担子公司的债务；而办事处是公司分支机构的另一种形式，一般只能从事总公司营业范围内的业务联络活动，不具有经营资格。因为法人资格和经营资格的差异，不同机构在境内的事务活动范围和责任承担能力存在很大差异，是否需要明确有关机构的类型还有待进一步考究。

第四，境外个人信息处理者设立的专门机构或指定代表对个人信息保护职责的部门负有信息报送义务。该项规定弥补了一直以来针对境外机构监管的敞口，不同行业的个人信息保护有着不同的特点和需求，本法规定由国家网信部门负责统筹协调个人信息保护工作和相关监督管理工作。国务院有关部门依照本法和有关法律、行政法规的规定，在各自职责范围内负责个人信息保护和监督管理工作。同时，按照国家有关规定，确定县级以上地方人民政府有关部门的个人信息保护和监督管理职责，从而形成了一个以行业为横轴的，从中央到地方的个人信息保护监管体系。在要求个人信息处理者加强内部个人信息保护制度建设的基础上，从外部施加监管压力，促进个人信息处理者落实个人信息保护要求。

【关联规定】

本法第 3 条、第 60 条

（撰稿人：程喆）

第五十四条　【定期合规审计义务】 个人信息处理者应当定期对其处理个人信息遵守法律、行政法规的情况进行合规审计。

【释义】

本条规定了个人信息处理者的定期合规审计义务。合规审计是一种经济合规监督活动，是为了确定被审计单位是否遵守有关的法律和上级监管部门制定的有关程序与规则而实施的审计[①]，审计机构和审计人员依据国家法律、法规和财经制度对被审计单位的生产经营管理活动及其有关资料是否合规进行监督。本法确立了个人信息处理者的合规审计制度。个人信息处理者对其个人信息处理活动的内部管理是个人信息处理者对其个人信息处理活动是否遵守法律、行政法规进行合规审计的重要前提。

在法条表述上，《个人信息保护法草案（二次审议稿）》和《个人信息保护法》正文一致，对《个人信息保护法草案（一次审议稿）》第 53 条的内容进行了简化，语义表述上更加完善，将“审计”的形式明确为“合规审计”，本条中的个人信息处理活动包含了“个人信息处理者对个人信息采取的保护措施等”活动。同时《个人信息保护法草案（一次审议

① 刘明辉、史德刚主编：《审计》，东北财经大学出版社 2017 年版，第 445 页。

稿)》第53条[①]中关于“履行个人信息保护职责的部门”要求个人信息处理者委托专业机构审计的表述在《个人信息保护法草案（二次审议稿)》中被删除，文本逻辑更加通畅；在本法第64条第1款中对该权力加以限制，规定履行个人信息保护职责的部门在履行职责中，发现个人信息处理活动存在较大风险或者发生个人信息安全事件时，可以选择法定代表人或者主要负责人约谈或者要求个人信息处理者委托专业机构对其个人信息处理活动进行合规审计。履行个人信息保护职责的部门行使约谈或要求第三方审计权力，需要两个条件，即“履行职责中”的时间条件和“个人信息处理活动存在较大风险或者发生个人信息安全事件”的程度条件。

合规审计制度的主要目的是维护国家财经法纪的严肃性，确保社会主义财产完好无损，检查财经纪律执行情况，揭露违法乱纪行为。因此，个人信息处理者应当积极履行定期合规审计义务，在进行合规审计时，审计机关可以根据审计决定，对违反财经法纪的单位和个人予以经济制裁；对严重违反财经法纪的，可采取停止财政拨款、停止银行贷款等措施；有权建议对有关责任人员给予行政处分；触犯刑律的，由司法机关依法惩处。近年来我国正在加紧治理违法违规处理个人信息行为，2019年至2020年年初，由全国信息安全标准化技术委员会、中国消费者协会、中国互联网协会、中国网络空间安全协会成立App专项治理工作组对App进行监管整治，国家各有关部门开展多项监管活动，近800款中国企业持有、运营的App受到通报或要求整改、下架的处罚处理[②]，其中公安部组织的“净网2019”专项行动依法查处的违法违规采集个人信息的App共683款，多数是因未公开收集用户个人信息的规则、私自收集个人信息、超越必要范围

① 《个人信息保护法草案（一次审议稿)》第53条：“个人信息处理者应当定期对其个人信息处理活动、采取的保护措施等是否符合法律、行政法规的规定进行审计。履行个人信息保护职责的部门有权要求个人信息处理者委托专业机构进行审计。”

② 《App违法违规收集使用个人信息专项治理报告（2019)》，载中共中央网络安全和信息化委员会办公室，http://www.cac.gov.cn/2020-05/26/c_1592036763304447.htm，2021年8月22日访问。

收集个人信息、实际收集的个人信息与业务功能无关等违法违规行为。[①] App 在个人信息处理活动应当遵循合法、正当、必要的原则，且应对收集、使用的用户个人信息的安全负责。

同时，合规审计制度也能够促进被审计单位遵守法律、法规、制度和合同，使个人信息处理者尽可能规避个人信息处理活动带来的风险。定期合规审计能够控制和避免个人信息处理者因处理个人信息不合规，引发法律纠纷，承担法律责任，从而造成经济、声誉等方面的负面影响及损失，同时也能对个人信息处理者的经营管理状况和经济效益起到改善和促进作用。因此，个人信息处理者应当定期委托专业机构对其自身个人信息治理的合规性进行审查，并根据审查结果进行整改。

关于个人信息合规审计的内容，本条仅进行了原则性规定，要求个人信息处理者确保在日常运营和业务开展过程中的个人信息处理行为符合法律法规规定，具体内容应当包括个人信息在收集、储存、使用、加工、传输、提供、公开、删除等信息处理环节中的相关行为，遏制个人信息非法收集、滥用、泄露等违规行为，最大限度地保护个人信息权益。[②] 2020 年《信息安全技术 个人信息安全规范》第 11.7 条有较为详尽的审计要求，“对个人信息控制者的要求包括：a）应对个人信息保护政策、相关规程和安全措施的有效性进行审计；b）应建立自动化审计系统，监测记录个人信息处理活动；c）审计过程形成的记录应能对安全事件的处置、应急响应和事后调查提供支撑；d）应防止非授权访问、篡改或删除审计记录；e）应及时处理审计过程中发现的个人信息违规使用、滥用等情况；f）审计记录和留存时间应当符合法律法规的要求”。2020 年工信部发布的《电信和互联网企业网络数据安全合规性评估要点》重点围绕机构人员、制度保障、分类分级、合规评估、权限管理、安全审计、合作方管理、应急响应、投诉处理、教育培训 10 个方面开展评估。在合规评估方面，要求将

① 《公安机关开展 App 违法采集个人信息集中整治》，载国家网络安全通报中心，https：//mp. weixin. qq. com/s/smT4RbHsA_ x0vIZjEKV_ yg，2021 年 8 月 22 日访问。

② 王春晖：《〈个人信息保护法（草案）〉（二审稿）解析》，载《中国电信业》2021 年第 7 期。

数据安全合规性评估作为企业数据安全管理的重要内容和抓手，按照“谁运营、谁主管、谁负责”的原则，开展企业整体数据安全保护水平评估并形成评估报告，评估内容包括但不限于数据安全制度建设情况、数据分类分级情况、数据安全事件应急响应水平，以及重点业务与系统数据合规处理情况、数据安全保障措施配备情况、合作方数据安全保护水平等；按年度开展核心数据处理活动平台系统数据安全合规性评估并形成评估报告，重点评估企业内部管理措施执行落实情况、平台建设运维部门及合作方数据安全保护措施配备情况等。在安全审计方面，要求对数据授权访问、批量复制、开放共享、销毁、数据接口调用等重点环节实施日志留存管理，日志记录至少包括执行时间、操作账号、处理方式、授权情况、IP 地址、登录信息等，能够对识别和追溯数据操作和访问行为提供支撑。定期对日志进行备份，防止数据安全事件导致的日志被删除；加强企业数据安全审计管理，明确审计对象、审计内容、实施周期、结果规范、问题改进跟踪等要求。

关于合规审计义务的时间规定，目前法律并未明确规定个人信息处理审计的时间。2013 年工信部制定的《电信和互联网用户个人信息保护规定》第 16 条规定：“电信业务经营者、互联网信息服务提供者应当对用户个人信息保护情况每年至少进行一次自查，记录自查情况，及时消除自查中发现的安全隐患。”2020 年《电信和互联网企业网络数据安全合规性评估要点》规定：“企业数据安全管理责任部门或核心数据处理活动相关平台系统负责部门应配备日志安全审计员，加强日志访问和安全审计管理，至少每半年形成一份数据安全审计报告。”本条虽未直接规定个人信息处理者合规审计的时间和频率，但是规定了定期审计制度，这也意味着本法对个人信息处理者的监管将会是长期存在的现象。

【关联规定】

本法第 64 条

（撰稿人：程喆）

第五十五条　【个人信息保护影响评估义务】 有下列情形之一的，个人信息处理者应当事前进行个人信息保护影响评估，并对处理情况进行记录：

（一）处理敏感个人信息；

（二）利用个人信息进行自动化决策；

（三）委托处理个人信息、向其他个人信息处理者提供个人信息、公开个人信息；

（四）向境外提供个人信息；

（五）其他对个人权益有重大影响的个人信息处理活动。

【释义】

本条明确了个人信息处理者的事先影响评估义务。本法从立法的全面性原则考量，将《个人信息保护法草案（一次审议稿）》《个人信息保护法草案（二次审议稿）》中的“风险评估”改为“个人信息保护影响评估”，“影响”一词的外延大于“风险”，“风险”一般是指在给定的条件下损失发生的可能性或者实际结果与预期结果的偏差，是对于个人信息保护影响的重要因素，而非全部内涵。同时，本法删除了两次审议稿中的“风险评估内容”，增加了第 56 条个人信息保护影响评估内容。

数据保护影响评估制度是个人信息处理者合规经营持续自主运转以及满足自证要求的最重要渠道之一，目的是限制并减少可能发生的违反信息保护规定的行为，GDPR 和本法均规定了个人信息保护影响评估制度，

GDPR 第 35 条第 3 款[①]对应进行数据保护影响性评定的高风险行为进行了列举：利用自动化处理技术（包括用户画像）对于自然人相关的个人因素进行系统性与全面性的评价，并且其决策对自然人产生法律影响或类似重大影响；大规模处理第 9 条第 1 款所述的特殊类别的数据，或与第 10 条所述的刑事定罪和犯罪有关的个人数据；对公众可进入的区域进行大规模的系统监测。

本法出台前，我国个人信息保护影响评估制度处于《个人信息安全规范》非强制性标准级别，大多数企业也未将评估作为必备内控手段。2021 年 6 月 1 日起全国信息安全标准化技术委员会发布的《信息安全技术 个人信息安全影响评估指南》正式实施，旨在指导行业基于个人权益影响和安全措施设置情况，以访谈、检查、测试的方法对待评估的个人信息处理技术进行个人信息安全影响评估。本法将个人信息保护影响评估要求提升至法律强制性要求，对于企业内部合规制度建设提出更严格的要求。相比《个人信息安全规范》存在的“高风险”性笼统场景性规定[②]，本法提出的强制性要求则以更加具体的处理活动为出发点，与 GDPR 相比我国的适用情形更为宽泛，本条列举了五项极易对个人信息产生侵权行为的情形，因此法律特别规定个人信息处理者应当在事前对个人信息保护进行影响评估，并对处理情况进行记录。

一是处理敏感个人信息。本法第 28 条将“生物识别、宗教信仰、特定身份、医疗健康、金融账户、行踪轨迹等信息”列为敏感个人信息，个人信息处理者只有在具有特定目的或充分必要性，且采取严格保护措施的

---

① See Article 35 of GDPR：3. A data protection impact assessment referred to in paragraph 1 shall in particular be required in the case of：

（a） a systematic and extensive evaluation of personal aspects relating to natural persons which is based on automated processing，including profiling，and on which decisions are based that produce legal effects concerning the natural person or similarly significantly affect the natural person；

（b） processing on a large scale of special categories of data referred to in Article 9 （1），or of personal data relating to criminal convictions and offences referred to in Article 10； or

（c） a systematic monitoring of a publicly accessible area on a large scale.

② 即“产品或服务发布前、业务功能发生重大变化时、法律法规有新的要求时、业务模式、信息系统、运行环境发生重大变更时、发生重大个人信息安全事件时”。

情况下才能够处理此类信息。此外，本法特别将不满十四周岁未成年人的个人信息确定为敏感个人信息予以严格保护，这与《未成年人保护法》有关规定相衔接，从目前我国未成年人使用网络的实际情况来看，年满14周岁的未成年人已普遍具有了认知、判断网络风险的能力，而且我国部分法律已将14周岁作为划分未成年人权利义务的重要年龄分界点。例如，《刑法》将承担刑事责任的最低年龄规定为14周岁，女性“性同意权”年龄也规定为14周岁；《广告法》专门规定了针对不满14周岁未成年人的广告相关要求；2019年国家网信办出台的《儿童个人信息网络保护规定》将儿童定义为不满14周岁的未成年人。因为这些信息对于自然人的人格尊严或人身财产安全影响较大，且一旦泄露或非法使用可能会给自然人带来严重危害或侵害，所以敏感个人信息法律对于处理敏感信息的活动应作出更加严格的限制，采用事前影响评估能够较为有效地降低个人信息处理活动可能造成的负面影响，把风险“扼杀在摇篮里”。

二是利用个人信息进行自动化决策。为了迎合消费者的个性化需求，越来越多的企业利用大数据分析、评估消费者的个人特征用于商业营销，但同时由于商家与消费者之间存在巨大信息差，部分企业掌握了消费者的经济状况、消费习惯、对价格的敏感等信息，利用大数据分析在交易价格等方面对消费者实行歧视性的差别待遇，常称之为“大数据杀熟”。“杀熟”的本质是误导、欺诈消费者，违反了诚实信用原则，侵犯了消费者权益保护法规定的消费者享有公平交易条件的权利，本法第24条明确规定应当在法律上予以禁止。个人信息处理者利用个人信息进行自动化决策，应当进行事前影响评估，保证决策的透明度和结果公平、公正。

三是委托处理个人信息、向其他个人信息处理者提供个人信息、公开个人信息，其本质是个人信息处理者将自己获得的个人信息交给第三人进行处理，三种行为所对应的第三人分别是受托人、其他个人信息处理者和不特定人。知情同意是本法规定的个人信息处理活动最重要的合法性基础。除法律、行政法规另有规定外，个人信息处理者在委托、提供或公开前应当取得个人的知情同意，否则极有可能侵害个人的合法权益，因此需要进行事先影响评估判断风险并评估保护个人信息主体的各项措施的有效性。

四是向境外提供个人信息。个人信息不仅关系着自然人的个人权益，也关系着国家的安全问题，为保障个人信息安全，维护网络空间主权、国家安全、社会公共利益，保护公民、法人的合法权益，从个人信息处理者角度应当进行个人信息保护影响评估，发现、处置和持续监控个人信息处理过程中对个人信息主体合法权益造成损害的各种风险，评估保护措施的有效性。此外，向境外提供个人信息还需通过国家相关部门的安全评估，2019 年国家网信办制定了《个人信息出境安全评估办法（征求意见稿）》，第 2 条规定："网络运营者向境外提供在中华人民共和国境内运营中收集的个人信息……应当按照本办法进行安全评估。经安全评估认定个人信息出境可能影响国家安全、损害公共利益，或者难以有效保障个人信息安全的，不得出境。"第 6 条规定："个人信息出境安全评估重点评估以下内容：（一）是否符合国家有关法律法规和政策规定。（二）合同条款是否能够充分保障个人信息主体合法权益。（三）合同能否得到有效执行。（四）网络运营者或接收者是否有损害个人信息主体合法权益的历史、是否发生过重大网络安全事件。（五）网络运营者获得个人信息是否合法、正当。（六）其他应当评估的内容。"为保障数据跨境流动中的个人信息安全，向境外提供个人信息前需要事前影响评估，通过相关部门的安全评估后个人信息才可以流向境外。

五是其他对个人权益有重大影响的个人信息处理活动，作为兜底条款，本法较《个人信息保护法草案（二次审议稿）》更为严谨地增加了"权益"一词，明确保障自然人的权利和利益。

【关联规定】

本法第 21 条、第 24 条、第 25 条、第 28 条、第 38 条

（撰稿人：程喆）

第五十六条　【个人信息保护影响评估的内容】个人信息保护影响评估应当包括下列内容：

（一）个人信息的处理目的、处理方式等是否合法、正当、必要；

（二）对个人权益的影响及安全风险；

（三）所采取的保护措施是否合法、有效并与风险程度相适应。

个人信息保护影响评估报告和处理情况记录应当至少保存三年。

【释义】

本条规定了个人信息保护影响评估的内容和相关材料的保存期限。

本法借鉴 GDPR 的国际经验，第 35 条第 7 款[①]规定评估应至少包括：（a）对预期处理行为和处理目的的系统描述，包括（如适用）控制者追求的合法利益，即第 56 条第 1 项中“处理目的与处理方式的合法性、正当性”；（b）与目的相关的处理行为的必要性和相称性评估，即第 56 条第 1 项的目的与行为的必要性；（c）对第 1 段所述数据主体权利和自由风险评估，即第 56 条第 2 项“对个人权益的影响及安全风险”；（d）旨在解决风险的措施，包括保障措施、安全措施和机制，以确保保护个人数据并证明

---

① See Article 35 of GDPR: 7. The assessment shall contain at least:

(a) a systematic description of the envisaged processing operations and the purposes of the processing, including, where applicable, the legitimate interest pursued by the controller;

(b) an assessment of the necessity and proportionality of the processing operations in relation to the purposes;

(c) an assessment of the risks to the rights and freedoms of data subjects referred to in paragraph 1; and

(d) the measures envisaged to address the risks, including safeguards, security measures and mechanisms to ensure the protection of personal data and to demonstrate compliance with this Regulation taking into account the rights and legitimate interests of data subjects and other persons concerned.

遵守本条例，同时考虑到数据主体和其他相关人员的权利和合法权益，即第 56 条第 3 项的“安全保护措施”的合法性、有效性和与风险的适应性判断。

个人信息保护影响评估的内容遵循合法、正当、必要原则。个人信息保护基本原则是规范处理个人信息行为的核心规则，自 20 世纪 80 年代开始，相关国际组织、国家和地区开始确立各自的个人信息处理原则，世界经济合作与发展组织发布的《隐私保护与个人数据跨国流通指南》规定了收集限制原则、数据质量原则、目的特定化原则、使用限制原则、安全原则、公开原则、个人参与原则、责任原则八项原则。亚太经合组织发布的《APEC 隐私保护框架》规定了防止损害原则、告知原则、限制收集原则、使用原则、选择原则、个人信息完整性原则、安全保障原则、查阅和修正原则、问责原则九项原则。欧盟发布的 GDPR 规定了合法公平透明原则、目的限制原则、数据最小化原则、精确性原则、存储限制原则、完整性与保密性原则、权责一致原则七项原则。我国从个人信息保护相关立法之初，便十分重视确立个人信息保护的基本原则，2012 年全国人大常委会审议通过的《关于加强网络信息保护的决定》确立了处理个人信息应当遵循的基本原则，规定网络服务提供者收集、使用公民个人电子信息，应当遵循合法、正当、必要的原则，明示收集、使用信息的目的、方式和范围，未经被收集者同意，不得违反法律、法规的规定和双方的约定收集、使用信息。此后，《消费者权益保护法》《网络安全法》《民法典》《数据安全法》和一些司法解释与规范性文件也对合法、正当、必要原则进一步予以规定和明确。

个人信息保护影响评估的内容应当包括个人信息的处理目的、处理方式等是否合法、正当、必要。本法第 5 条规定，处理个人信息应当遵循合法、正当、必要和诚信原则，坚持了《网络安全法》和《民法典》关于合法性要求的一贯立场，禁止采取“误导、欺诈、胁迫”等方式处理个人信息也是本法对于个人信息处理者的基础和前提性要求。处理目的和处理方法的合法性要求信息处理者在具体处理个人信息时不得违反法律、法规等相关规定。正当原则，即处理个人信息处理的目的和手段要正当，应当尊重公序良俗和遵守诚实信用原则，并且要尽量满足透明的要求，以便能够充分保障信息主体的知情权，要求信息处理者对处理个人信息的行为进行自我管理。违反正当性原则的一个典型行为就是“大数据杀熟”，通过数据歧视手段欺骗、误导消费者已达到不正当获利的目的。必要原则，即处理个人信息的目的应当特定，处理应当依据特定、明确的目的进行，禁止超出目的范围处理个人信息。对个人信息处理者而言，收集个人信息只能出于履行其职责之特定目的或与其提供的服务相关，要求信息处理者在收集信息时不应当收集对提供服务没有必要的个人信息，超出目的范围的处理行为即违反了必要性原则；在处理个人信息时，处理的内容和范围不应过于宽泛，只有在不得不处理时才可以处理个人信息。

个人信息保护影响评估的内容还包括对个人权益影响及个人信息处理者所采取的安全保护措施进行分析。从对个人权益的影响角度来看，个人信息处理行为对个人权益产生的影响程度越低，安全事件可能性越高，因此本法第6条规定，处理个人信息应当具有明确、合理的目的，并应当与处理目的直接相关，采取对个人权益影响最小的方式。个人信息处理者是个人信息保护的第一责任人，安全保护措施合法性是个人信息保护制度的原则要求，从安全保护措施有效性来看，本法强调个人信息处理者应当对其个人信息处理活动负责，并采取必要措施保障所处理的个人信息的安全，安全保护措施越有效，安全事件可能性程度就会越高，个人信息处理活动的风险级别则会越低。实施个人信息保护影响评估，能够有效加强对个人信息主体权益的保护，有利于个人信息处理者对外展示其保护个人信息安全的努力和能力，提升透明度，增进个人对其的信任，减轻个人信息权益受损害的风险，增强个人信息处理者处置风险的能力，确保个人合法权益不利影响的风险处于总体可控状态。

在发生个人信息安全事件时，个人信息保护影响评估报告和处理情况记录可以用于证明个人信息处理者已经主动评估风险并采取一定安全保障措施，有助于保护个人信息处理者的合法权益，减轻相关责任和名誉损失。

本条规定个人信息保护影响评估报告和处理情况记录应当至少保存三年的具体要求，为个人信息处理者开展个人信息事前风险评估指明了方向，或与《民法典》诉讼时效相关规定相衔接，《民法典》第188条规定，一般诉讼时效期间为三年，因评估报告和处理情况记录为个人信息处理者单方所有，为便于解决相关民事纠纷，至少在一般诉讼时效内个人信息处理者负有保存相关记录的义务，有利于相关证据的保存。

【关联规定】

本法第5条、第6条，《中华人民共和国网络安全法》第35条，《中华人民共和国民法典》第188条

（撰稿人：程喆）

第五十七条　【个人信息泄露等事件的补救措施和通知】 发生或者可能发生个人信息泄露、篡改、丢失的，个人信息处理者应当立即采取补救措施，并通知履行个人信息保护职责的部门和个人。通知应当包括下列事项：

（一）发生或者可能发生个人信息泄露、篡改、丢失的信息种类、原因和可能造成的危害；

（二）个人信息处理者采取的补救措施和个人可以采取的减轻危害的措施；

（三）个人信息处理者的联系方式。

个人信息处理者采取措施能够有效避免信息泄露、篡改、丢失造成危害的，个人信息处理者可以不通知个人；履行个人信息保护职责的部门认为可能造成危害的，有权要求个人信息处理者通知个人。

【释义】

本条是关于发生或者可能发生个人信息泄露、篡改、丢失时，个人信息处理者采取补救措施和进行通知的规定。

和《个人信息保护法草案（一次审议稿）》相比，《个人信息保护法草案（二次审议稿）》中本条没有进行改动。但在《个人信息保护法草案（三次审议稿）》中，由于原第55条拆分成了两个条文，本条的条文顺序因此发生了变化；此外，在规范内容上，《个人信息保护法草案（三次审议稿）》也对本条进行了较大修改，具体为：（1）将本条的适用范围由原来的“发现个人信息泄露”扩充至“个人信息泄露、篡改、丢失”时，且不需要实际发生；（2）整合了原条文中五项应通知事项，修改为三项，并在立法语言的表述上予以了完善。

对个人信息安全风险进行法律救济，防止个人权益遭受进一步侵害，是本法重要的立法目标。无论是出于经营目的，还是基于公权力和履行公共管理职能处理个人信息，个人信息处理者始终是信息处理活动的直接参与者和利益攸关方，本法第9条规定：“个人信息处理者应当对其个人信息处理活动负责，并采取必要措施保障所处理的个人信息的安全。”因此，在发生或者可能发生个人信息泄露、篡改、丢失时，本条为个人信息处理者设定了两项法律义务：

1. 应当立即采取补救措施。采取补救措施的目的在于防止损害进一步扩大。由个人信息处理者负担这一义务，不仅因为其是法定的责任主体，也是由于个人信息处理者直接开展信息处理活动，相较于其他主体来说，可以以最迅速、及时和高效的措施实现补救的效果，进一步缩短实施补救的时间。除了个人信息处理者自身需立即采取补救措施外，履行个人信息保护职责的部门亦应对补救措施开展监管，本条也将补救措施作为应当通知的事项。实践中，对个人信息安全事件开展补救是一项兼具技术性与复杂性的工作，如果个人信息处理者表面上履行了相应义务，形式上开展了一定补救措施，但实质上采取消极应对的态度，措施未能起到相应效果，也不能认定其依法履行了补救义务。

2. 通知履行个人信息保护职责的部门和个人。个人是信息主体发生个人信息的泄露、篡改、丢失，对个人将会有最为直接和显著的影响，可能有损其重要权益，因此个人必须作为知情的主体。履行个人信息保护职责的部门是监管主体，按照本法第 60 条的规定，“履行个人信息保护职责的部门”，指的是国家网信部门和各自职责范围内负责个人信息保护和监督管理工作的国务院有关部门，以及依法确定的、履行个人信息保护和监督管理职责的县级以上地方人民政府有关部门。本条具体设定了三类应当通知事项：

第一，发生或者可能发生个人信息泄露、篡改、丢失的信息种类、原因和可能造成的危害。通知信息种类，有利于部门和个人按照分类处理的原则，集中资源开展处理，尤其是对于个人敏感信息，应当更快地开展补救和执法；通知信息泄露、篡改、丢失的原因，可以帮助部门和个人尽快找到事件发生源头，同时也有助于个人信息保护者及时开展自查，从源头开始防范风险事件；通知可能造成的危害，便于部门和个人按照危害程度进行决策，合理调整预期。

第二，个人信息处理者采取的补救措施和个人可以采取的减轻危害的措施。通知个人信息处理者采取的补救措施，一方面防止资源和执法手段的重复使用，提高补救效率。另一方面帮助部门和个人进行监督，促进个人信息处理者依法立即进行补救；通知个人可以采取的减轻危害的措施，是为帮助个人尽快开始“自救”，及时行使更正、删除等权利，按照个人信息保护者的指引减轻个人信息安全事件对自身权益造成的损害。

第三，个人信息处理者的联系方式。由于个人信息发端于网络这一虚拟空间，个人信息处理者通常不是在线下完成个人信息和采集和处理的，也使个人和处理者之间有着天然的、难以直接接触的鸿沟，尤其是在合作处理、委托处理个人信息的场景，可能存在多个直接处理个人信息的主体。为了便于个人主张权利，以及获取和本人信息安全有关的告知和通知，个人信息处理者的联系方式也是必要的通知事项。

在适用上，应当注意以上通知事项应当全部包含在通知之中，而不能由个人信息处理者择一通知，并应当确保通知事项的准确无误。对于通知内容不全面、有误的，个人信息处理者应当依法承担责任。

由于个人信息安全事件可能会产生广泛的社会影响，引发社会对个人信息处理者的不利评价，出于平衡个人信息安全和推动数字产业发展的需要，本条也给予了个人信息处理者一定的自由裁量空间，第 2 款规定，个人信息处理者采取措施能够有效避免信息泄露、篡改、丢失造成危害的，个人信息处理者可以不通知个人。本法事实上为个人信息处理者创设了一个相对宽松的发展空间，个人信息处理者可以自行决定是否进行通知，尤其是对于那些迫切需要维护信用和商誉的个人信息处理者，将起到激励其尽快采取有效补救措施、尽最大可能化解危害的作用。但是，也要注意本款适用的前提是个人信息处理者采取措施能够有效避免信息泄露、篡改、丢失造成危害，如果客观上已经造成危害，采取措施也于事无补，或者所采取的措施未能有效避免造成危害，个人信息处理者均应通知个人。为了防止个人信息处理者借用本款逃避通知或延误通知可能带来的危害后果，本款最后一句话强调了履行个人信息保护职责的部门的监管职责，赋予其要求进行通知的权力。

【关联规定】

本法第 9 条、第 60 条

（撰稿人：何傲翾）

第五十八条　【超大互联网平台的个人信息保护义务】提供重要互联网平台服务、用户数量巨大、业务类型复杂的个人信息处理者，应当履行下列义务：

（一）按照国家规定建立健全个人信息保护合规制度体系，

成立主要由外部成员组成的独立机构对个人信息保护情况进行监督；

（二）遵循公开、公平、公正的原则，制定平台规则，明确平台内产品或者服务提供者处理个人信息的规范和保护个人信息的义务；

（三）对严重违反法律、行政法规处理个人信息的平台内的产品或者服务提供者，停止提供服务；

（四）定期发布个人信息保护社会责任报告，接受社会监督。

【释义】

本条是关于超大互联网平台的个人信息保护义务的规定。

本条属于《个人信息保护法草案（二次审议稿）》新增设的条文。在《个人信息保护法草案（三次审议稿）》中，本条进行了一定修改，主要为：（1）将“提供基础性互联网平台服务”修改为“提供重要互联网平台服务”；（2）第1项增加第一句话；（3）新增加了第2项作为义务内容。

提供重要互联网平台服务、用户数量巨大、业务类型复杂的个人信息处理者，不仅掌握了大量个人信息和商业数据，同时还能对市场竞争秩序和产业发展施加深远影响，尤其是那些获得行业头部地位的个人信息处理者，甚至可以介入标准制定和政策讨论之中。在2021年引发社会热议的某打车软件事件充分表明，社会公众在享受服务的同时，也非常关注个人信息安全和权益保障情况。行业超大个人信息处理者的出现和发展为开展有效监管、形成更加合理的个人信息使用秩序带来全新挑战，是《个人信息保护法》在互联网快速发展的背景下必须回应的问题。

本条的立法目的相对清晰，在于规制“提供重要互联网平台服务、用户数量巨大、业务类型复杂的个人信息处理者”，这也厘清了本条的适用对象，即行业内的大型或具有一定经营规模的企业，尤其是行业内的头部企业。由于此类个人信息处理者的社会角色已经超越了一般的经营主体，应当施加更严格的法律义务，本条一共设定了四项。

在具体适用上，有以下几个要点需要注意：

第一，如何适用本条确定的三个认定要素，即“重要”“用户数量巨大”“业务类型复杂”。由《个人信息保护法草案（二次审议稿）》的“基础性”修改为“重要”，可以看出立法机关有意扩大本条的适用范围，认定标准则可以结合提供的服务类型、用户规模、同业竞争情况予以确定，并且应当根据社会需求的变化予以动态调整。“用户数量巨大”是相对可以量化的要素，但此处的“用户数量”究竟是指用户绝对数量还是指用户相对数量？笔者认为，如果理解为用户绝对数量，那么本条就不适用于那些在小范围内占据多数用户的互联网平台，而如果理解为用户相对数量，则可以将更多平台和企业纳入监管范围，因此，采用用户相对数量的理解更为合适，否则要求用户绝对数量巨大，也会导致立法门槛过高，反而架空了规则的实际适用。“业务类型复杂”同样需要在实践中结合个案判断和经验进行确定，从文义上，“复杂”至少要求个人信息处理者横跨数个业务类型，但不宜限定得过于狭窄，如某旅行服务类平台不仅提供旅行产品的预订服务，还提供金融产品和借贷服务、海外移民和置业服务等，足以认定为“业务类型复杂”；但如果平台仅提供旅行产品的预订服务，只不过是分别提供酒店、交通工具和景点门票的预定，则不宜认定为“业务类型复杂”，因为其业务仍限定于预订服务，只不过是涉及不同的对象。

在这三个认定要素之间的关系上，从文义解释的角度解读，显然需要同时满足，而对于单满足某个认定要素的互联网平台或企业，暂不能作为本条的适用对象予以规制。

第二，本条从四个方面设定了具体的法律义务：

1. 按照国家规定建立健全个人信息保护合规制度体系，成立主要由外部成员组成的独立机构对个人信息保护情况进行监督。其中，第一句话为《个人信息保护法草案（三次审议稿）》新增，主要强调的是制度建设。

个人信息保护合规制度体系作为企业合规制度体系的重要组成部分，内部管理制度、人事制度、个人信息分级分类制度、删除和匿名化制度、个人信息泄露的应急预案和补救措施、风险评估制度、合规审计制度等均可以纳入合规制度体系的范畴。但在实践中，由于个人信息保护方面的制度依据相对缺乏，导致许多企业并未重视个人信息保护的制度建设，本条将合规体系的构建上升到法律义务层面，体现了立法机关希望企业或平台等市场主体通过加强自身合规建设，降低个人信息处理的各类风险，不断提升个人信息安全治理水平的立法目标。引入外部人员组成独立机构是本法立法过程中引起较多关注的一项义务。这一制度设定，强化了外部监督力量的介入。实践中，可以将外部监督成员理解为上市公司的独立董事，对企业的个人信息保护作出判断和监督，因此，本条着重强调的还是个人信息治理的多方参与，通过增加独立的外部第三方，对个人信息处理者起到制约作用。至于参与该独立机构外部成员的任职资格、义务规范和法律责任等，还有待配套立法进行明确；此外，虽然有独立机构承担监督职能，但并不意味着政府的监管职责被削弱，相应地，履行个人信息保护职责的部门应加大监管力度，督促独立机构提高中立性和透明度，依法依规履职尽责。

2. 遵循公开、公平、公正的原则，制定平台规则，明确平台内产品或者服务提供者处理个人信息的规范和保护个人信息的义务。尽管以法律法规为主体的政府规制秩序能在一定程度上防范个人信息安全风险，但由于互联网业态存在时效性，立法很难秉持前瞻性，当网络治理中亟待解决的某一问题出现时，没有相应立法能够对应予以解决，待相应制定法为适应需求最终出台时，曾经亟须规范的问题或已解决或已失去现实意义，使现时立法成为没有执行必要的“空法”。有学者相应指出，仅依赖国家制定法的介入，这种固有的僵化和滞后便会使得网络社会缺乏必要的规范规制而呈现无序化的现象，对于这种立法漏洞与抽象笼统之处，网络自治规则反而会发挥远高于国家法的规范功能。[1] 通过制定平台规则，将对法律法

① 李明发、胡安琪：《论互联网社会自治在规则层面的实现》，载《电子政务》2018 年第 3 期。

规等外部规则形成较好的补充，同时能结合平台运营的实际弥补“政府失灵”的现象。早在《电子商务法》中，第 32 条就有类似规定，要求电子商务平台经营者应当遵循公开、公平、公正的原则，制定平台服务协议和交易规则。本条第 2 项对平台规则的制定作了两方面要求：其一是遵循公开、公平、公正的原则。公开即规则应当公之于众，便于社会公众查阅和了解；公平即合理地以一视同仁的态度确定各个主体的权利与义务，体现规则和程序的同一性；公正更多强调结果，包含了对规则实行的分析评价。其二是在内容上，平台规则应包含平台内产品或者服务提供者处理个人信息的规范，以及保护个人信息的义务。个人信息保护规则是平台规则不可回避的重要组成部分，本项更多地侧重个人信息处理者的角度，要求其明确规范和设定自身义务。

3. 对严重违反法律、行政法规处理个人信息的平台内的产品或者服务提供者，停止提供服务。这一规定，与《电子商务法》中所规定的电子商务平台经营者对平台内电子商务经营者相关产品质量、知识产权、消费者保护的监督责任类似，如《电子商务法》第 36 条规定：“电子商务平台经营者依据平台服务协议和交易规则对平台内经营者违反法律、法规的行为实施警示、暂停或者终止服务等措施的，应当及时公示。”本条第 3 项赋予了个人信息处理者监管平台内个人信息处理活动的职能，一方面个人信息处理者有权开展监管，并依照本项对严重违法的产品或服务提供者采取停止提供服务的措施。另一方面个人信息处理者如果没有采取相应措施，亦应承担一定法律责任。

4. 定期发布个人信息保护社会责任报告，接受社会监督。平台型企业作为独立运营的个体企业，与传统的一般性企业具有相似性，都是直接内嵌于社会中、经济功能与社会功能兼具并相互交融的社会经济组织。为社会创造与提供高效、有效、满意、合意的平台是平台的首要责任。[①] 本条第 4 项要求个人信息处理者定期发布个人信息保护社会责任报告，将个人

① 肖红军、李平：《平台型企业社会责任的生态化治理》，载《管理世界》2019 年第 4 期。

信息处理提高到作为平台承担社会责任的体现，尤其是对于本条所规制的超大互联网平台来说，其在平台商业生态圈中的影响范围和影响强度是其他规模的平台无法比拟的，如果发生个人信息安全事件，危害范围会相对更大，必须将自身的行为治理和社会监督结合起来，增强相关企业或平台的行为合规性，促进个人信息保护水平不断提升。

【关联规定】

《中华人民共和国电子商务法》第32条、第36条

（撰稿人：何傲翾、赵精武）

第五十九条　【受托方的个人信息保护义务】 接受委托处理个人信息的受托人，应当依照本法和有关法律、行政法规的规定，采取必要措施保障所处理的个人信息的安全，并协助个人信息处理者履行本法规定的义务。

【释义】

本条对用户数量庞大，业务类型复杂的个人信息处理者将部分个人信息处理业务委托给受托方时，受托方应当承担的法定责任进行了规范。在2020年10月13日第十三届全国人大常委会第二十二次会审议的《个人信息保护法草案（一次审议稿）》中，没有本条的相关规定，而在2021年4月29日第十三届全国人大常委会第二十八会议审议的《个人信息保护法草案（二次审议稿）》第58条新增了这一内容，具体表述为："接受委托处理个人信息的受托方，应当履行本章规定的相关义务，采取必要措施保障所处理的个人信息的安全。"在2021年8月20日第十三届全国人民代表大会常务委员会第三十次会议正式通过的《个人信息保护法》中，受托方

的个人信息保护义务条款被调整为第 59 条，内容也进一步得以完善，具体表述为："接受委托处理个人信息的受托人，应当依照本法和有关法律、行政法规的规定，采取必要措施保障所处理的个人信息的安全，并协助个人信息处理者履行本法规定的义务。"本条明确规定，对于接受委托处理个人信息的受托方，尽管不属于本法中的个人信息处理者，但也应当履行保障个人信息安全的法定义务，采取必要措施保障所处理的个人信息安全，同时协助个人信息处理者履行相关义务。对本条的解读必须放置在受托方的个人信息保护义务的规范框架中予以探讨，才能对本条的规范空间、立法目的和受托方个人信息保护义务有一个"全景式"的把握。

个人信息处理者，尤其是超大型的互联网平台以及部分金融机构委托他人处理部分个人信息是网络经济发展中的常见业务形态。《个人信息保护法（专家建议稿）》和《个人信息保护法草案（一次审议稿）》对于在委托他人进行个人信息处理行为中，受托方按约处理个人信息的义务，委托方授权方式，委托方授权范围等问题进行了相应的规范。本法第 21 条保留了对委托他人进行个人信息处理行为进行规范的条款，并赋予了受托方三项法定义务。一是受托方应当按照约定处理个人信息，不得超出约定的处理目的、处理方式等处理个人信息；二是委托合同不生效、无效、被撤销或者终止的，受托方应当将个人信息返还个人信息处理者或者予以删除，不得保留；三是未经个人信息处理者同意，受托方不得转委托他人处理个人信息。但上述三项法定义务主要围绕委托方和受托方之间的委托行为展开，未涉及受托方处理个人信息环节中的法定义务，无法有效对受托方处理个人信息过程中的各项行为予以全方位的规范。同时，本法第 73 条对于"个人信息处理者"的定义认为"个人信息处理者，是指在个人信息处理活动中自主决定处理目的、处理方式的组织、个人"。受托处理个人信息的受托方由于依据合同约定，存在无法自主决定个人信息处理目的、处理方式的可能，进而主张委托方为实际的个人信息处理者，受托方仅承担合同约定义务，而不承担保障个人信息安全的法定责任。因此，从个人信息监管的角度，也有必要加重受托方处理个人信息行为的法定义务，将受托方维护个人信息安全的法定责任予以明确。

在《个人信息保护法草案（一次审议稿）》的基础上，《个人信息保护法草案（二次审议稿）》在“个人信息处理者的义务”一章最后增加“受托方的个人信息保护义务”条款，旨在加重受托方的个人信息保护责任，要求受托方应当承担同个人信息处理者相同的个人信息保护义务。《个人信息保护法》最终考虑到受托方不同于应当承担更重的法定责任的个人信息处理者，从权责一致的角度完善了这一条款，规定受托方要依法采取措施保障个人信息安全，同时协助个人信息处理者履行本法尤其是第五章规定的各项义务。具体而言，接受委托处理个人信息的受托方，应当重点采取下列措施，保障个人信息安全。

一是采取必要措施确保个人信息处理活动符合法律、行政法规的规定。依法处理个人信息，是受托方保障个人信息安全所应当采取的首要措施。本法第 51 条明确列举的五项具体措施可供受托方依据个人信息处理的目的、方式、种类等因素参考适用。此外，法律、行政法规以及国家网信办、工信部出台的个人信息保护国家标准等规范性文件中对于受托方的特别规定，受托方也有义务予以落实。例如，国家标准《信息安全技术 个人信息安全规范》（GB/T 35273—2020）中第 9. 1 条“委托处理”部分规定，受托方在处理个人信息过程中无法提供足够的安全保护水平或发生了安全事件的，有义务及时向个人信息控制者（即委托方）反馈。又如，根据国家网信办发布的《儿童个人信息网络保护规定》第 16 条第 5 款规定，受托方处理儿童个人信息的，不得转委托。总体而言，处理个人信息的受托人应当根据个人信息的类型等因素，切实保障个人信息安全。

二是受托方应当协助个人信息处理者定期对个人信息处理活动遵守法律、行政法规的情况进行合规审计。2019 年，杭州市公安局对 51 信用卡有限公司委托外包公司催收涉嫌寻衅滋事等犯罪行为展开调查，[①] 以及

① 《催收背后：银行合作数十家催收公司，逾期客户信息同时给多家》，载搜狐网，https：//www. sohu. com/a/432788101_ 161795，2021 年 9 月 4 日访问。

2020 年招商银行信用卡中心委托第三方公司处置账务问题事件，[①] 背后的核心症结都是金融机构将客户姓名、联系方式、账户信息等持卡人信息交给第三方机构并进行催收过程中存在违法违规问题。受托方具有以合法合规的方式处理个人信息的法定义务，应当按照个人信息保护国家标准的要求，协助个人信息处理者开展个人信息合规审计，确保委托行为和处理行为都符合法律、行政法规的要求。此外，个人信息处理者在委托第三方处理个人信息时，也要对委托方的个人信息管理和处理能力进行评估。如《信息安全技术 个人信息安全规范》（GB/T 35273—2020）要求委托方对于委托行为进行个人信息安全影响评估，确保受托方达到落实必要的管理和技术措施等数据安全能力要求。

三是受托方对若干重大个人信息处理活动，应当进行事前风险评估。事前风险评估，是《个人信息保护法》中重要的制度设计。本法第 55 条针对个人信息处理者，专门就个人信息安全影响评估的适用场景、评估内容和报告保存期限进行了具体规定。受托方尽管无须完全按照第 55 条的要求进行风险评估，但是有义务协助个人信息处理者进行事前风险评估，如在个人信息处理者在委托处理之前要求受托方提供相关材料时，受托方应当如实提供。此外，受托方需要按照两个重要的国家标准——《信息安全技术 个人信息安全规范》（GB/T 35273—2020）和《信息安全技术 个人信息安全影响评估指南》（GB/T 39335—2020）开展个人信息安全影响评估，降低个人信息处理活动中的违规风险。上述两个国家标准对于受托方开展个人信息安全评估工作提出了若干要求，需要受托方重视。例如，《信息安全技术 个人信息安全规范》（GB/T 35273—2020）中对开展个人信息安全影响评估的场景有两项特殊规定：（1）在产品或服务发布前，或业务功能发生重大变化时，应进行个人信息安全影响评估；（2）在法律法规有新的要求时，或在业务模式、信息系统、运行环境发生重大变更时，

---

① 《杭州公安："51 信用卡"涉嫌寻衅滋事 已展开调查》，载人民网，http：//legal. people. com. cn/n1/2019/1022/c42510－31412354. html，2021 年 9 月 4 日访问。

或者发生重大个人信息安全事件时，应进行个人信息安全影响评估。《信息安全技术 个人信息安全影响评估指南》（GB/T 39335—2020）在类似场景中也提出了“局部合规分析”的要求。这些个人信息安全影响评估的技术规范共同要求受托方需要动态追踪个人信息保护环境和保护规范的变化，依规开展个人信息安全影响评估，切实保障个人信息处理过程合法合规。

【关联规定】

本法第 21 条，《中华人民共和国民法典》第 1038 条，《中华人民共和国网络安全法》第 22 条、第 42 条，《儿童个人信息网络保护规定》第 16 条

（撰稿人：杜吾青、赵精武）

第六章　履行个人信息保护职责的部门

【导读】

本章明确了负责个人信息保护的部门、层级以及职责。个人信息保护是一项较为复杂的工作，一方面涉及保护，防控个人信息被滥用的风险。另一方面涉及发展，需要推动数据开放利用促进数字化发展，在这两种相互冲突的价值间取得较好的平衡是个人信息保护工作的重点。由于价值的多元化，因此很难由一个部门独立负责管理，需要通过各相关部门在自身职责范围内共同驱动，才能有效实现个人信息保护工作的稳步开展。根据目前个人信息保护工作实践，涉及的部门包括网信办、工信部、公安部、市场监督管理总局，同时还有交通部、文旅部、银保监会等部门从行业主管的角度开展本行业个人信息保护和监管工作。

《个人信息保护法》出台之前，我国个人信息保护工作和相关监管工作并没有明确的主管部门，而是采取网信办主要负责，各相关部门负责各自领域监管，同时各行业主管部门负责行业监管的模式。其中，网信办由于承担网络信息安全和内容安全方面的职责，主要负责数据安全，工信部门由于承担互联网通信服务监管和互联网（含移动互联网）行业管理的职能，其职责权限也包括互联网用户权益和个人信息保护的监管职责，因此App个人信息治理的工作主要在工信部，同时还包括相关的执法权限。公安部门更多从侵犯个人信息违法犯罪行为的视角关注网络安全和公民个人信息权益。市场监管部门最早把个人信息定义为消费者的一项个人权利进行保护，依据《消费者权益保护法》第56条，对未经消费者同意收集个人信息以及发送商业性信息的行为进行处罚，同时吊销营业执照的行政处罚权限也在市场监管部门。各部门分工不同，相互配合，同时权限也互有交叉。自2019年以来，个人信息保护工作日益重要，各部门逐步通过联合执法的方式进行专项治理和制度设计。为进一步促进监管职责明晰化，监管行为统一化，监管方式多样化，国家对各部门的权限进行梳理整合，在《个人信息保护法》中明确形成由网信办统筹协调，各相关部门分别在职责范围内履责的个人信息监管模式。

虽然《个人信息保护法》确定了由网信办统筹，各有关部门在各自职责范围内负责监管工作，实践中各部门职责权限的划分仍然难以清晰界定，各部门互相配合的情况可能会继续存在。以自动驾驶涉及的个人信息保护为例，网信办发布的《汽车数据安全管理若干规定（征求意见稿）》中对运营者个人信息或重要数据的范围进行了界定。然而，汽车生产和准入职责在工信部，测绘地理信息管理在自然资源部，智能汽车发展战略和规划在发改委。根据该规定对于重要数据的定义，还可能涉及安全部门、国防科工部门、能源部门、保密部门，甚至军队有关部门。因此，虽然该规定由网信办牵头制定，职责所系，但是由于汽车产业链条长、产品生命周期长、使用场景丰富、触及范围广，可以类比于一台移动的智能手机终端，因此可能涉及包括个人信息在内的数据类型极为丰富，需要各有关部门分别关注，共同监管。目前，工信部、自然资源部等部门也都分别准备从不同角度制定法规或标准对汽车数据安全进行规范，与网信办制定的规定在内容和机制层面进一步协调。

立法规制仅是在制度层面进行了框架式的规定，个人信息的有效保护更多还是技术层面的管理和控制。技术的强相关性使得个人信息保护与其他法律领域有着明显的区别，也决定了网信办的统筹协调工作既包括立法、执法的手段，也包括制定标准、规范技术等措施。这种特性在《个人信息保护法》中体现得非常明显，第61条规定个人信息保护工作的内容中，前两项都是制定相关标准，第三项是技术支持，占了3/4的内容。从目前实践来看，企业在个人信息合规方面的依据除了立法外，更多的是标准，既包括强制性标准，也包括非强制性的推荐标准和行标。通过制定标准的方式对行业进行规范管理在很多领域都很常见，但是在个人信息保护领域尤其突出，一方面由于个人信息保护的技术性较强，另一方面从标准本身的价值看，其制定周期相对较短，灵活性更强，内容更细致，还可以由企业主体参与，充分发挥企业自主性和积极性，而且对企业而言适用性更强。可以说，在个人信息保护领域，立法的顶层指导和价值缓冲的意义更强，标准的实务指引和具体规范的作用较突出，二者不可偏废。可以预见，网信办在后续个人信息保护和监管工作中，需要充分发挥行业协会、研究智库、企业主体等在制定标准方面的重要作用，尤其需要发挥前两者在政府和企业之间桥梁作用。

随着《个人信息保护法》的落地实施，个人信息监管执法措施将会越来越多元化。从第 62 条规定来看，除了常规的询问、调查手段外，由于个人信息保护的技术性，监管执法将更多采取技术措施，如在实施现场检查时，对个人电脑和服务器封存后进行技术检验，与相关合同、记录交叉验证后确认个人信息处理活动是否违法违规。随着企业尤其是互联网企业的技术突飞猛进，监管部门也需要与时俱进，及时、充分了解数据处理、存储等的前沿技术，协同技术人员进行个人信息保护的监管执法，才能确保无死角地消除个人信息安全隐患。

个人信息保护工作的有效开展是促进企业合规运营的重要方式，同时也是促进企业长远稳定发展的有效手段。个人信息具有一定程度的商业价值，同时也是与每个人息息相关的重要权益，企业只有以一种合理、有限度的方式处理、使用个人信息，才能充分释放个人信息的商业价值，在个人权益保护和商业利用方面取得有效平衡。如果企业不加限制地使用个人信息，个人信息权益将受到严重侵犯，人格权也将无从谈起，从企业角度看，用户也将会失去对企业，甚至整个行业的信任，对市场培育和经济发展极为不利。因此，监管部门应当在充分考虑各方价值的基础上做好利益平衡，在有效保护个人信息的同时通过明确标准，划定界限，给企业留有一定的发展空间。企业自身要认识到个人信息合规工作是保障企业稳定发展的有效方式，自觉接受监管，开展合规运营。

目前越来越多观点从行政法和行政监管角度看待个人信息保护，然而个人信息保护本质上仍然是个人的一项民事权利，除行政处罚外，个人信息权利主体有权要求侵权者就侵犯个人信息的行为承担赔偿责任。从内容看，《个人信息保护法》更像是一部行政法，多数还是行政监管的规定，民事规范非常少。第 64 条规定了个人投诉、举报的权利，也并非从维护个人信息权益的角度，而是从发现个人信息违法违规线索的角度出发。随着个人权利的彰显，以及个人信息保护的深入人心，个人信息主体将会越来越多采取各种方式保护自身权益，为权利而斗争，有关部门应当建立完善的投诉机制，更加有效地保护个人信息主体的民事权益。

（撰稿人：刘欢）

第六十条　【个人信息保护监管的职能划分】国家网信部门负责统筹协调个人信息保护工作和相关监督管理工作。国务院有关部门依照本法和有关法律、行政法规的规定，在各自职责范围内负责个人信息保护和监督管理工作。

县级以上地方人民政府有关部门的个人信息保护和监督管理职责，按照国家有关规定确定。

前两款规定的部门统称为履行个人信息保护职责的部门。

【释义】

本条确立了履行个人信息保护职责部门的职责分工，即个人信息保护监管的职能划分，主要延续了《网络安全法》第 8 条确立的“网信部门统筹协调”+“有关部门分散监管”的立法模式。其中，国家网信部门负责统筹协调网络安全工作和相关监督管理工作，国务院电信主管部门、公安部门和工信部门应当依照有关法律、行政法规的规定在各自职责范围内承担相应的个人信息保护职责，而“其他有关机关”主要指的是《电子商务法》《电子签名法》《商业银行法》《消费者权益保护法》《传染病防治法》《居民身份证法》《护照法》《测绘法》《档案法》《律师法》《执业医师法》《旅游法》《广告法》《邮政法》《统计法》等法律对应的主管部门，这些机关都应当在各自职责内依法履行监管职能。[①]

在立法过程中，《个人信息保护法草案（一次审议稿）》第56条规定：“国家网信部门负责统筹协调个人信息保护工作和相关监督管理工作。国务院有关部门依照本法和有关法律、行政法规的规定，在各自职责范围内负责个人信息保护和监督管理工作。县级以上地方人民政府有关部门的个人信息保护和监督管理职责，按照国家有关规定确定。前两款规定的部门统称为履行个人信息保护职责的部门。”除条文序号发生变化外，本条内容在接下来的三次审议过程中均未进行修改[②]，最终成为《个人信息保护法》第60条。

在大数据时代，只有依靠公私法的合作协力，才能对个人信息形成全面的保护。其中，行政法保护或行政监管已经是个人信息保护的“第三支柱”而且发挥着日益重要的作用。在比较法上，个人信息行政保护或个人信息保护监管主要存在两种模式：一种模式是欧盟式的统一监管，即统一立法、集中监管，建立个人信息保护监管的专责机关，并逐步强化监管机构的权力。1995年《个人数据保护指令》（Directive 95/46/EC）即要求欧盟成员国建立独立的数据监管机关并采取多种方式来履行保护个人数据权利和促进数据流通的职能。2018年GDPR设置的欧洲数据保护委员会（European Data Protection Board）在个人数据保护立法和实践中发挥了非常重要的作用。另一种模式是分散监管，即分散立法、部门监管。因此，不同行业的主管部门负责各自领域中的个人信息保护监管。

对照来看，分散监管这种模式虽然有利于兼顾不同行业和部门独立监

---

① 刘品新：《网络法：原理、案例与规则》，中国人民大学出版社2021年版，第297页。

② 《个人信息保护法草案（二次审议稿）》第59条和《个人信息保护法草案（三次审议稿）》第60条。

管的专业性要求和实践传统，但是，由于主管机关分散（缺乏独立性和统一性保障）、监管目标弱化、权责分工模糊、监管措施乏力和执法程序模糊等原因，仍然无法改变我国个人信息保护监管的困境。[①] 在世界范围内，随着个人信息保护专门立法的兴起，统一的监管模式越来越受到青睐。比如，以前分别隶属于日本中央主管大臣或韩国内政部（行政安全部）的个人信息保护监管职能，都逐渐收归于新设的独立机关“个人信息保护委员会”。此前，在我国个人信息保护分散立法的背景下，相关的个人信息保护规定依附于不同的部门法，电信、网络、征信和邮政快递等行业都已经存在相应的主管机关。但是，从长远来看，建立统一和独立的监管主体是未来的发展趋势，它可以避免多头监管和不当干预的弊端，同时促进监管工作的统一领导与国际合作，从而有利于我国个人信息保护水平的进一步提高。

对本条的理解，需要注意以下两个方面的问题：

一方面，在规范目的上，本条旨在确立不同部门之间个人信息保护职责的划分。笔者认为，首先，本章名称应当修改为“个人信息保护的监管”，原有章名不仅无法凸显个人信息保护行政监管或个人信息行政法保护的重要意义，同时也容易忽视监管主体配置之外的监管手段、监管措施和监管程序等相关配套制度。其次，“履行个人信息保护职能的部门”宜统一修改为“个人信息保护监管机关”。本法第 63 条“履行个人信息保护职责的部门履行个人信息保护职责，可以采取下列措施……”、第 64 条“履行个人信息保护职责的部门在履行职责中……”等处的规定不仅语义重复，而且也无实质性指向。因此，为了与本章名称修改相协调，主管机关应当统一修改为“个人信息保护监管机关”。

另一方面，本条缺乏兜底性的个人信息保护监管机关，建议新增第 59 条第 3 款（原第 3 款变为第 4 款）或者在相关的行政法规和实施细则中规定“有关部门依照法律、行政法规规定不能确定或者存在争议的，由国家网信部门负责相关的个人信息保护监管工作”。本文认为，“个人信息保护

① 邓辉：《我国个人信息保护行政监管的立法选择》，载《交大法学》2020 年第 2 期。

监管”的最佳方案是采取欧盟式的统一监管模式，设立专门的个人信息保护监管机关（如“个人信息保护委员会”或“个人信息保护和数据监管局”）来处理个人信息保护、数据安全和网络安全问题。在立法决定遵循分散监管立法传统的背景下，实践操作可以选取一种次佳方案。网信部门在网络安全和信息化、个人信息保护等方面已经进行了大量工作，理应承担起“统筹协调＋兜底监管”的重任。如果履行个人信息保护职责的有关部门依据法律、行政法规不能确定，可能导致不同部门出现推诿、抢位或缺位等现象①，此时，国家网信部门应当统筹协调并且自动补位，确保个人信息保护监管职责的正确和及时履行。

【关联规定】

《中华人民共和国网络安全法》第 8 条，《中华人民共和国数据安全法》第 5 条、第 6 条

（撰稿人：邓辉）

第六十一条　【履行个人信息保护职责的部门的基本职责】

履行个人信息保护职责的部门履行下列个人信息保护职责：

（一）开展个人信息保护宣传教育，指导、监督个人信息处理者开展个人信息保护工作；

（二）接受、处理与个人信息保护有关的投诉、举报；

（三）组织对应用程序等个人信息保护情况进行测评，并公布测评结果；

（四）调查、处理违法个人信息处理活动；

（五）法律、行政法规规定的其他职责。

---

① 郦言：《“有关部门”到底是哪些部门?》，载《党政论坛》2016 年第 10 期。

【释义】

本条是对履行个人信息保护职责的部门的基本职责的规定。本条通过列举加概括的方式明确了履行个人信息保护职责的部门应当履行的各项职责，同时也为以后的发展保留了适当的空间。

履行个人信息保护职责的部门的职责，作为与履行个人信息保护职责的部门的职权相对应的概念，是指履行个人信息保护职责的部门在行使个人信息保护职权时所必须承担的法定义务。[①] 根据行政法学的一般理论，行政职权、行政职责和行政管理手段之间存在紧密的关系：职权因职责而产生，管理手段则是职责和职权的延伸；法律首先赋予了行政机关各种职责，为保证这些职责的完成，然后赋予行政机关以相应的职权，并赋予其各种管理手段。[②] 换言之，行政机关的职权是行政机关职责履行的保障，行政机关的管理手段则是行政机关职权行使的表现形式。

由此可知，本条是对履行个人信息保护职责的部门基本职责的规定，本法第 62 ~ 64 条是对履行个人信息保护职责的部门管理手段的规定。只有保证履行个人信息保护职责的部门依法履行了本条所规定的各项职责，才能够实现本法第 1 条所确立的保护个人信息权益、规范个人信息处理活动、促进个人信息合理利用的法律宗旨。

从本条来看，本法规定了下列履行个人信息保护职责的部门的具体职责。

一、开展个人信息保护宣传教育，指导、监督个人信息处理者开展个人信息保护工作

进入信息社会，每一个人都是“信息人”，个人既是信息的生产者也是信息的消费者，任何人都不可能离开信息而生存；与此相适应，人类社

---

① 周佑勇：《行政法原论》，北京大学出版社 2018 年版，第 119 页。

② 姜明安主编：《行政法与行政诉讼法》，北京大学出版社 2015 年版，第 93 ~ 94 页。

会中的每一种社会关系都直接或间接打上了“信息化”的烙印。[①] 新世界在向人类开启无限机会的同时也时刻潜伏着危机，即人类和机器在挖掘信息价值的同时也对人类的隐私和信息权益再次发起挑战。但是关于何谓个人信息、如何保护和利用个人信息，对于信息主体、信息处理者和信息保护监管者而言都是相对陌生的事物。此时，规定履行个人信息保护职责的部门应当承担开展个人信息保护宣传教育，指导、监督个人信息处理者开展个人信息保护工作的基本职责就尤为重要。因为，该职责的履行有利于营造健康良好的个人信息保护环境：一方面，可以让信息主体准确了解个人信息的概念和重要性，提升信息主体的个人信息保护意识，促进信息主体积极维护自身合法权益；另一方面，可以让信息处理者明确其个人信息利用的边界，积极履行法定信息处理义务，保护信息主体的信息权益。

个人信息保护宣传教育，是指履行个人信息保护职责的部门通过各种线上或者线下形式，让个人信息主体、个人信息处理者和个人信息保护监管者，全面而准确地了解个人信息处理活动中所蕴含的风险和收益、信息主体所享有的各项信息权益、信息处理者应当承担的各项信息处理义务以及监管者所应承担的各项监管职责，进而提高各方的个人信息保护意识，营造良好的信息保护和利用环境的一项职责。

个人信息保护宣传教育的目的是提升社会各方个人信息保护的法治意识，可以纳入我国法治宣传教育的范围，作为全面推进依法治国的重要组成部门。为了提高这种宣传教育的针对性和实效性，履行个人信息保护职责的部门应当创新方式方法，善于抓住重点、分类施教，针对不同对象，采取不同方法，尤其是要加强新媒体新技术在宣传教育中的运用，充分发挥“互联网＋宣传教育”的作用，为各方提供更多、更便捷的学习渠道。

指导、监督个人信息处理者开展个人信息保护工作，是指履行个人信息保护职责的部门事前通过指引和教导个人信息处理者如何开展个人信息保护工作，事中通过对于个人信息处理者处理个人信息的活动进行监督，

① 张新宝：《从隐私到个人信息：利益再衡量的理论与制度安排》，载《中国法学》2015 年第 3 期。

以此保证个人信息处理者的个人信息处理活动合法合规的一项职责。其中，事前指导的意义是为让个人信息处理者明白如何践行合法合规的要求，事中监督的意义则是为让个人信息处理者的个人信息处理活动始终符合合法合规的要求，两者相辅相成。

二、接受、处理与个人信息保护有关的投诉、举报

所谓与个人信息保护有关的投诉，是指信息主体在购买和使用产品或接受服务过程中，由于自身的个人信息权益被侵害而与信息处理者发生争议后，通过口头或书面形式，向履行个人信息保护职责的部门反映自己权益遭受侵害的事实，请求协助解决争议的行为。与之相对应，与个人信息保护有关的举报，是指自然人、法人或者其他组织，向履行个人信息保护职责的部门反映个人信息处理者在处理个人信息的过程中存在违法处理个人信息之情形的行为。至于这种违法行为是否侵害自身合法信息权益则在所不问。投诉和举报是对个人信息处理者的个人信息处理活动进行公民监督的具体表现形式。

由于信息主体是侵害个人信息违法行为的直接受害者，因此其有内在的动力去对个人信息处理者的个人信息处理活动进行监督，以直接或者间接维护自身的合法信息权益。要求履行个人信息保护职责的部门去接受和处理与个人信息保护有关的投诉和举报就是为了开放对个人信息处理活动的公民监督。[①] 这一职责的履行不仅要求履行个人信息保护职责的部门接受有关的投诉和举报，还应当对有关的投诉和举报进行处理。

关于该职责的履行，实践当中存在的主要问题在于，尽管投诉举报的途径有很多，但是能够获得有关部门及时处理和回应的却不多。为了更好地履行该职责，一方面，要进一步畅通投诉和举报的渠道，尤其要做到简单快捷；另一方面，要对相关的投诉和举报进行及时有效的处理，并且应当进行相应的答复。同时，履行个人信息保护职责的部门也应当加强对投

---

① 张新宝、葛鑫：《个人信息保护法（专家建议稿）及其立法理由书》，中国人民大学出版社2021年版，第224、227页。

诉和举报人个人信息的保密。正因为考虑到实践中存在的以上诸多问题，本法第 65 条对规范个人和组织的投诉和举报权以及履行个人信息保护职责的部门的接受和处理职责作了进一步的规定。

三、组织对应用程序等个人信息保护情况进行测评，并公布测评结果

以移动互联网为代表的现代信息技术日新月异，不断推动各类应用程序蓬勃发展，App 在架数量和用户规模持续扩大（截至 2020 年年底，我国国内市场上监测到的 App 数量为 345 万款）[①]，已经成为个人信息保护的关键领域。近年来 App 得到广泛运用，在促进经济社会发展、服务民生方面发挥了不可替代的作用；同时 App 强制授权、过度索权、超范围收集个人信息的现象大量存在，违法违规使用个人信息的问题十分突出，民众对此反映强烈。[②] 为切实治理个人信息保护方面存在的乱象，中央网信办、工业和信息化部、公安部、市场监管总局等四部门于 2019 年 1 月 23 日发布了《关于开展 App 违法违规收集使用个人信息专项治理的公告》，并自 2019 年 1 月至 12 月，成立 App 违法违规收集使用个人信息专项治理工作组，在全国范围组织开展 App 违法违规收集使用个人信息专项治理。该项个人信息专项治理行动效果显著，有效遏制了 App 违法过度收集个人信息，最终四部门形成了《App 违法违规收集使用个人信息专项治理报告(2019)》。

除了开展上述个人信息保护专项治理之外，专项工作组分别于 2019 年 3 月和 12 月颁布了《App 违法违规收集使用个人信息自评估指南》《App 违法违规收集使用个人信息行为认定方法》，同时诸如《信息安全技术 移动互联网应用（App）收集个人信息基本规范》《网络安全标准实践指南——移动互联网应用程序（App）收集使用个人信息自评估指南》《移动互联网应用程序（App）个人信息保护常见问题及处置指南》《常见

---

① 工业和信息化部运行监测协调局：《2020 年互联网和相关服务业运行情况》，载《互联网天地》2021 年第 2 期。

② 中央网信办、工业和信息化部、公安部、市场监管总局《关于开展 App 违法违规收集使用个人信息专项治理的公告》。

类型移动互联网应用程序必要个人信息范围规定》等国标也相继颁布或者在征求意见。这些都为规范 App 依法收集个人信息提供了制度保障。

《个人信息保护法》作为个人信息保护领域的基本法律，对 App 过度收集个人信息的问题亦应从法律的层面作出专门的回应。为此，《个人信息保护法》在《个人信息保护法草案（二次审议稿）》的基础上增加了专门的规定。其中，第 61 条将“组织对应用程序等个人信息保护情况进行测评，并公布测评结果”新设为履行个人信息保护职责的部门的职责；第 66 条将“对违法处理个人信息的应用程序，责令暂停或者终止提供服务”增加为履行个人信息保护职责的部门对违法主体可采取的处罚手段。

为正确理解“组织对应用程序等个人信息保护情况进行测评，并公布测评结果”的规定，应当把握以下几点：

首先，测评的主体是履行个人信息保护职责的部门。其他部门无权进行测评。履行个人信息保护职责的部门不仅可以主动进行测评，而且还可以根据有关组织和个人的投诉举报对 App 应用程序进行测评。为了提高测评的成效，应当首先针对用户量较大，对个人信息权益影响较大的领域的 App 展开测评。

其次，测评的对象是应用程序等个人信息保护情况。所谓个人信息保护情况，是指被测评的 App 所实现的个人信息保护水平的高低，尤其是要测评是否存在违反《个人信息保护法》处理个人信息的情况。至于测评的方法和标准应当依照《App 违法违规收集使用个人信息自评估指南》《App 违法违规收集使用个人信息行为认定方法》和《个人信息保护法》的规定展开。

再次，测评应当定期进行。为了更好地监督 App 应用程序合法收集个人信息，测评应当定期进行。但是对于重点监测领域的 App 应用程序应当缩短测评的周期。

最后，测评的结果应当公开。结果公开是为了进行社会监督。通过 App 应用程序的信誉机制来倒逼 App 应用程序及时整改。

除了对 App 应用程序的个人信息保护情况进行测评，未来也可以根据需要对其他方面的个人信息保护情况进行测评并公开结果，切实维护个人信息主体的信息权益。

四、调查、处理违法个人信息处理活动

调查违法个人信息处理活动，是指履行个人信息保护职责的部门，为了发现和获得个人信息处理者违法处理个人信息的事实和证据，所展开的各项事实和证据收集活动，包括但不限于询问有关当事人、查阅复制相关资料、实施现场检查等活动。处理违法个人信息处理活动，是指确认个人信息处理者存在违法处理个人信息的行为并且已经完成调查取证之后，对个人信息处理者所采取的各项惩戒措施，包括但不限于进行约谈、责令改正、给予警告、没收违法所得、罚款等措施。

调查和处理违法个人信息处理活动属于个人信息保护职责部门的个人信息保护执法的范畴，是其最为重要的一项基本职责。对于个人信息保护执法工作而言，部分执法内容作为国务院各主管部门的既有监管职权，此类行政执法存在国家网信部门与国务院各主管部门配合执法的问题，为了更好地实现配合执法，应当发挥国家网信部门统筹协同的作用，这也是本法第 60 条第 1 款所规定的“国家网信部门负责统筹协调个人信息保护工作和相关监督管理工作”的题中应有之义。与此同时，随着技术和商业实践的发展，新的个人信息保护问题会随之出现，对于此类问题的监督执法应当由国家网信部门进行单独负责。①

五、法律、行政法规规定的其他职责

此处所谓法律、行政法规规定的其他职责有两层含义：一是指本法和其他既有法律、行政法规对于履行个人信息保护职责部门的职责作出规定的情形；二是指未来的法律、行政法规对于履行个人信息保护职责部门的职责作出规定的情形。前一种情形旨在衔接其他法律、行政法规的相关规定，发挥着沟通“管道”的作用；后一种情形旨在授权未来的立法，发挥

① 张新宝、葛鑫：《个人信息保护法（专家建议稿）及其立法理由书》，中国人民大学出版社 2021 年版，第 225 页。

着保持法体系开放的作用。

其他法律、行政法规规定的履行个人信息保护职责部门的职责主要包括但不限于以下规定：本法第 70 条规定的“提起个人信息保护公益诉讼”的职责、《网络安全法》第 14 条第 2 款规定的“有关部门应当对举报人的相关信息予以保密，保护举报人的合法权益”、《网络安全法》第 15 条第 1 款规定的“国务院标准化行政主管部门和国务院其他有关部门根据各自的职责，组织制定并适时修订有关网络安全管理以及网络产品、服务和运行安全的国家标准、行业标准”等。

【关联规定】

《中华人民共和国网络安全法》第 14 条、第 15 条、第 45 条

（撰稿人：雷志富）

第六十二条　【国家网信部门统筹协调的个人信息保护工作】 国家网信部门统筹协调有关部门依据本法推进下列个人信息保护工作：

（一）制定个人信息保护具体规则、标准；

（二）针对小型个人信息处理者、处理敏感个人信息以及人脸识别、人工智能等新技术、新应用，制定专门的个人信息保护规则、标准；

（三）支持研究开发和推广应用安全、方便的电子身份认证技术，推进网络身份认证公共服务建设；

（四）推进个人信息保护社会化服务体系建设，支持有关机构开展个人信息保护评估、认证服务；

（五）完善个人信息保护投诉、举报工作机制。

【释义】

本条是对国家网信部门统筹协调的个人信息保护工作的规定。本条旨在明确国家网信部门统筹协调的权限，同时通过列举的方式明确了各项具体工作的内容。

在本法第 60 条明确了我国个人信息保护管采取“网信部门为主管机关 + 各主管部门配合执法”的模式之下，本条进一步明确了国家网信部门统筹协调的个人信息保护工作的具体内容。本条规定有助于推定履行个人信息保护部门之间的分工和协作，提升个人信息保护的实际效率和强度。

从本条来看，本法规定了国家网信部门下列统筹协调个人信息保护的具体工作。

一、制定个人信息保护具体规则、标准

因为《个人信息保护法》只能是构建起个人信息保护的基本制度框架，在具体实践中往往需要遵循《个人信息保护法》所确定的基本框架，进一步制定具体的规则和标准来指引。[①] 因此，国家网信部门可根据我国的个人信息保护及相关技术、商业实践发展状况，适时地制定、修改有关的个人信息保护具体规则和标准，确保《个人信息保护法》在实践中得到正确、有效的贯彻、实施。

这些具体规则主要包括《征信业管理条例》《计算机信息网络国际联网安全保护管理办法》《电信和互联网用户个人信息保护规定》《银行业金融机构数据治理指引》《具有舆论属性或社会动员能力的互联网信息服务安全评估规定》《App 违法违规收集使用个人信息自评估指南》《App 违法违规收集使用个人信息行为认定方法》《互联网个人信息安全保护指南》《儿童个人信息网络保护规定》《网络信息内容生态治理规定》《中国人民

---

① 张新宝、葛鑫：《个人信息保护法（专家建议稿）及其立法理由书》，中国人民大学出版社 2021 年版，第 225 页。

银行金融消费者权益保护实施办法》《常见类型移动互联网应用程序必要个人信息范围规定》《最高人民法院、最高人民检察院关于办理侵犯公民个人信息刑事案件适用法律若干问题的解释》《最高人民法院关于审理侵害信息网络传播权民事纠纷案件适用法律若干问题的规定》《最高人民法院、最高人民检察院关于办理利用信息网络实施诽谤等刑事案件适用法律若干问题的解释》《最高人民法院、最高人民检察院关于办理非法利用信息网络、帮助信息网络犯罪活动等刑事案件适用法律若干问题的解释》《最高人民法院、最高人民检察院关于办理危害计算机信息系统安全刑事案件应用法律若干问题的解释》等。

标准化，是指为在一定范围内获得最佳秩序，对实际或潜在的问题制定共同和重复使用的规则的活动，它包括制定、发布及实施标准的过程。根据我国《标准化法》的规定，标准可以分为多个层次，即国家标准、行业标准、地方标准和团体标准、企业标准。①

个人信息保护立法与个人信息保护标准化具有强法与软法互为补充的关系。与个人信息保护立法是对个人信息保护的最低限度要求不同，个人信息保护标准化更加细致，能够对个人信息保护法律规定进行细化和补充，落实个人信息保护标准化也是对《个人信息保护法》的落实。同时，与个人信息保护法律规定是通过国家法律体现的强制性要求不同，目前我国个人信息保护标准主要是推荐性国家标准和行业标准，仅具有推荐性作用，鼓励企业自愿采用，并没有法律的强制执行效果，而是需要通过行业自律等软法执行机制，才能推动个人信息保护标准的贯彻落实。如目前国家标准和行业标准《信息安全技术 个人信息安全规范》《信息安全技术 个人信息安全影响评估指南》《信息安全技术网络安全等级保护基本要求》《网络安全实践指南——移动互联网应用基本业务功能必要信息规范》《网络安全标准实践指南——移动互联网应用程序（App）收集使用个人信息自评估指南》《网络安全标准实践指南——移动互联网应用程序（App）

① 《标准化法》第10～13条、第18条。

个人信息保护常见问题及处置指南》等为我国个人信息保护领域相关工作的开展提供了技术支撑和保障，在我国《个人信息保护法》尚未出台时，对促进个人信息的合理利用、指导和规范利用信息系统处理个人信息的活动发挥了重要作用。在某种程度上，个人信息保护标准化是个人信息保护体系建设的重要组成部分，对在个人信息处理活动中落实个人信息保护发挥着基础性、规范性、引领性作用。

二、针对小型个人信息处理者、处理敏感个人信息以及人脸识别、人工智能等新技术、新应用，制定专门的个人信息保护规则、标准

（一）针对小型个人信息处理者制定专门的个人信息保护规则、标准

该项内容是在《个人信息保护法草案（二次审议稿）》第61条基础上新增的规定，其目的在于进一步区分大、小型企业的个人信息保护义务，减轻小型个人信息处理者的负担，这也与本法第58条规定赋予“提供重要互联网平台服务、用户数量巨大、业务类型复杂的个人信息处理者”特别的“守门人”义务[①]相对应。

不同规模的个人信息处理者，在处理个人信息的技术水平、风险和模式上存在差异，因此制度设计需要“因人而异”。强化对于大型个人信息处理者的监管，配置与其控制力和影响力相适应的个人信息保护特别义务，已基本形成共识。我国《个人信息保护法草案（二次审议稿）》吸收和借鉴了欧盟委员会在《数字市场法案》中提出的数字“守门人”的概念，也强化了大型个人信息处理者的个人信息保护义务，创设性规定了中国的数字“守门人”条款，明确提供基础性互联网平台服务、用户数量巨大、业务类型复杂的个人信息处理者，应当承担额外的个人信息保护义务，包括成立主要由外部成员组成的独立机构，对于平台内的违法主体停止提供服务，定期发布个人信息保护社会责任报告。本法第58条进一步完善了“守门人”条款。一是将提供基础性互联网平台修改为提供重要互

① 关于“守门人”义务的详细介绍参见张新宝：《互联网生态“守门人”个人信息保护特别义务设置研究》，载《比较法研究》2021年第3期。

联网平台服务；二是在第1项中补充了按照国家规定建立健全个人信息保护合规制度体系的义务；三是单独增加了一项“守门人”义务，即遵循公开、公平、公正的原则，制定平台规则，明确平台内产品或者服务提供者处理个人信息的规范和保护个人信息的义务。

然而，对于小型个人信息处理者，考虑到其技术水平、风险等级与大型个人信息处理者之间的巨大差异，是否应进行部分义务的豁免，全球范围内还处于探索阶段，只有少数国家对此作出了规定。例如，GDPR明确要求考虑微型、小型以及中型经济主体的特定需求，但还未出台具有实践指导性的文件；印度《个人数据保护法（草案）》及澳大利亚《隐私法》中对小型企业作出界定，并直接豁免其部分个人信息保护义务。对此，我国《个人信息保护法》同样回应了小型个人信息处理者问题，本条第2项明确规定由国家网信部门针对小型个人信息处理者制定专门个人信息保护规则、标准。这一规定留出了针对小型个人信息处理者的立法空间，下一步国家网信部门可以在降低要求、责任豁免等方面对小型个人信息处理者作出专门规则设计。这意味着立法者和执法者应当适当减轻小微企业的信息处理负担，尤其是降低其个人信息处理义务和减轻其法律责任，将更多的执法资源配置给那些重点领域的大型个人信息处理者和一般个人信息处理者。至于具体的方案，留待国家网信部门和标准化委员会出台具体的规则和标准。

另外，关于何为小型个人信息处理者，同样可以考虑由国家网信部门出台具体的操作标准。对此也可以参考2017年国家统计局发布的《统计上大中小微型企业划分办法》对信息技术服务业中大、中、小、微企业营业数额的划分①，将营业收入在1000万元以下的企业确定为小型个人信息处理者。

（二）针对处理敏感个人信息以及人脸识别、人工智能等新技术、新应用，制定专门的个人信息保护规则、标准

---

① 《国家统计局关于印发〈统计上大中小微型企业划分办法（2017）〉的通知》。

对整体架构进行观察，可以发现《个人信息保护法》基本上采纳了我国权威学者所提出的“两头强化，三方平衡”的理论主张。[①] 其中《个人信息保护法》单设一节对“敏感个人信息的处理规则”作出专门规定以强化敏感个人信息的保护就是这种理念的集中体现。根据该节的规定，对于敏感个人信息的处理存在以下特别要求：（1）遵循特定目的和充分必要性原则；（2）单独同意和书面同意规则；（3）事前影响评估和记录规则；（4）附加告知处理敏感个人信息的必要性以及对个人影响的规则；（5）依照法律、行政法规获得行政许可的规则。由于上述规则要么比较抽象，如如何理解这里的“目的的特定”和“充分的必要”，要么还没有具体法律规定，如缺乏依照法律、行政法规获得许可的规则，这就要求对敏感个人信息的处理规则规定细化规则或增加补充规则，并且及时颁布相应的标准。如为了保护自然人人脸信息，2021 年 7 月 28 日，最高人民法院颁布了《关于审理使用人脸识别技术处理个人信息相关民事案件适用法律若干问题的规定》，国家标准化管理委员会也于 2021 年 4 月 22 日和 2021 年 5 月 6 日分别颁布了《信息安全技术 人脸识别数据安全要求》《信息技术安全 基因识别数据安全要求》。

同样地，人脸识别、声纹识别、深度伪造等人工智等新技术、新运用给个人信息保护带来了诸多挑战，如算法歧视、个性化推荐、强迫使用等问题。为了解决上述个人信息保护难题，保证新技术、新运用的发展能够真正地提升人类的根本福利，也有必要对新技术、新运用制定专门的规则和标准。《最高人民法院关于审理使用人脸识别技术处理个人信息相关民事案件适用法律若干问题的规定》这一司法解释就是一个适当的例子。

至于为什么《个人信息保护法》在第 62 条已经规定了“制定个人信息保护具体规则、标准”的前提下，进一步专门规定第 2 项的内容，其目的在于保持对敏感个人信息和新技术、新运用的重视程度和审慎态度。

三、支持研究开发和推广应用安全、方便的电子身份认证技术，推进

---

① 张新宝：《从隐私到个人信息：利益再衡量的理论与制度安排》，载《中国法学》2015 年第 3 期。

网络身份认证公共服务建设

电子身份认证技术是指计算机及网络系统确认操作者身份并实施访问控制所采用的技术手段，包括但不限于静态密码、动态口令、短信密码、生物识别等方式。研究和开发电子身份认证技术对于实现网络身份可信，从而创造可信、安全的网络环境，促进网络健康发展，保护个人信息权益具有重要的战略意义。

现实中信息主体在维护其个人信息安全及其人身权利、财产权利的过程中，有关主管部门在依法查处违法犯罪活动的过程中，存在的突出问题是侵权人、违法犯罪行为人的身份信息没有登记或者登记的信息虚假，导致违法成本低，取证难、查处难。因此，有必要建立网络用户身份管理制度。电子身份认证技术的研究开发就是实现这种网络用户身份管理制度的落实。另外，《个人信息保护法》作为“领域立法”① 的范例，其要解决个人信息保护的问题，需要法律、技术、经济等多重手段相结合的综合保障体系和解决方案。正如我国权威学者所言，个人信息保护问题的突破离不开技术的发展进步，通过个人信息保护和大数据利用相关的创新技术的研发，以技术的路径来实现个人信息保护与大数据利用的平衡不仅十分重要，而且通常能够事半功倍。基于此，电子身份认证技术作为一种重要的信息安全技术，对于加强个人信息保护意义重大。

我国一直高度重视网络用户身份管理问题。2012 年全国人大常委会通过的《关于加强网络信息保护的决定》第 6 条规定“网络服务提供者为用户办理网站接入服务，办理固定电话、移动电话等入网手续，或者为用户提供信息发布服务，应当在与用户签订协议或者确认提供服务时，要求用户提供真实身份信息”。随后，工信部制定了《电话用户真实身份信息登记规定》，国家网信办制定了《互联网用户账号名称管理规定》，在电信用户入网环节和互联网应用环节实行实名登记管理。2015 年《反恐怖主义

① 刘剑文：《论领域法学：一种立足新兴交叉领域的法学研究范式》，载《政法论丛》2016 年第 5 期。

法》从反恐的角度又对网络用户身份管理作了规定，2016 年颁布的《网络安全法》第 24 条则在《关于加强网络信息保护决定》的基础上对网络用户身份管理制度作了进一步的完善，增加规定“用户不提供真实身份信息的，网络运营者不得为其提供相关服务”。同时，明确提出“国家实施网络可信身份战略，支持研究开发安全、方便的电子身份认证技术，推动不同电子身份认证之间的互认”。本法则从个人信息保护的角度，重申研究开发电子身份认证技术的重要性。

除了电子身份认证技术的研究和开发之外，未来仍需要以关键环节、关键技术为突破口，完善个人信息保护技术体系。对此，国家可以通过设立基金、金融支持、政府采购等多种措施鼓励与个人信息保护和大数据利用技术相关的研究开发，如鼓励企业、科研机构推进同态加密、多方安全计算等前沿算法研究，推动数据脱敏、数据审计等技术手段应用等，提高个人信息保护领域的科学技术水平。①

除了强调电子身份认证技术的研究开发之外，为了发挥电子身份认证技术对于维护个人信息权益的基础性作用，还应当强调推广应用安全、方便的电子身份认证技术，同时，国家也应当承担积极推进网络身份认证公共服务建设的国家义务。这也是本法在《个人信息保护法草案（二次审议稿）》基础之上新增的内容。

四、推进个人信息保护社会化服务体系建设，支持有关机构开展个人信息保护评估、认证服务

社会分工和专业壁垒推动了社会化服务体系的建设。对于技术性和专业性极高的个人信息保护而言，通过个人信息保护社会化服务体系的建设，来鼓励公共服务机构和其他社会力量共同参与个人信息保护，建立起覆盖个人信息处理全过程的综合配套服务标准、运行机制和监管制度显得尤其重要。个人信息保护社会化服务机构是社会主义市场经济条件下参与

---

① 中国信息通信研究院安全研究所：《大数据白皮书》（2018 年），http：//www. caict. ac. cn/kxyj/qwfb/bps/201807/t20180712_ 180154. htm，2021 年 8 月 29 日访问。

和推进个人信息保护工作的重要力量，对提高我国个人信息保护整体水平能够发挥积极作用。这也是社会共治的重要体现。

国家推进个人信息保护社会化服务体系建设，鼓励具有综合专业服务能力、业绩突出、信誉良好的技术服务机构组建行业领域龙头企业，建立多功能综合性服务主体。同时，国家也将会对社会化服务机构实行严格的监督管理，包括资质管理、执法检查、信用管理等。

对个人信息保护社会化服务体系的需求体现在多方面、多层次，随着信息技术的发展变化，还会不断涌现出新的需求，这种需求包括但不限于个人信息保护评估、认证、检测等。本条第4项从现实重要性和紧迫程度出发，仅规定了个人信息保护的评估和认证两项内容，未来可以根据实践需求补充规定新的个人信息保护社会服务内容并制定相应的具体规则和标准。

（一）个人信息保护评估

个人信息保护评估，也可称为个人信息安全影响评估，是指针对个人信息处理活动，检验其合法合规程度，判断其对个人信息主体合法权益造成损害的各种风险，以及评估用于保护个人信息主体的各项措施有效性的过程。[①]

一般认为，“隐私风险评估”（privacy impact assessment）是衡量隐私风险的有效工具，实践中已发展为标准化操作流程，成为国际上日益得到认同的理念与最佳实务，通过对风险识别、风险评估、风险处理等程度性的评估来替代传统路径中“全有全无”的判断，提升用户信息保护的有效性与实质意义，同时承认了合理风险的不可避免性，大幅减轻企业的合规压力，促进数据的合理利用。[②] 作为数据控制者组织或第三方实施隐私风险管理的重要手段，既要考虑个人信息处理过程的合规性，又需要结合个人信息处理的信息系统安全状态，综合评价个人数据处理对数据主体产生

---

① 国家市场监督管理总局、国家标准化管理委员会《信息安全技术 个人信息安全影响评估指南》第3.4条“个人信息安全影响评估”。

② 范为：《大数据时代个人信息保护的路径重构》，载《环球法律评论》2016年第5期。

的影响。

从比较法上来看，个人信息安全影响评估制度是对风险预防理念的贯彻。[①] 在个人信息处理操作进行前，科学、客观地评估信息处理操作可能对信息主体个人信息保护带来的影响，并采取相应的应对措施，避免个人信息安全事故的发生或导致信息主体个人信息保护风险的现实化。欧盟《一般数据保护条例》第35条规定了数据保护影响评估制度，数据控制者有责任通过数据保护影响评估来判断数据处理对数据主体的数据保护引起风险的来源、性质、严重性。在决定采取适当措施以遵守数据保护法律规定时，应当将数据保护影响评估的结果纳入考量范围。第36条规定了事前咨询制度，当数据保护影响评估表明数据处理操作包含高度风险，并且依照现有的技术和成本支出，数据控制者不能采取适当措施降低风险时，数据控制者应当在进行数据处理前，向监管机构咨询。

第4项明确规定了构建个人信息安全影响评估制度，但考虑到本法的基本法定位，未对该制度的具体适用要求加以明确规定，宜由国家网信部门和国务院各主管部门结合产业发展等实践情况，适时明确应当进行个人信息安全影响评估的高风险个人信息处理活动的具体规则。这些规则应当主要包括以下内容：个人信息安全影响评估的一般原则、主体、条件、程序、内容、费用、效力等。其中关于个人信息保护影响评估具体包含的内容和报告和处理情况记录的保存年限，本法第56条作出了明确的规定："个人信息保护影响评估应当包括下列内容：（1）个人信息的处理目的、处理方式等是否合法、正当、必要；（2）对个人权益的影响及安全风险；（3）所采取的保护措施是否合法、有效并与风险程度相适应。个人信息保护影响评估报告和处理情况记录应当至少保存三年。"

另外，我国国家标准《信息安全技术 个人信息安全影响评估指南》已经通过该标准对评估制度的基本原理和框架、评估流程、高风险的个人

① 王怀勇、常宇豪：《个人信息保护的理念嬗变与制度变革》，载《法制与社会发展》2020年第6期。

信息处理活动示例等进行了较为细致的指导，可供参考。

（二）个人信息保护认证

认证，是指以相关技术规范、相关技术规范的强制性要求或者标准为依据，由认证机构对具体主体的管理体系、产品或服务是否达到相应标准作出评定的一系列制度与活动，是为外界提供判断特定管理体系、产品或服务是否达标的公正指标体系。[①] 个人信息保护认证体系是与前两项规定的个人信息保护标准化相配套的制度，以个人信息保护标准化为基础，通过作为中立第三方的个人信息保护服务机构的公正审查认证，并在认证范围内通过认证证书、认证标志等为社会提供判断信息处理者个人信息保护管理体系、产品或服务是否健全的公正指标。如欧盟《一般数据保护条例》第42条也明确鼓励在欧盟层面建立数据保护认证制度、数据保护印章和标识制度。

引入个人信息保护认证规则的意义在于：一方面，能够消弭信息主体与信息处理者之间的信息不对称的鸿沟；另一方面，借助个人信息保护服务机构的认证，助力信息处理者进行良性竞争。对于大多数信息主体而言，碍于知识、技能的缺失，无法独自判断特定信息业者是否具备适当的个人信息保护水平，也无法在充分知情的基础上作出同意信息处理者处理其个人信息的真实意思表示，往往出于“无知”而实质性放弃了同意与否的判断。不论是信息主体盲目同意还是信息主体一概拒绝，都不利于整个社会范围内个人信息保护与合理利用之间的平衡。个人信息保护认证制度的推行，能够在一定程度上弥补信息主体因信息不对称情况造成的缺陷，进一步贯彻知情同意原则。对于信息处理者而言，获得相应的认证标志不仅可以培养信息主体对自己商品或服务的信任，从而在同类经营者之中获得竞争优势；而且在发生法律争议时，认证标志也可以作为其信息处理活动合法的初步证明，降低其合规的成本和败诉的风险。

---

① 张新宝、葛鑫：《个人信息保护法（专家建议稿）及其立法理由书》，中国人民大学出版社2021年版，第59页。

为了顺利开展个人信息保护认证服务活动，未来相关部门应当制定专门的个人信息保护认证规则。这些规则应当主要包括以下内容：认证的一般原则、认证的主体、认证的程序、认证的期限、认证的等级及其效力、认证的费用、认证的登记和公式、认证的相互承认等。[①]

同时，为了避免认证的混乱，应尽可能构建统一的个人信息保护认证体系，并且加强推动个人信息保护认证的国际交流与合作。

五、完善个人信息保护投诉、举报工作机制

本条第 5 项在本法第 61 条第 2 项“接受、处理与个人信息保护有关的投诉、举报”职责和第 65 条“收到投诉、举报的部门应当依法及时处理，并将处理结果告知投诉、举报人。履行个人信息保护职责的部门应当公布接受投诉、举报的联系方式”的基础之上，进一步明确规定“完善个人信息保护投诉、举报工作机制”，旨在强化社会监督，畅通社会监督的渠道，促进社会协同治理的个人信息保护格局。

至于如何完善个人信息保护投诉、举报工作机制，留待网信部门未来出台相应的规则。但就目前而言，至少可以考虑以下几个方面的内容：(1) 拓宽投诉、举报的渠道，尤其是发挥“网络 + 投诉举报”的便捷功能；(2) 缩短投诉、举报处理的时间，尽可能及时做出处理；(3) 将处理结果告知举报人或投诉人，或者向社会公告；(4) 严格保护投诉人和举报人的合法权益，尤其是对其身份信息严格保密；(5) 统筹和协调各职能部门的分工协作，尤其应当强调“履行个人信息保护职责的部门在履行职责中，发现违法处理个人信息涉嫌犯罪的，应当及时移送公安机关依法处理”。

【关联规定】

《中华人民共和国网络安全法》第 8 条、第 15 条、第 17 条、第 24 条，

---

① GDPR 第 42 条、第 43 条。

《关于加强网络信息保护的决定》六，《中国人民银行金融消费者权益管理实施办法》第7条

（撰稿人：雷志富）

第六十三条　【个人信息保护措施】履行个人信息保护职责的部门履行个人信息保护职责，可以采取下列措施：

（一）询问有关当事人，调查与个人信息处理活动有关的情况；

（二）查阅、复制当事人与个人信息处理活动有关的合同、记录、账簿以及其他有关资料；

（三）实施现场检查，对涉嫌违法的个人信息处理活动进行调查；

（四）检查与个人信息处理活动有关的设备、物品；对有证据证明是用于违法个人信息处理活动的设备、物品，向本部门主要负责人书面报告并经批准，可以查封或者扣押。

履行个人信息保护职责的部门依法履行职责，当事人应当予以协助、配合，不得拒绝、阻挠。

【释义】

本条是有关履行个人信息保护职责的部门在履行职责过程中的行政调查职权的规定。本条明确了履行个人信息保护职责的部门在履行职责过程中可采取的具体调查措施及行政相对人在行政调查过程中的配合义务，一方面为相关部门实施履职行为提供了制度依据，使其在履职时有法可依；另一方面也便于使行政相对人了解相关部门的职责范围，有助于实现对相关部门履职行为的有效监督。

所谓行政调查，是指行政主体在具体行使法律授予的权限时，为了确

定是否存在符合该权限行使要件的事实，针对特定当事人进行的事实调查或资料收集活动。依据司法三段论，法律规范构成大前提，个案事实构成小前提，仅在大前提和小前提同时具备且准确识别的情形下，才能推导出正确的结论。因此，行政行为正确与否，不仅在于行政机关能否正确识别并解释所需适用的法律规范，还在于其能否掌握事实真相、正确认定事实。故而，作为识别小前提的关键，合法、公正、准确地开展行政调查，对于案件事实的正确认定，个人信息保护职责的部门正确履职，意义重大。但是，综观我国现有行政法学研究，理论多聚焦于行政行为总论以及行政许可、行政处罚、行政强制等具体行政行为；而未对抽象的行政调查程序过多着墨。立法层面，目前针对行政调查程序亦不存在系统性规范，相关规定仅散见于个别单行立法中，如《行政许可法》第 61 条、第 62 条规定的行政许可的调查程序，《行政处罚法》第 40 条、第 41 条、第 42 条规定的行政处罚的调查程序等。

就制度设计层面而言，履行个人信息保护职责的部门在行政调查中必须配有一定的职权保障，方能最大限度地发现事实，实现个人信息保护的制度目的。但是，过大的职权范围亦可能侵害行政相对人的行政自由，导致行政过度介入行业发展的局面。因此，理想的调查职权配置应该在遵循上位行政法律法规的基础上，坚持程序公正，结合比例原则，合理确定行政机关的调查职权，并辅以内部权力制衡和外部程序保障等，方能实现个人信息保护与从业者行为自由之间的恰当分野，达成双方间利益的动态平衡。

具体到本条的适用，所谓履行个人信息保护职责的部门，即指本法第 59 条规定的网信部门等，而“个人信息保护职责”则系本法第 60 条规定的五项职责。在前述机关履行对应职责的过程中，可以根据个案的具体情况，合乎比例地确定应采取的具体措施，包括询问有关当事人，调查与个人信息处理活动有关的情况；查阅、复制当事人与个人信息处理活动有关的合同、记录、账簿以及其他有关资料；实施现场检查，对涉嫌违法的个人信息处理活动进行调查；检查与个人信息处理活动有关的设备、物品；对有证据证明是违法个人信息处理活动的设备、物品，向本部门主要负责人书面报告并经批准，可以查封或者扣押等。上述措施在个案中并非必须同时适用，行政机关对此享有一定限度的自由裁量权，可自行决定是否调查，调查的种类和范围，采集何种证据等。行政相对人应对相关部门的依法履职行为予以协助与配合，不得拒绝或阻挠，否则将根据本法第 70 条的规定，依法承担相应的行政责任，构成犯罪的，依法追究刑事责任。

询问有关当事人，作为最为直接且有效的调查方式，应属行政调查程序的首选。此处的“有关当事人”，应理解为不仅包括涉嫌违法的行政相对人，还包括个人信息权利主体等利害关系人和证人、鉴定人、审计人、举报人等其他专业人员。但是，因为关涉个人利益，当事人可能在询问中隐瞒与案件事实相关的情况，此时，通过查阅、复制当事人与个人信息处理活动有关的合同、记录、账簿以及其他有关资料，实施现场检查，检查与个人信息处理活动有关的设备和物品等方式，能够更为客观、准确地查明案件事实。

但是，行政机关在实施现场检查等行为时，应遵守《宪法》等上位法律的限制。《宪法》第 13 条第 1 款规定：“公民的合法的私有财产不受侵犯。”第 39 条规定：“中华人民共和国公民的住宅不受侵犯。禁止非法搜查或者非法侵入公民的住宅。”行政机关如要查封、扣押与个人信息处理活动有关的设备、物品，必须掌握证据证明该设备、物品系用于违法个人信息处理活动；如要进入公民住宅进行检查，仅在住宅系违法生产经营场所或依法登记为经营者住所时，方可依职权进入调查。同时，针对在行政调查中获取的合同、记录、账簿以及其他相关资料，行政机关应该遵守商业秘密、隐私、个人信息保护等法律法规的规定，不得超范围使用或非法泄露、公开。如果行政机关在行政调查过程中存在非法行政行为，行政相对人可以寻求相应的救济，此外，行政机关在作出相应的行政行为前也应适当听取行政相对人的意见，赋予其陈述申辩的权利。

就行政调查是否应预先通知当事人的问题而言，原则上，行政机关可就调查的目的、方式、内容等，提前对当事人进行告知，以便当事人准备相关材料配合调查，便利行政调查的进行。但就违法处理个人信息的行为而言，违法行为往往通过数字化、电子化方式进行，如果行政机关就拟调查事项事先告知当事人，则当事人可能迅速删除相关电子数据，损毁相关硬件，导致行政机关无法确认违法事实，不利于对个人信息的保护。因此，在行使个人信息保护职责过程中，实有必要时（如有投诉举报等线索表明可能存在违法行为或行政机关对当事人提交资料的真实性有疑问时），行政机关可以在未事先告知当事人的情况下，直接开展行政调查。但是无论是否事前告知，调查人员都应遵守有关调查正当程序的要求，及时表明身份、出示证件并告知相对人其权利和义务。

在本条的立法过程中，《个人信息保护法草案（二次审议稿）》在《个人信息保护法草案（一次审议稿）》的基础上，于第 4 项中增加了“向本部门主要负责人书面报告并经批准”的规定。相较于询问、查阅、复制，查封或者扣押涉及对相对人财产的处置，可能造成对公民个人财产权的侵害，理应受到更为严格的程序约束，此处修订增加了查封或者扣押前的内部审批制度，加强了对行政机关的行为约束，并为错案的日后追责留下记录，对于切实减少公权力对公民个人财产权的不当侵害，保护行政相对人的行为自由具有积极意义。

【关联规定】

《中华人民共和国网络安全法》第 49 条，《网络交易监督管理办法》第 35 条，《中华人民共和国数据安全法》第 35 条

（撰稿人：金骑锋）

第六十四条　【约谈、合规审计】 履行个人信息保护职责的部门在履行职责中，发现个人信息处理活动存在较大风险或者发生个人信息安全事件的，可以按照规定的权限和程序对该个人信息处理者的法定代表人或者主要负责人进行约谈，或者

要求个人信息处理者委托专业机构对其个人信息处理活动进行合规审计。个人信息处理者应当按照要求采取措施，进行整改，消除隐患。

履行个人信息保护职责的部门在履行职责中，发现违法处理个人信息涉嫌犯罪的，应当及时移送公安机关依法处理。

【释义】

本条第1款规定了个人信息保护监管中的约谈制度，赋予了履行个人信息保护职责的部门在发现个人信息处理活动存在较大风险或者发生个人信息安全事件时对个人信息处理者进行约谈和提出整改的权利。此种约谈在实践中已有先例，但过往此类约谈的主要依据为《网络安全法》第56条，而该条文仅适用于通过网络开展的个人信息处理活动，无法触及线下个人信息处理活动所造成的风险或个人信息安全事件。本次立法将事关个人信息保护的约谈制度法定化，在外延上可解释为同时包括线上及线下两个层面，为针对个人信息处理活动的约谈提供了较为完善的制度依据。

行政机关的约谈行为在性质上属于一种行政指导。20世纪40年代，行政指导作为现代政府管理社会和经济的重要手段，因其灵活、有效的特性，作为对传统行政行为的补充，在市场经济国家的行政管理中得到越来越广泛的应用。在我国，行政指导既切合建立和发展社会主义市场经济的需要，也是转换我国政府职能和行政模式，实施“放管服”改革的要求，对于服务型政府的构建而言不可或缺。早在2004年3月22日，国务院就印发实施了《全面推进依法行政实施纲要》，明确提出转变政府职能，深化行政管理体制改革，改革行政管理方式，“要充分运用间接管理、动态管理和事后监督管理等手段对经济和社会事务实施管理；充分发挥行政规划、行政指导、行政合同等方式的作用”。

所谓行政指导，是指行政机关为实现行政管理目的，通过示范、倡导、咨询、建议、训导等方式，引导行政相对人自愿采取一定行为或者不作为的活动。其虽不具备法律上的强制性，亦不直接产生法律上的后果，但仍具有自身独特的功能价值。具体到个人信息保护监管的约谈制度，相较于事后的行政处罚等行为，其具有以下几个优势：

1. 事前预防：行政指导行为可在损害结果发生之前作出，从而实现从事后处罚到事前预防的监管理念转变，防患未然。互联网、大数据时代的个人信息保护往往具有瞬时性等特点，一旦时间经过，损害将以指数级扩大，运用约谈等较为灵活的行政指导行为在个人信息处理活动存在较大风险时即进行介入和指导，有利于及时排除妨碍和消除危险，防止损害的发生或进一步扩大，避免造成难以弥补的损失。

2. 形式灵活：行政指导行为不需要经历行政处罚、行政强制等具体行政行为所需的冗长程序，时间上比较迅捷，形式上亦较为自由，在瞬息万变的大数据时代，灵活便捷、与时俱进的个人信息保护约谈制度，对落实个人信息保护具有重要意义。

3. 非强制性：约谈等行政指导行为原则上不带有强制性，同时亦赋予行政相对人在行政指导范围内一定的行为自由，因此更易于为行政相对人所接受。此举一方面凸显行政机关的服务职能，符合落实执政为民理念、建设服务性政府的要求；另一方面也顺应了产业正常发展的需求，防止行政对市场的过度干预。

4. 舆论监督：实施约谈等行政指导行为原则上应向社会公众公布，这将对社会公众传达行政相对人在处理个人信息处理活动中存在较大风险或者发生个人信息安全事件的信息，利用舆论的力量督促个人信息处理者落实整改。

就行政指导行为而言，现有制度层面的依据主要集中于国家工商总局2013年印发的《工商行政管理机关行政指导工作规则》。该文件对行政指导工作提供了制度指南，虽然其仅系工商部门的部门规章，但其中的相关基本原则和具体规则亦可为个人信息保护监管中的约谈制度所借鉴。

上述规则第4条明确指出，实施行政指导应当遵循的基本原则包括效率、合理、自愿、公开等原则，因此，个人信息保护监管机关实施约谈必须坚持在法定职权范围内进行，不得违反法律、法规、规章的规定，不得与国家政策相抵触，不得以行政指导替代依法应当作出的行政行为。同时，实施约谈应当以行政相对人自愿为前提，充分尊重其自主选择权。不得采取或者变相采取强制性手段以及其他不利于行政相对人的行政手段强迫其接受约谈，不得因行政相对人拒绝接受约谈而加重行政处罚。实施约谈应当公平、公正地对待行政相对人，不得偏袒徇私。除依法应当保密的以外，实施约谈应当公开进行。实施约谈应当注重降低行政成本、提高效能，为行政相对人提供高效、便捷的指导服务。

为便于约谈对象实施整改，实施约谈可以采取书面形式，制发行政指导意见书等相关文书，载明约谈的目的、内容、时间、行政指导对象和实施人员等基本事项，并及时送达行政相对人。但是，对于简单行政指导事项，除采取书面形式外，约谈还可以采取口头、电话、电子邮件、发材料等简便方式进行。对于重大事项的约谈，可以采取专家论证、座谈等方式，广泛听取各方意见。此外，为了确保约谈的效果，还要建立相应的评估制度，采取问卷调查、实地考察、委托第三方评估等适当方法，对约谈指导的效果进行评估。

但是，约谈作为一种行政指导行为，不产生行政法上的强制后果，因此约谈不属于行政诉讼受案范围。对此，《最高人民法院关于适用〈中华人民共和国行政诉讼法〉的解释》（法释〔2018〕1 号）第 1 条已明确规定。然而，如果行政相对人认为行政机关实施的约谈行为违法、侵害其合法权益的，仍然有权请求行政机关内部的救济。同时，个人信息保护监管机关也可以参照工商行政管理机关，建立健全行政指导监督检查制度，对本机关和下级管理机关实施的行政指导进行监督检查。

在本条的具体适用过程中，应注意有资格约谈的主体为“履行个人信息保护职责的部门”。此处应与《网络安全法》第 44 条规定的“省级以上人民政府有关部门”相区分。因此，有关约谈主体的层级要求，尚待实践的进一步探索。理论上，应认为对此处的部门级别需加以一定的限制，以防止约谈制度的滥用。

被约谈的对象应是个人信息处理者内部承担个人信息管理主要责任的人，包括其法定代表人或者主要负责人。

采取约谈的情形应限定于两种法定情形：（1）个人信息处理活动存在较大风险；（2）发生个人信息安全事件的。此处应强调在一定程度上的紧迫性。

约谈应该按照法定的权限与程序进行，及时表明身份、出示证件并告知相对人其权利和义务。同时，约谈机关应听取约谈对象关于个人信息处理及保护的简况，并指出约谈对象在个人信息处理中存在的问题，明确整改责任，并提出修改建议，督促个人信息处理者及时消除个人信息处理活动中存在的风险及妥当处理个人信息安全事件。

被约谈的主体应当按照约谈机关的要求及时采取相应的措施，若无正当理由不接受约谈，不接受整改意见或不认真落实整改措施的，虽然不直接产生法律后果，但可能受到监管机关的进一步行政处罚和追责。

相较于《个人信息保护法草案（一次审议稿）》，《个人信息保护法草案（二次审议稿）》增加了“或者要求个人信息处理者委托专业机构对其个人信息处理活动进行合规审计”的规定，既对本法第 54 条规定的呼应，也体现了行政机关对个人信息保护风险防范的重视及对技术专业性的尊重。相对而言，个人信息处理是一个较为专业的行为，径直由行政机关作出认定可能存在困难，此时专业机构对个人信息处理活动进行合规审计，既能够充分尊重技术的自由，又能够实现对个人信息的保护，立法在此明确添加此种规定，体现了立法的科学性。

本条在《个人信息保护法草案（二次审议稿）》的基础上，新增了第 2 款规定：“履行个人信息保护职责的部门在履行职责过程中，发现违法处理个人信息涉嫌犯罪的，应当及时移送公安机关依法处理。”此款规定明确了违法处理个人信息犯罪的移送机制，实现了违法处理个人信息行为在行政处罚和刑事责任间的有效衔接，对于加强行政执法机关与公安机关的工作联系，保证及时、准确地查明犯罪事实，依法追究违法处理个人信息犯罪者的刑事责任，确保整顿和规范个人信息保护秩序工作取得实效，具有十分重要的意义。

在我国，违法处理个人信息的行为可能触犯《刑法》第253条之一规定的侵犯公民个人信息罪、第286条之一规定的拒不履行信息网络安全管理义务罪等罪名。但是，依照《刑事诉讼法》的相关规定，对上述刑事案件的侦查、拘留、逮捕等应由公安机关负责。除法律特别规定之外，其他任何机关、团体和个人都无权实施。因此，履行个人信息保护职责的部门在履行职责过程中，发现违法处理个人信息涉嫌犯罪的，应当及时将案件移送公安机关。对移送的案件，公安机关应当及时审查，认为有犯罪事实需要追究刑事责任的，应当立案侦查。此外，履行个人信息保护职责的部门接到公安机关不予立案的通知后，认为依法应当由公安机关立案的，或对不予立案的复议有异议的，应当建议检察机关依法进行立案监督。检察机关对于已经移送公安机关涉嫌犯罪的案件，应当跟踪了解公安机关的立案情况，依法开展立案监督，加强督促。关于及时移送的时间节点、移送的具体程序等，应当按照《行政执法机关移送涉嫌犯罪案件的规定》等规定执行。

【关联规定】

《中华人民共和国网络安全法》第56条，《网络交易监督管理办法》第38条，《中华人民共和国数据安全法》第44条

（撰稿人：金骑锋）

第六十五条　【投诉、举报机制】任何组织、个人有权对违法个人信息处理活动向履行个人信息保护职责的部门进行投诉、举报。收到投诉、举报的部门应当依法及时处理，并将处理结果告知投诉、举报人。

履行个人信息保护职责的部门应当公布接受投诉、举报的联系方式。

【释义】

本条明确了个人信息保护相关的投诉、举报机制。在理解与适用方面，本条所称的投诉、举报机制实质上属于行政监管的范畴（属于外部监督机制），有别于个人信息处理者内部监督机制。具体来说，本条可从投诉举报主体、受理部门、举报处理、信息公开等维度进行解读和分析。

从投诉举报主体看，本条规定了任何组织和个人都可以进行投诉、举报，这意味着对于违法个人信息处理活动进行投诉、举报的主体不限于自身权益受到损害的利害关系人；换言之，无论是否具有直接利害关系，任何用户、非用户、竞争对手、第三方测评机构、自媒体等都有权作为投诉、举报主体，对其认为违法违规的个人信息处理者进行投诉和举报。投诉、举报主体的广泛性，有助于推动形成本法第 11 条所称的“政府、企业、相关社会组织、公众共同参与个人信息保护的良好环境”。不过，投诉、举报主体的广泛性并不代表在民事诉讼上具有可诉性，因为根据《民事诉讼法》第 119 条和第 124 条关于民事案件起诉、立案受理条件的规定，私益诉讼的原告必须是与本案有利害关系的民事主体，并且原则上只有在个人信息处理者的个人信息处理行为侵害其合法权益的时候，才具有诉的利益，能够以涉案个人信息处理者为被告提起民事诉讼。因此，司法实践中可能会出现大量非基于本人个人信息受到损害而进行投诉、举报的案件，在这些案件中，要注意准确甄别投诉、举报主体是否是自身权益受到损害的直接利害关系人，以及这些主体是否享有民事诉权。这些问题的解决还有待学理上的研究和实务中总结经验。

从受理部门来看，无论中央还是地方，只要是履行个人信息保护职责的部门都有权受理组织、个人提起的投诉和举报。根据本法第 60 条规定，履行个人信息保护职责的部门包括国家网信部门、国务院有关部门和县级以上地方人民政府有关部门。其中，国家网信部门负责统筹协调网络安全工作和相关监督管理工作。同时，根据本法第 61 条第 2 项的规定，上述履行个人信息保护职责的部门具有“接受、处理与个人信息保护有关的投诉、举报”的法定职权。

从举报处理来看，一旦收到个人信息保护相关的投诉、举报信函，履行个人信息保护职责的部门都应当按照本法相应规定进行处理，并将处理结果及时告知投诉、举报人，这将使相关机制能够良性运转。若相应部门未能及时处理或未能将处理结果告知当事人，可能会被认定为行政违法或行政不作为，需要承担相应的责任；此时当事人有权针对此种行政不作为行为单独提起行政诉讼。另外需要强调的是，保护举报人一直是社会广泛关注的话题，我国宪法明确规定公民具有申诉、控告或者检举的权利。对于公民的申诉、控告或者检举，有关国家机关必须查清事实，负责处理。任何人不得压制和打击报复。《刑事诉讼法》第 111 条第 3 款规定：“公安机关、人民检察院或者人民法院应当保障报案人、控告人、举报人及其近亲属的安全。报案人、控告人、举报人如果不愿公开自己的姓名和报案、控告、举报的行为，应当为他保守秘密。”因此，履行个人信息保护职责的部门应当对投诉、举报人的相关个人信息予以保密，保护投诉、举报人的隐私权等合法权益。

从信息公开来看，本条亦强调履行个人信息保护职责的部门应积极落实行政公开义务，公开公布接受投诉、举报的联系方式。此为政府信息公开工作的重要组成部分，有利于保障社会公众的知情权，而且还能够增加行政机关与社会公众之间沟通的桥梁和机会，有利于改善并提高行政效率，将投诉、举报机制落到实处，切实保护公民个人信息权益。

建立违法个人信息处理活动的投诉、举报制度具有重要的实践意义。其一，投诉、举报制度是保护个人信息权益，规范个人信息处理活动的重要手段和途径。从法律规范层面保障全体公民和组织对违法个人信息处理活动的投诉、举报权利，广泛发动用户、非用户、竞争对手、第三方测评机构、自媒体等力量，能极大地帮助履行个人信息保护职责的部门发现侵害公民个人信息权益的线索和问题，提升用户维权意愿，拓宽维权渠道，降低维权成本。其二，通过投诉、举报机制及时处理、惩治侵害个人信息权益的行为，可以减少被侵权人的物质和精神损失，预防不道德或者违规行为进一步恶化。其三，健全投诉、举报机制还能够及时、快速地处理网络个人信息侵权纠纷，避免大量侵犯个人信息的案件涌入法院，有助于缓解司法机关的办案压力。不过实践中需要注意的是，本条所指的“投诉、举报制度”是从行政监管角度出发的，对个人信息处理者内部的投诉和举报的处理流程和方式不在本条规范的范围内。

在立法过程中，相较于《个人信息保护法草案（二次审议稿）》第64条、《个人信息保护法草案（一次审议稿）》第61条的内容未做修改。鉴于本条的立法理念、基本内容与《数据安全法》第12条、《网络安全法》第14条具有高度的相似性，笔者认为，根据体系解释方法，本条在实践中可进一步借鉴《网络安全法》第14条，将“不属于本部门职责的，应当及时移送有权处理的部门”和“有关部门应当对举报人的相关信息予以保密，保护举报人的合法权益”的规定纳入其中，一并参照适用，以期更好地推动投诉、举报处理流程的合法、有序、高效运行，保护投诉、举报人的合法权益。

【关联规定】

《中华人民共和国数据安全法》第12条，《中华人民共和国网络安全法》第14条，《中华人民共和国电子商务法》第59条

（撰稿人：丁金钰）

第七章 法律责任

【导读】

本章内容系统性说明了违反《个人信息保护法》所触发的行政责任、民事责任和刑事责任，并为个人权益保护引入了公益诉讼制度。

违法主体承担行政责任不仅依据《个人信息保护法》的内容，也受《治安管理处罚条例》《公职人员政务处分法》等法规的约束。因此，个人信息保护相关的行政处罚具有专门性行政处罚和一般性行政处罚相结合的特点。一方面，《个人信息保护法》针对个人信息处理者及其主要责任人设置了严格的专项处罚内容；另一方面，具体执法中需要参考《治安管理处罚条例》《公职人员政务处分法》等法规的内容，确认违反治安管理行为的处罚结果，明晰国家机关、主管人员及直接责任人的处分结果。

违法主体承担民事责任的关键性问题包含归责原则的确定与主张权利时的请求权基础。《民法典》对侵害个人信息的归责原则并未明确规定①，《个人信息保护法草案（一次审议稿）》第 69 条明确规定侵害个人信息的归责原则为过错推定。个人信息处理者的行为造成个人信息主体损害的，应承担损害赔偿责任，对于如何确定赔偿数额，原则上根据《民法典》第 1182 条确定。《民法典》第 1037 条规定了个人信息主体的查询权、复制权、异议权、更正权和删除权等人格权请求权；《个人信息保护法》进一步明确了知情权、决定权、查阅权、复制权、可携带权、删除权等请求权

---

① 姚佳：《论个人信息处理者的民事责任》，载《清华法学》2021 年第 3 期。

基础。

违法主体承担刑事责任需严格遵循“罪刑法定”原则。《刑法修正案(九)》，将“出售、非法提供公民个人信息罪”“非法获取公民个人信息罪”调整为“侵犯公民个人信息罪”，同时对特殊主体予以加重处罚，明确了单位构成该罪应并罚，并扩大了刑罚处罚区间。由此，“侵犯公民个人信息罪”成为违反个人信息法律规定的主要刑事责任类型。与此同时，侵犯公民个人信息罪与非法利用信息网络罪、拒不履行信息网络安全管理义务罪等罪名具有关系。犯罪类型的发展变化趋势反映了个人信息权益保护的客观需求，有利于实现《刑法》对个人信息的全面、有效保护。

（撰稿人：葛迎）

第六十六条　【非法处理个人信息、未依法履行个人信息保护义务的行政责任】 违反本法规定处理个人信息，或者处理个人信息未履行本法规定的个人信息保护义务的，由履行个人信息保护职责的部门责令改正，给予警告，没收违法所得，对违法处理个人信息的应用程序，责令暂停或者终止提供服务；拒不改正的，并处一百万元以下罚款；对直接负责的主管人员和其他直接责任人员处一万元以上十万元以下罚款。

有前款规定的违法行为，情节严重的，由省级以上履行个人信息保护职责的部门责令改正，没收违法所得，并处五千万元以下或者上一年度营业额百分之五以下罚款，并可以责令暂停相关业务或者停业整顿、通报有关主管部门吊销相关业务许可或者吊销营业执照；对直接负责的主管人员和其他直接责任人员处十万元以上一百万元以下罚款，并可以决定禁止其在一定期限内担任相关企业的董事、监事、高级管理人员和个人信息保护负责人。

【释义】

本条规定了个人信息处理者因非法处理个人信息、未依法采取必要安全保障措施而应当承担的行政责任。本法第七章为“法律责任”，从行政、民事、刑事等多个角度构建了一套保障个人信息权益的综合责任体系。从体例编排来看，本条处于该章首位，体现出行政法规制在个人信息保护中的核心地位。

一、立法沿革

从立法沿革来看，全国人大常委会于 2012 年 12 月 28 日审议通过了《关于加强网络信息保护的决定》，该法第 11 条为个人信息侵权的行政法规制提供了明确的法律依据[①]，并为后续立法的精细化展开奠定了前提基础。此后，工业和信息化部于 2013 年 6 月发布《电信和互联网用户个人信息保护规定》，该规章第 23 条针对“电信业务经营者、互联网信息服务提供者”违法收集、使用个人信息或未依法采取安全保障措施等行为，设置了相应的行政法后果——“由电信管理机构依据职权责令限期改正，予以警告，可以并处一万元以上三万元以下的罚款，向社会公告”。该规范对于保障电信和互联网用户的个人信息权益固然具有积极作用，但立法技术稍显粗糙、处罚措施类型过少，且罚款上限仅为“三万元”，惩罚力度过于轻微、威慑力不足。此外，由于该法系由工业和信息化部制定发布，故也存在因效力层级不足而影响力有限的问题。

此后，2013 年 10 月修正的《消费者权益保护法》在相关问题的行政

---

① 《关于加强网络信息保护的决定》第 11 条：“对有违反本决定行为的，依法给予警告、罚款、没收违法所得、吊销许可证或者取消备案、关闭网站、禁止有关责任人员从事网络服务业务等处罚，记入社会信用档案并予以公布；构成违反治安管理行为的，依法给予治安管理处罚。构成犯罪的，依法追究刑事责任。侵害他人民事权益的，依法承担民事责任。”

责任规制上作出巨大改进。根据该法第56条第1款的规定[①]，如果经营者“侵害消费者个人信息依法得到保护的权利”，在法律、法规未作规定的情形下，工商行政管理部门或者其他有关行政部门可以视情节轻重采取“责令改正”“警告”“没收违法所得”“罚款”“责令停业整顿”“吊销营业执照”等处罚措施，从而形成了较为多元灵活的行政责任体系。同时，相较于2009年的《消费者权益保护法》，新法大幅提高了罚款力度、增加了经营者的违法成本：将以违法所得为基数的处罚比例由“一倍以上五倍以下”修改为“一倍以上十倍以下”，将“没有违法所得”的罚款上限由“一万元”提高至“五十万元”。

随着信息技术的快速发展，借助网络侵害个人信息的现象越发泛滥，亟须更加强有力的行政监管。为了有效回应实践需求，我国于2016年颁布了《网络安全法》，该法第64条针对“网络运营者、网络产品或者服务的提供者”侵害个人信息权益的行为，构建了更加全面、严格的行政责任机制。[②] 在保留《消费者权益保护法》第56条责任规范的前提下，该条新增了“责令暂停相关业务”“责令关闭网站”“吊销相关业务许可证”等处罚措施，为执法机关提供了更加充分的规制工具；此外，其将“没收违法所得”的罚款上限由前法的“五十万元”提高至“一百万元”，并进一步引入“双罚制”，增加“对直接负责的主管人员和其他直接责任人员处

---

① 《消费者权益保护法》第56条第1款：“经营者有下列情形之一，除承担相应的民事责任外，其他有关法律、法规对处罚机关和处罚方式有规定的，依照法律、法规的规定执行；法律、法规未作规定的，由工商行政管理部门或者其他有关行政部门责令改正，可以根据情节单处或者并处警告、没收违法所得、处以违法所得一倍以上十倍以下的罚款，没有违法所得的，处以五十万元以下的罚款；情节严重的，责令停业整顿、吊销营业执照……（九）侵害消费者人格尊严、侵犯消费者人身自由或者侵害消费者个人信息依法得到保护的权利的……”

② 《网络安全法》第64条：“网络运营者、网络产品或者服务的提供者违反本法第二十二条第三款、第四十一条至第四十三条规定，侵害个人信息依法得到保护的权利的，由有关主管部门责令改正，可以根据情节单处或者并处警告、没收违法所得、处违法所得一倍以上十倍以下罚款，没有违法所得的，处一百万元以下罚款，对直接负责的主管人员和其他直接责任人员处一万元以上十万元以下罚款；情节严重的，并可以责令暂停相关业务、停业整顿、关闭网站、吊销相关业务许可证或者吊销营业执照。违反本法第四十四条规定，窃取或者以其他非法方式获取、非法出售或者非法向他人提供个人信息，尚不构成犯罪的，由公安机关没收违法所得，并处违法所得一倍以上十倍以下罚款，没有违法所得的，处一百万元以下罚款。”

一万元以上十万元以下罚款”的规定。此后于2018年颁布的《电子商务法》则未作进一步突破，仅设计了相应的引致条款[①]，用以明确电子商务经营者侵犯个人信息权益的行政责任。

基于纵向的视角观察，我国针对个人信息违法行为的行政责任规制总体呈现出两种鲜明趋势：一是不断强化惩罚力度，尤其体现为罚款数额上限的不断提高；二是持续扩充处罚措施，并注重对不同情节的法律后果进行区分，构建类型化的责任体系。毫无疑问，此种变迁有效契合了信息技术快速发展的时代步伐，但以上各项规范仅服务于该法特定的规制对象，且规范内容各有差异，这种各行其是的零散立法现状显然不利于个人信息的稳定保护。[②] 为增强法律规范的系统性，保障法律适用的统一性，我国制定颁布了《个人信息保护法》。该法第66条规定了个人信息处理者的行政责任，其在继承前法的基础上，又作了一定的创新改进。

二、构成要件

从本条规定的构成要件来看，其借鉴了《电子商务法》第79条的立法模式，将个人信息处理者的违法行为区分为两种类型。在规范表述上，《个人信息保护法草案（一次审议稿）》和《个人信息保护法草案（二次审议稿）》均将其分别表述为“违反本法规定处理个人信息”和“处理个人信息未按照规定采取必要的安全保护措施”；2021年8月20日通过的正式文本维持了前者内容，但将后者修改为“处理个人信息未履行本法规定的个人信息保护义务”。这一变化扩张了本条规制的适用范围，能够尽量避免处罚漏洞的形成，有助于强化个人信息的保护力度。毕竟，根据本法第五章的规定，个人信息处理者的保护义务显然不限于“采取必要的安全保护措施”，还包括“定期合规审计”“个人信息保护影响评估”等内容。

---

① 《电子商务法》第79条：“电子商务经营者违反法律、行政法规有关个人信息保护的规定，或者不履行本法第三十条和有关法律、行政法规规定的网络安全保障义务的，依照《中华人民共和国网络安全法》等法律、行政法规的规定处罚。”

② 《电信和互联网用户个人信息保护规定》《消费者权益保护法》《网络安全法》《电子商务法》中的行政责任条款规制的违法主体分别为“电信业务经营者、互联网信息服务提供者”“经营者”“网络运营者、网络产品或者服务的提供者”以及“电子商务经营者”。

其中，“违反本法规定处理个人信息”主要指向信息处理行为本身的违法性，如个人信息处理者在不具备合法授权的前提下擅自处理个人信息，或在处理信息时超出必要限度；“处理个人信息未履行本法规定的个人信息保护义务”则主要指向因处理个人信息而附随的积极义务之违反，比较典型的情形如未依据本法第51条之规定采取防止个人信息泄露的必要措施。总之，无论个人信息处理者构成何种类型的义务违反，均需依照本条规定承担相应的行政责任。

三、法律后果

首先，就处罚类型而言，本条大体沿袭了《网络安全法》第64条的规定，但作出了两处重要变动。第一，本法删除了前法中的“关闭网站”。本文认为，这并非意味着该项处罚措施的实践价值被否定，而是因为其适用范围较为狭窄、专门规制“网络运营者、网络产品或者服务的提供者”侵害个人信息的违法行为，由《网络安全法》规定即可，无须纳入个人信息保护领域的一般法体系之中。故而，《个人信息保护法草案（一次审议稿）》及《个人信息保护法草案（二次审议稿）》中均无“关闭网站”以及类似的处罚措施。不过，在立法过程中，App过度收集个人信息的现象受到了广泛重视，一些常委会组成人员和地方、部门、社会公众建议对此作出针对性规范。为有效回应社会呼声，《个人信息保护法草案（三次审议稿）》于第61条增加规定了相关部门组织应用程序测评的义务，并于第66条同步增加了相应的法律责任，即“对违法处理个人信息的应用程序，责令暂停或者终止提供服务”。[①] 相较于《网络安全法》第64条的“关闭网站”，本条针对App规定的处罚措施更加符合当前个人信息保护的实践需求，亦与我国逐步加强规范应用程序个人信息处理活动的政策导向形成

① 《全国人民代表大会宪法和法律委员会关于〈中华人民共和国个人信息保护法（草案）〉审议结果的报告》，http：//www. npc. gov. cn/npc/c30834/202108/a528d76d41c44f33980 eaffe0e329ffe. shtml，2021年8月21日访问。

有效呼应。[①] 第二，本条还针对相关责任人员增加规定了从业禁止的处罚类型，即“可以决定禁止其在一定期限内担任相关企业的董事、监事、高级管理人员和个人信息保护负责人。”值得一提的是，此项内容也是在《个人信息保护法草案（三次审议稿）》中才得以增设。该种处罚固然能够有效避免违法人员继续侵害个人信息权益，但将对行为人的执业自由构成重大限制，故须谨慎适用，本条将其适用范围仅限定于“情节严重”的情形。

其次，就执法主体而言，《个人信息保护法草案（一次审议稿）》及《个人信息保护法草案（二次审议稿）》均将其统一规定为“履行个人信息保护职责的部门”。正式通过的法律文本针对不同情节的违法行为区分了不同层级的执法部门：对于一般违法行为而言，履行个人信息保护职责的任何部门均有执法权；对于情节严重的违法行为而言，则须由“省级以上履行个人信息保护职责的部门”实施处罚。实践中，严重违法行为往往涉及更多利益环节、调查取证更为困难，故而由省级以上部门处理此类案件，能够有效确保执法的专业性和公正性。

最后，相较于《网络安全法》第 64 条，本条在法律后果层面的重大变化还在于进一步强化了区分规制，在选择制裁方式与幅度时充分考虑到了不同场景[②]，既针对情节严重的违法行为提高了惩罚力度，又针对情节轻微的违法行为提供了“知错就改”的宽恕机制。

一方面，伴随着数据化、网络化、智能化在社会生活方方面面的日益

---

① 2019 年 1 月 23 日，中央网信办、工业和信息化部、公安部、市场监管总局发布公告，决定自 2019 年 1 月至 12 月，在全国范围组织开展 App 违法违规收集使用个人信息专项治理。2019 年 10 月 31 日，工业和信息化部发布通知（工信部信管函〔2019〕337 号），决定组织开展 App 侵害用户权益专项整治行动工作。2020 年 7 月 22 日，工业和信息化部发布通知（工信部信管函〔2020〕164 号），决定开展纵深推进 App 侵害用户权益专项整治行动。除了在实践层面开展一系列应用程序整治活动之外，相关部门还积极推动应用程序信息保护的相关立法。例如，国家互联网信息办公室于 2016 年 6 月 28 日发布《移动互联网应用程序信息服务管理规定》，国家互联网信息办公室秘书局、工业和信息化部办公厅、公安部办公厅、国家市场监督管理总局办公厅于 2021 年 3 月 12 日印发《常见类型移动互联网应用程序必要个人信息范围规定》的通知（国信办秘字〔2021〕14 号），工业和信息化部信息通信管理局于 2021 年 4 月 26 日发布《移动互联网应用程序个人信息保护管理暂行规定（征求意见稿）》。

② 王锡锌：《个人信息国家保护义务及展开》，载《中国法学》2021 年第 1 期。

渗透，不当处理个人信息的大规模侵权行为越发泛滥，《网络安全法》的罚款模式已显得有些“力不从心”，不足以对大型企业产生有效威慑。[①] 为了有效发挥行政罚款的制裁技能，遏制信息侵权现象的蔓延，本条借鉴了GDPR 的罚则计算方式[②]，规定针对情节严重的违法行为，由履行个人信息保护职责的部门“处五千万元以下或者上一年度营业额百分之五以下罚款”，从而大幅提高了个人信息处理者的违法成本，这也顺应了当前在信息安全领域推行强监管的政策趋势。但值得注意的是，与 GDPR 不同，该条并未规定在具体案件中决定处罚额度的参酌因素。在立法设置如此之高罚款上限的背景下，若不对行政机关的自由裁量权施加必要限制，恐生权力滥用之风险。故而，从立法论的视角来看，将来有必要出台相应的行政法规或司法解释，对此予以补充。从解释论的角度来看，无论是行政机关针对个人信息侵权行为作出罚款决定，还是司法机关对行政处罚的合理性进行审查，均需秉持比例原则，努力以“最小侵害”的严格标准来实现“公私法益均衡”的目标[③]；在具体案件的权衡过程中，则可暂将 GDPR 第83 条第 2 款设置的各项因素作为参考。[④]

---

① 孙莹：《大规模侵害个人信息高额罚款研究》，载《中国法学》2020 年第 5 期。

② 根据数据控制者或处理者违规行为的性质及情形，GDPR 规定了两档行政罚款：第一，针对数据泄露通知、隐私保护影响评估、数据保官等规定相关的违规行为，其罚款上限为 1000 万欧元或全球总营业额的 2% 之中的高者；第二，针对数据处理基本原则、数据处理合法性依据、数据处理的有效同意、特殊数据处理等规定相关的违规行为，其罚款上限为 2000 万欧元或全球总营业额 4% 之中的高者。参见张新宝、葛鑫：《个人信息保护法（专家建议稿）及立法理由书》，中国人民大学出版社 2021 年版，第 243 页。

③ 梅扬：《比例原则的适用范围与限度》，载《法学研究》2020 年第 2 期。

④ GDPR 第 83 条第 2 款第 2 句：“当在每个具体案件中决定是否应当进行行政处罚，以及决定行政处罚的金额，应当充分考虑如下因素：（a）结合相关处理的性质、范围或目的，被影响的数据主体的数量以及损害程度而确定的违法的性质、严重性与持续时间；（b）违法的性质是基于故意还是过失；（c）控制者或处理者为了减轻数据主体损失而采取的所有行动；（d）结合控制者或处理者采取的符合第 25 条和第 32 条的技术性与组织性措施而认定的控制者或处理者的责任程度；（e）控制者或处理者之前的所有相关违法行为；（f）为了纠正违法行为和减轻违法所造成的可能负面影响而和监管机构进行合作的程度；（g）为违法行为所影响的个人数据类型；（h）监管机构得知违法行为的方式，特别是控制者或处理者是否对违法行为进行了报告，以及在何种程度上进行了报告；（i）如果对同一主题事项已经对控制者或处理者发布第 58（2）条规定的措施，对这些措施是否遵守；（j）遵守符合第 40 条的已生效的行为准则或符合第 42 条的已生效的认证机制；以及（k）对于案件情形可以适用的所有加重或减轻因素，例如因为违法而直接或间接导致的经济收益、避免的损失。”

另一方面，立法者也认识到不宜片面追求严苛执法，如学者所言，“一刀切的‘规制过度’不仅未必能真正提高个人信息保护水平，而且对行业发展、营业自由的保障可能构成潜在威胁”。① 故而，本条在对严重违法行为加大惩罚力度的同时，也针对轻微违法行为构建起了一套更为宽松灵活的处理机制。根据《网络安全法》第 64 条之规定，对于不构成“情节严重”的个人信息侵权行为，由有关主管部门责令改正，可以根据情节单处或者并处警告、没收违法所得、罚款等措施。而《个人信息保护法》则将上述惩戒流程进一步作出了双层区分，即首先由履行个人信息保护职责的部门责令改正、给予警告、没收违法所得、对应用程序责令暂停或终止提供服务，此时尚不得对个人信息处理者采取“罚款”措施；只有其“拒不改正”，才可“并处一百万元以下罚款”。如此一来，能够有效督促个人信息处理者及时改正，使其不至于因轻微违法而遭受巨大损失，从而更好地实现个人信息保护与个人信息流通之间的平衡。

【关联规定】

《中华人民共和国网络安全法》第 64 条，《中华人民共和国电子商务法》第 79 条，《中华人民共和国消费者权益保护法》第 56 条第 1 款第 9 项，《电信和互联网用户个人信息保护规定》第 23 条，《关于加强网络信息保护的决定》第 11 条

（撰稿人：张玉涛）

第六十七条　【信用档案制度】有本法规定的违法行为的，依照有关法律、行政法规的规定记入信用档案，并予以公示。

---

① 王锡锌：《个人信息国家保护义务及展开》，载《中国法学》2021 年第 1 期。

【释义】

本条规定确立了信用档案惩戒制度。本制度与行政处罚（第66条）、政府内部监督（第68条）、私益诉讼（第69条）、公益诉讼（第70条）、治安处罚（第71条）、刑事惩处（第71条）等规定共同构建了一个全方位、多维度的法律责任体系，切实维护个人信息权益，保障了个人信息保护法的全面落实。根据本条，违反《个人信息保护法》规定，通过误导、欺诈、胁迫等方式处理个人信息；进行与明确、合理处理目的无关的个人信息处理；处理个人信息违反公开、透明的原则；从事危害国家安全、公共利益的个人信息处理活动或者处理个人信息未按照规定采取必要的安全保护措施的企业或个人，应当依照法律、行政法规规定，将有违反本法规定的违法行为人、违法信息及处罚情况记入信用档案，并进行公示。

继《网络安全法》和《电子商务法》后[①]，《个人信息保护法》制定中再次沿用了信用档案惩戒条款，是对数字经济时代国家信用管理体系构建的重要补充。随着国家数字化治理体系和治理能力的不断完善，失信记录在警示、威慑、惩戒违法行为人方面作用显著。信用档案是政府部门或者征信机构对个人、组织的信用信息进行采集、核实、整理、保存、评价、加工而提供的信用记录，体现了个人、组织在市场活动中的可信度、公信力，是证实其是否诚实守信、遵纪守法或有无违法违约、欺诈等行为的重要凭证和依据，是出具信用报告和进行信用惩戒的基础。有关主管部门应当依法记录个人、企业的监管信息，包括行政许可、监督检查、行政奖罚、诉讼状况等信息。例如，根据本条规定，有关主管部门应当按照规定，将有违反个人信息处理规定的违法行为人、违法信息及处罚情况记入信用档案，并同时进行公示。违法信息公示，既是推动政务信息公开的需要，也是有效阻却违法行为、分担执法负荷、辅助政府监管的重要手段，

---

① 《网络安全法》第71条和《电子商务法》第86条。

体现了我国严格规制个人信息不法处理行为、切实维护数字经济健康、可持续发展生态的立法初衷。

信用档案惩戒制度的规制原理是通过信息传播的网络效应、认知黏性对个人和企业达到威慑、处罚效果。在数字信息技术的加持下，信用档案的公示效力不再局限于固定的人际圈和地点，其影响力将打破传统时空隔阂扩展至整个社会网络中，给相关个人和企业造成深远的负面影响。对个人而言，一旦其违法处理个人信息行为被记入信用档案，极有可能带来关联行业的竞业限制。对企业而言，信用档案惩戒制度虽不如警告、罚款、吊销营业执照等传统行政处罚行为那般立竿见影，但其连带的羞辱效应将会给企业带来更广泛、更持久的不良影响。[①] 不良的信用记录作为羞辱标识将给企业带来恶劣的负面评价和舆论压力。一旦该评价在网络效应和认知黏性的影响下成为消费者、合作者的集体记忆，即使该企业通过事后整改达到了法律规定的个人信息处理标准，也已然失去了消费者信赖和交易机会。[②] 简而言之，在数字信息时代，信用档案惩戒制度在网络传导效应的加持下，其威慑力和惩处力可能超过传统的行政处罚和刑事处罚，使相关企业陷入个人信息处理违法——消费者放弃品牌——市场集体抵制的恶性循环，在激烈的市场竞争中予以其致命一击乃至迫使其退出市场。

公示依照的规定由法律、行政法规组成，因此违法行为的信用档案记录与公示主体包括但不局限于《个人信息保护法》规定的国家网信办、国务院有关部门、县级以上地方人民政府有关部门等具有个人信息保护职责的部门。市场监管部门可适用《电子商务法》第 86 条、《反不正当竞争法》第 26 条、《商标法》第 68 条、《企业信息公示暂行条例》，通过国家企业信用信息公示系统对电子商务经营者的行政处罚信息进行公示。国家网信部门、国务院电信主管部门、公安部门可适用《网络安全法》第 71

---

① 羞辱效应，即当某人形成坏人或不可信者的名声，人们将规避不信任他，他也将失去未来具有重大价值的机会。参见［美］埃里克·A. 波斯纳：《法律与社会规范》，沈明译，中国政法大学出版社 2004 年版，第 160 ~ 161 页。

② 潘静：《个人信息的声誉保护机制》，载《现代法学》2021 年第 2 期。

条关于记入信用档案的规定。此外，个人征信机构和企业征信机构可在中国人民银行及其派出机构依据《征信业管理条例》的监督管理下，向社会报告上一年度开展征信业务情况。[①] 本条规定进一步扩充了信用档案公示机关，通过跨部门信用信息共享，进行信用联合惩戒，有利于建立健全社会信用评价体系，为数字经济健康可持续发展营造良好生态环境。

【关联规定】

《中华人民共和国网络安全法》第71条，《中华人民共和国电子商务法》第86条，《中华人民共和国消费者权益保护法》第56条

（撰稿人：侯晨亮）

第六十八条　【国家机关不履行个人信息保护义务、履行个人信息保护职责的部门的工作人员渎职的法律责任】 国家机关不履行本法规定的个人信息保护义务的，由其上级机关或者履行个人信息保护职责的部门责令改正；对直接负责的主管人员和其他直接责任人员依法给予处分。

履行个人信息保护职责的部门的工作人员玩忽职守、滥用职权、徇私舞弊，尚不构成犯罪的，依法给予处分。

【释义】

本条第1款规定了国家机关不履行个人信息保护义务的法律责任，第2款规定了履行个人信息保护职责的部门的工作人员渎职的法律责任。

---

① 目前国内获取中国人民银行开展个人征信业务行政许可的企业仅有两家。截至2020年12月末，备案企业征信机构131家。参见中国人民银行：《设立经营个人征信业务的机构许可信息公示表》，载中国人民银行网，http：//www.pbc.gov.cn/zhengwugongkai/4081330/4081344/4081407/4081702/4081770/4081803/4089644/index.html，2021年8月29日访问。

一、立法沿革

针对国家机关因实施违法行为而应承担的法律责任，我国法一贯遵循“机关—个人”双层责任的规范构造，即一方面，针对该违法机关，由上级机关或者有关部门责令改正；另一方面，亦对直接负责的主管人员和其他直接责任人员依法给予处分，如《行政处罚法》第 76 条、第 78 条，《行政强制法》第 61 条、第 62 条、第 64 条，《行政许可法》第 72 条、第 74 条、第 75 条、第 77 条等。近年来颁布的《网络安全法》《数据安全法》虽非典型公法[①]，但均重视从公法角度对相关活动进行规范[②]，并将国家主权及公共利益确立为核心立法目的。故而，国家机关的义务与责任即构成了上述法律中必不可少的规范条款。其中，《网络安全法》第 72 条仍然沿袭旧例，以双层责任模式规定了国家机关政务网络的运营者不履行网络安全保护义务的法律责任[③]，但《数据安全法》第 49 条针对国家机关不履行数据安全保护义务的义务，则仅规定对相关人员“依法给予处分”。[④] 为了更为有效地实现对个人信息的系统性保护，本条采取了《网络安全法》的立法模式。

针对国家机关工作人员的玩忽职守、滥用职权、徇私舞弊等渎职行为，我国《刑法》第九章“渎职罪”中设有一系列刑事罪名加以规制。对于尚不构成犯罪的渎职行为，我国立法则一般规定“依法给予处分”的法律后果，如《数据安全法》第 50 条，《网络安全法》第 73 条第 2 款，《安全生产法》第 90 条第 2 款，《草原法》第 61 条，《消防法》第 71 条，《广告法》第 72 条第 2 款等。《个人信息保护法草案（一次审议稿）》及《个人信息保护法草案（二次审议稿）》均未规定此项内容，仅用一款规

---

① 王锡锌教授认为，《数据安全法》既非“公法”，也非“私法”，而是一部“政策法”。参见王锡锌：《〈数据安全法〉应考虑的三组关系》，载微信公众号人大未来法治研究院 2020 年 8 月 6 日，https://mp.weixin.qq.com/s/5Zkakj7M－OZltjK5tR7AFQ，2021 年 9 月 1 日访问。

② 赵精武：《构建全新的数据安全法律保障体系》，载《经济参考报》2021 年 6 月。

③ 《网络安全法》第 72 条：“国家机关政务网络的运营者不履行本法规定的网络安全保护义务的，由其上级机关或者有关机关责令改正；对直接负责的主管人员和其他直接责任人员依法给予处分。”

④ 《数据安全法》第 49 条：“国家机关不履行本法规定的数据安全保护义务的，对直接负责的主管人员和其他直接责任人员依法给予处分。”

定了国家机关不履行个人信息保护义务的法律责任。为了有效防范履行个人信息保护职责的部门的工作人员实施渎职行为，《个人信息保护法草案（三次审议稿）》中于本条增设第 2 款规定。以下分别对这两款内容展开剖析。

二、国家机关不履行个人信息保护义务的法律责任

（一）构成要件

从规范表述来看，本条第 1 款与本法第 66 条第 1 款具有明显相似之处，均将相应主体违反个人信息保护的积极义务作为典型的规制情形。不过，第 66 条另将“违反本法规定处理个人信息”的行为纳入规制范围，而本条则对此未作专门规定。那么，这是否意味着，国家机关违法处理个人信息的行为无法依本条受到责任追究？笔者认为，不应作此理解。固然，在常规意义上，国家主要呈现出积极保护个人权益的公权力面孔，但根据本法第二章第三节的规定，其在特定情形下同样具备“个人信息处理者”的身份。此种身份虽然与纯粹的商业平台有所差异，但本质上仍然体现的是一种私主体属性，如无特别规定，其在处理个人信息时，便应承担与普通个人信息处理者相同的法律义务及法律责任。

在解释路径上，可将本条第 1 款中的“个人信息保护义务”作扩张解释，认为其既包括消极义务，也包括积极义务。一方面，消极义务的法理基础在于个人信息权益的防御权功能，其要求国家机关处理个人信息时，应遵循合法正当、知情同意、比例原则、目的明确与目的限制等原则，以避免对私人自治空间的过度入侵。[①] 本法第二章第三节针对国家机关处理个人信息所作的一系列特别规定，即主要指向消极层面的保护义务。例如，国家机关为履行法定职责处理个人信息时，若未遵循本法第 34 条之规定超出必需的范围和限度，即构成消极保护义务之违反。另一方面，国家机关积极义务的法理基础则在于个人信息权益的客观法功能，其要求国家机关必须主动创造和维护有利于实现个人信息保护的制度环境。尤其是

① 赵宏：《〈民法典〉时代个人信息权的国家保护义务》，载《经贸法律评论》2021 年第 1 期。

在当前的大数据时代下，面对个人与信息处理者之间高度不平等的势力构造，国家更要积极介入，通过强化制度性保障、组织与程序保障以及严格履行侵害防止义务等，避免个人因被工具化而丧失主体性地位。[①] 其中，侵害防止义务的履行状况关涉自然人的个人信息权益能否得到及时有效的救济，系国家机关积极义务的重中之重，本法第六章、第七章的许多规定均指向于此。具体而言，国家对于信息平台的监管介入基本采取了“常规执法+责任追究”的模式。[②] 首先，相关部门在履行个人信息保护职责时，可以采取询问、查阅、复制、检查、查封、扣押、约谈等诸多执法措施（第62条、第63条）；其次，在查实信息平台的违法行为后，相关部门则应根据情节采取责令改正、警告、没收违法所得、责令暂停相关业务或者停业整顿、通报有关主管部门吊销相关业务许可或者吊销营业执照、记入信用档案并公示等措施追究其法律责任（第65条、第66条、第70条）。总而言之，无论是国家机关不履行本法规定的消极保护义务、还是不履行积极保护义务，均须根据本条第1款承担相应的法律责任。

（二）法律后果

就本条第1款规定的法律后果而言，一方面，针对违反义务的国家机关本身，由其上级机关或者履行个人信息保护职责的部门责令改正。此处的“国家机关”系广义概念，不限于履行个人信息保护职责的行政机关，也包括其他行政机关，以及审判机关、检察机关等。其中，特定行政部门的“上级机关”既包括其上一级主管部门，也包括该部门的本级人民政府。关于“责令改正”的法律性质，理论界长期存在争议，不过就本条中该种执法方式的内部结构而言，其应同时容纳两种层次的意思表示：首先，责令相应机关停止违法行为，及时履行本法规定的个人信息保护义务；其次，责令其恢复原状，即尽量消除由于此前的义务违反行为而导致的危害后果，[③] 保障遭受侵害的信息主体及时得到恢复性救济。

---

① 王锡锌：《个人信息国家保护义务及展开》，载《中国法学》2021年第1期。

② 赵宏：《〈民法典〉时代个人信息权的国家保护义务》，载《经贸法律评论》2021年第1期。

③ 黄锫：《行政执法中责令改正的法理特质与行为结构》，载《浙江学刊》2019年第2期。

另一方面，针对直接负责的主管人员和其他直接责任人员，由相关部门依法给予处分。基于体系化的视角可知，本条第1款所称的“处分”与《公务员法》中的“处分”同义，都指向的是任免机关对公职人员所作的内部惩戒，具体包括警告、记过、记大过、降级、撤职、开除六种类型。值得一提的是，2018年《监察法》的颁布改变了以往由公务员所在机关独享处分权的局面，使得针对公务员违法违纪行为的处分体制开始由“单轨制”转向“双轨制”[①]，形成任免机关内部惩戒与监察机关外部惩戒的有机结合。据此，当国家机关不履行本法规定的个人信息保护义务的，针对直接负责的主管人员和其他直接责任人员，既可根据本条第1款依法给予处分，亦可根据《公职人员政务处分法》第10条依法给予政务处分，从而形成两种责任的竞合。[②] 虽然二者责任性质不同，但其具体类型和适用期间均完全一致。[③] 基于一事不再罚的法治原则，《公职人员政务处分法》第16条明确规定：“对公职人员的同一违法行为，监察机关和公职人员任免机关、单位不得重复给予政务处分和处分。”

三、履行个人信息保护职责的部门的工作人员渎职的法律责任

（一）构成要件

本条前后两款的规制对象存在本质差异，第1款是针对国家机关本身的违法行为，第2款则是针对机关工作人员的违法行为。此外，仅就机关范畴而言，第1款规制的是广义范畴的“国家机关”，第2款的规制主体则仅限于“履行个人信息保护职责的部门”。根据本法第60条的规定，此处“履行个人信息保护职责的部门”仅指国务院和县级以上地方人民政府中的特定行政部门。

本条第2款规定的渎职行为分为三种类型，分别为玩忽职守、滥用职权、徇私舞弊。其中，玩忽职守，是指相关部门工作人员严重不负责任，

---

① 任巧：《论对行政公务员的行政处分和政务处分双轨机制之间的调适》，载《重庆社会科学》2019年第12期。

② 《公职人员政务处分法》第10条：“有关机关、单位、组织集体作出的决定违法或者实施违法行为的，对负有责任的领导人员和直接责任人员中的公职人员依法给予政务处分。”

③ 《公务员法》第62条、第64条，《公职人员政务处分法》第7条、第8条。

不履行或者不认真履行职责的行为；滥用职权，是指工作人员超越职权，违法决定、处理其无权决定、处理的事项，或者违反规定处理公务的行为；徇私舞弊是指工作人员为徇私情、私利，故意违背事实和法律，伪造材料，隐瞒情况，弄虚作假的行为。[①] 玩忽职守与滥用职权的核心区别在于责任形式的差异，前者为故意，后者为过失；徇私舞弊的特点则在于要求行为人具有徇个人或单位之私的动机。[②] 关于玩忽职守、滥用职权、徇私舞弊之间的关系，刑法学界存在诸多争议[③]，但从本款规定的立法模式来看，应对三者作并列关系的理解。

（二）法律后果

履行个人信息保护职责的部门的工作人员如果滥用职权或者玩忽职守，致使公共财产、国家和人民利益遭受重大损失的，应依照《刑法》第397条第1款追究其“滥用职权罪”或“玩忽职守罪”的刑事责任；若其徇私舞弊，对依法应当移交司法机关追究刑事责任的不移交，情节严重的，则应依照《刑法》第402条追究其“徇私舞弊不移交刑事案件罪”的刑事责任。如果相关部门工作人员的渎职行为尚不构成犯罪，则应当依照本条第2款的规定，“依法给予处分”。此处的“处分”应与本条第1款中的“处分”作相同解释。

【关联规定】

《中华人民共和国数据安全法》第49条、第50条，《中华人民共和国网络安全法》第72条、第73条，《中华人民共和国电子商务法》第87条

（撰稿人：张玉涛）

---

① 《最高人民检察院关于渎职侵权犯罪案件立案标准的规定》（高检发释字〔2006〕2号）。

② 张明楷：《刑法学（下）》，法律出版社2016年版，第1241、1250页。

③ 王佩芬：《“徇私舞弊”在刑法中的功能定位及立法重构》，载《政治与法律》2020年第12期。

第六十九条 【侵害个人信息权益的民事责任】处理个人信息侵害个人信息权益造成损害，个人信息处理者不能证明自己没有过错的，应当承担损害赔偿等侵权责任。

前款规定的损害赔偿责任按照个人因此受到的损失或者个人信息处理者因此获得的利益确定；个人因此受到的损失和个人信息处理者因此获得的利益难以确定的，根据实际情况确定赔偿数额。

【释义】

本条规定的是侵害个人信息权益的民事责任，分别规定了个人信息侵权责任（第 1 款）和损害赔偿范围（第 2 款）。总体而言，本条完善了侵害个人信息的民事责任配置，结束了个人信息侵权责任相对缺位或零散的状态。

《个人信息保护法草案（一次审议稿）》第 65 条规定："因个人信息处理活动侵害个人信息权益的，按照个人因此受到的损失或者个人信息处理者因此获得的利益承担赔偿责任；个人因此受到的损失和个人信息处理者因此获得的利益难以确定的，由人民法院根据实际情况确定赔偿数额。个人信息处理者能够证明自己没有过错的，可以减轻或者免除责任。"在第二次审议过程中，一些常委委员和地方、部门、专家、企业建议，根据过错推定责任原则确定侵害个人信息权益的损害赔偿责任。宪法和法律委员会经研究，建议根据《民法典》有关规定，将上述规定修改为："个人信息权益因个人信息处理活动受到侵害，个人信息处理者不能证明自己没有过错的，应当承担损害赔偿等侵权责任。"《个人信息保护法草案（二次审议稿）》第 68 条规定："个人信息权益因个人信息处理活动受到侵害，个人信息处理者不能证明自己没有过错的，应当承担损害赔偿等侵权责任。前款规定的损害赔偿责任按照个人因此受到的损失或者个人信息处理者因此获得的利益确定；个人因此受到的损失和个人信息处理者因此获得的利益难以确定的，根据实际情况确定赔偿数额。”在第三次审议过程中，本条第1款经措辞修改确定为：“处理个人信息侵害个人信息权益造成损害，个人信息处理者不能证明自己没有过错的，应当承担损害赔偿等侵权责任。”

本条第1款明确个人信息侵权责任过错推定的归责原则。《个人信息保护法草案（一次审议稿）》第65条对个人信息侵权责任进行了专门规定：在责任成立（构成要件）上，只要满足行为要件（从事个人信息处理活动）、权益侵害/结果要件（侵害个人信息权益）和因果关系要件（因个人信息处理活动侵害个人信息权益），行为人（信息处理者）即须承担责任，不以过错为要件（无过错责任）；在责任承担（法律效果）上，按照“所受损害”或“侵害获利”以及“损害额酌定”的顺序来确定责任人的赔偿范围。但是，根据本条第2句的规定，个人信息处理者可以通过证明自己没有过错来减免责任，自然也包括“个人信息处理者能够证明自己没有过错的，可以免除责任”的情形。这一情形在法律效果上等同于适用“其不能证明自己没有过错的，应当承担侵权责任”（《民法典》第1165条第2款）的规定，似经默认个人信息侵权责任的适用前提在于“法律推定行为人有过错”，因而与本条前段中的无过错归责立场互生龃龉。

在侵权责任的构成要件中，归责原则的基本功能是寻找损害发生的原因和解决责任成立的正当性，确定归责原则类型的关键即在于确定造成损害的原因。[①] 根据《民法典》的列举规定，个人信息侵害行为主要包括非法收集、存储、使用、加工、传输、提供、公开、篡改、泄露等方式，它们通常都可归咎于相应的责任人，而非自动化信息处理系统带来的危险。另外，归责原则的适用也应当兼顾受害人的证明能力，对不同的行为主体进行更为细致的区分。特别是相对于大型的数据公司和信息企业，单个自然人几乎不具备任何专业的知识和技术，在资金、能力和诉讼等方面处于

① 王成：《侵权法归责原则的理念及配置》，载《政治与法律》2009年第1期。

明显的劣势。在双方举证能力差距悬殊的背景下，让受害人负担侵权人过错和因果关系的举证责任，基本上是不可能完成的任务。

根据侵权法的一般原理，为他人确立相应行为或注意义务的“保护性法规”经公布已经为人们共知，行为人过错的认定又往往取决于其是否违反对他人的义务。若行为人的行为违反前述规范确立的规则，则可以通过表见证明规则直接推定行为人存在过错，从而大大减轻受害人的举证责任。[①] 2013 年以来，我国《消费者权益保护法》《刑法》《网络安全法》《测绘法》《公共图书馆法》和《电子商务法》等多项立法均对个人信息保护进行了规定。除宣示性和引致性内容外，这些规定具备保护他人的目的，明确界定了相对人所负的行为义务及其标准。[②] 进一步来说，随着个人信息保护逐渐成为一项法定义务，在过错认定越来越客观化的今天，除非行为人提出反证，否则对法定义务的违反通常可以认定为存在过错。[③] 正因如此，相关司法实践也逐渐转向事实上过错推定的做法（参见本条释义中的典型案例）。在比较法上，《韩国个人信息保护法》第 39 条之一第 1 款规定，信息处理者违反本法的行为应承担责任，除非信息处理者能够自证不存在过错。按照我国台湾地区“个人资料保护法”第 28 ~ 29 条的规定，行政机关采取无过错归责，仅天灾、事变或其他不可抗力免责；非行政机关采取过错推定，非故意或过失免责。《德国联邦数据保护法》第 7 条同样规定了非公务机关侵害公民个人数据时的过错推定责任。[④]

幸运的是，《个人信息保护法草案（二次审议稿）》已经意识到这一问题并进行了相应修改（采取过错推定立场），其第 68 条第 1 款明确规

---

① 朱虎：《规制性规范违反与过错判定》，载《中外法学》2011 年第 6 期。

② 总结起来，我国法律规定中的个人信息保护义务主要分为两大类：一是不得侵害个人信息的消极义务，比如“不得非法收集、使用、加工、传输、买卖、提供或公开他人信息”（《民法典》第 111 条）“不得泄露、篡改、毁损其收集的个人信息”（《网络安全法》第 42 条）；二是进行个人信息保护的积极义务，比如，任何组织和个人“应当依法取得并确保信息安全”（《民法典》第 111 条）、经营者的明示告知、严格保密、确保安全以及采取补救措施等义务（《消费者权益保护法》第 29 条）以及网络运营者的严格保密、在信息泄露时进行补救、报告和通知以及协助配合主管部门监督检查等义务（《网络安全法》第 40 条、第 42 条和第 49 条）。

③ 丁宇翔：《个人信息保护纠纷：理论释解与裁判实务》，中国法制出版社 2021 年版，第 86 页。

④ 李爱君、苏桂梅主编：《国际数据保护规则概览》，法律出版社 2018 年版，第 12 页。

定："个人信息权益因个人信息处理活动受到侵害，个人信息处理者不能证明自己没有过错的，应当承担损害赔偿等侵权责任。"这一规定最后经措辞修改成为本条第1款。

本条第2款规定了个人信息侵权责任的赔偿范围，与《民法典》第1182条保持了一致。《民法典》第1182条规定："侵害他人人身权益造成财产损失的，按照被侵权人因此受到的损失或者侵权人因此获得的利益赔偿；被侵权人因此受到的损失以及侵权人因此获得的利益难以确定，被侵权人和侵权人就赔偿数额协商不一致，向人民法院提起诉讼的，由人民法院根据实际情况确定赔偿数额。"《最高人民法院关于审理使用人脸识别技术处理个人信息相关民事案件适用法律若干问题的规定》（法释〔2021〕15号）第8条规定："信息处理者处理人脸信息侵害自然人人格权益造成财产损失，该自然人依据民法典第一千一百八十二条主张财产损害赔偿的，人民法院依法予以支持。自然人为制止侵权行为所支付的合理开支，可以认定为民法典第一千一百八十二条规定的财产损失。合理开支包括该自然人或者委托代理人对侵权行为进行调查、取证的合理费用。人民法院根据当事人的请求和具体案情，可以将合理的律师费用计算在赔偿范围内。"

有学者认为，在侵害个人信息权益无法转化为明显的客观损害时，通过法定赔偿的方式来进行填补不失为一条可行路径。[①] 本条规定有利于实现遵循的完全赔偿原则，完全填补受害人因侵权行为遭受的损害，尽可能地使损害赔偿的效果达到恢复至如同未发生时的应有状态。[②]

本条规定在理解上，应该注意以下三点：

其一，个人信息侵权责任采取过错推定原则。过错推定是法律对过错要件的推定，产生举证责任倒置的效果。在本质上，过错推定属于可以推翻的法律上的事实推定，本应当由原告负担的证明被告具有过错这一事实

---

① 刘云：《论个人信息非物质性损害的认定规则》，载《经贸法律评论》2021年第1期。

② 周友军：《我国侵权法上完全赔偿原则的证立与实现》，载《环球法律评论》2015年第2期。

的证明责任被转移给被告。[1] 那么，如果个人信息处理者“不能证明自己没有过错”，即推定其存在过错。与此同时，过错推定规定并未改变侵权责任构成要件的数量，个人信息主体仍然举证证明权益侵害、损害发生和因果关系等其他侵权责任构成要件。

其二，个人信息侵权的损害赔偿范围。一方面，本条规定了个人信息侵权损害赔偿范围的确定顺序。与《民法典》第1182条的规定相同，即先按照受害人遭受的实际损害（所受损害）或信息处理者因此获得的利益（获利剥夺）进行赔偿，若前述顺序无法确定，则根据实际情况确定赔偿数额（法定赔偿/赔偿额酌定）。另一方面，本条没有规定民事损害赔偿的最低限额。对照来看，本法第66条规定了个人信息违法处理责任人的最低罚款限额[2]，我国台湾地区“个人资料保护法”第28条第3款也规定了法定赔偿的最低限额[3]，这种同时规定最高赔偿额（上限）和最低赔偿额（下限）的立法模式，具备对法官自由裁量进行授权和限制的双重属性，有利于在一定区间内确定合理的赔偿数额[4]，可供未来完善细则和司法实践参考。

其三，侵权惩罚性赔偿在个人信息保护中的适用问题。近年来，知名企业用户个人信息和数据泄露事件频发，损害后果往往不可逆转，使得传统的填补性损害赔偿（compensatory damage）无法有效应对。对照来看，惩罚性赔偿（punitive damage）是使责任主体承担超出造成实际损失的赔偿责任，其工作机理是剥夺行为人继续侵权的能力，对潜在的加害人产生阻遏作用。[5] 在《民法典》侵权责任编中，惩罚性赔偿不仅在原有产品责

---

① 程啸：《侵权责任法》，法律出版社2021年版，第119~120页。

② 《个人信息保护法》第66条规定：“违反本法规定处理个人信息，或者处理个人信息未履行本法规定的个人信息保护义务的……对直接负责的主管人员和其他直接责任人员处一万元以上十万元以下罚款。有前款规定的违法行为，情节严重的……对直接负责的主管人员和其他直接责任人员处十万元以上一百万元以下罚款，并可以决定禁止其在一定期限内担任相关企业的董事、监事、高级管理人员和个人信息保护负责人。”

③ 我国台湾地区“个人资料保护法”第28条第3款规定：“被害人不易或不能证明其实际损害额时，得请求法院依侵害情节，以每人每一事件新台币五百元以上二万元以下计算。”

④ 王成：《〈民法典〉与法官自由裁量的规范》，载《清华法学》2020年第3期。

⑤ 陈年冰：《中国惩罚性赔偿制度研究》，法律出版社2016年版，第17~20页。

任中保留，同时进一步扩展至知识产权侵权和生态破坏、环境污染领域。但是，按照《民法典》第 179 条第 2 款规定，惩罚性赔偿只能由法律进行规定，不得类推适用。换言之，对于个人信息侵权责任，惩罚性赔偿无法适用。从立法论的角度来看，惩罚性赔偿既能够填补被害人财产损害、舒缓其精神痛苦，同时也能实现对个人信息侵害行为的惩罚、威慑和遏止，有利于预防侵权行为的再次发生。因此，立法机关在未来修法时可以考虑在本条中增订相应的惩罚性赔偿规定。

【典型案例】

案例一　庞某鹏与某公司等隐私权纠纷案[①]

二审法院认为，原告虽然不能对被告实施加害行为提供充分证明，但有能力证明被告实施加害行为有较大可能性，从而认定被告泄露隐私信息的高度可能性，并明确指出，《消费者权益保护法》第 29 条第 2 款中明确规定，这是在立法层面上对消费者个人隐私和信息的保护，也是对经营者保护消费者个人信息的强制性规定。经营者违反了该条规定，即视为其存在过错。在被告违反了本条规定且未能提出相反证据的情况下，法院认定被告存在过错。

案例二　孙某某与某县信用社侵犯公民个人信息权纠纷案[②]

法院认为，本案中被告工作人员违规办理贷款时，冒用被告个人信息担保贷款，并将原告征信纳入不良记录，给原告造成精神和物质上的损失，被告过错明显。同样地，本案被告违反《民法总则》第 111 条个人信息保护规定而被认定为“过错明显”，实际上也是在个案裁判中的过错推定操作。

---

① （2017）京一中民终字第 509 号。
② （2017）豫 0423 民初 3728 号。

【关联规定】

《中华人民共和国民法典》第1165条，《中华人民共和国网络安全法》第74条第1款，《中华人民共和国数据安全法》第52条第1款，《最高人民法院关于审理使用人脸识别技术处理个人信息相关民事案件适用法律若干问题的规定》第8条

（撰稿人：邓辉）

第七十条　【个人信息侵害的公益诉讼】个人信息处理者违反本法规定处理个人信息，侵害众多个人的权益的，人民检察院、法律规定的消费者组织和由国家网信部门确定的组织可以依法向人民法院提起诉讼。

【释义】

本条规定了个人信息公益诉讼制度。

《个人信息保护法草案（一次审议稿）》第66条，《个人信息保护法草案（二次审议稿）》第69条和《个人信息保护法草案（三次审议稿）》第70条规定："个人信息处理者违反本法规定处理个人信息，侵害众多个人的权益的，人民检察院、履行个人信息保护职责的部门和国家网信部门确定的组织可以依法向人民法院提起诉讼。"在第三次审议过程中，中国消费者协会建议，与消费者权益保护法有关规定相衔接，在本法中明确法律规定的消费者组织可以对违法处理个人信息侵害众多个人权益的行为提起诉讼。宪法和法律委员会经研究，建议采纳上述意见，在《个人信息保护法草案（三次审议稿）》第70条中增加相应规定。

众所周知，司法诉讼是权利保护的重要手段，个人信息保护实体法规

范的最终落实需依赖程序保障。在大数据时代，侵害个人信息的主体通常是具备强大技术和经济实力的数据企业，但受害者由于认知、信息或经济能力严重不对称而处于相对弱势的地位，不存在进行平等对抗的基础：首先，在个人信息受到大规模侵害的情形下，受害人虽人数众多，但单个受害人的利益损害较小，因而缺乏足够的动力来提起诉讼。面对高昂的诉讼成本和证据获取的现实困难，单个的受害人在时间和精力上有限，缺乏有效的激励来提起诉讼，造成了个人信息“低概率的维权和极低的违法成本”现象。[①] 其次，在现代社会中，个人信息侵害不存在特定受害人。诚然，某些明星或公众人物因为人们的高度关注，其个人信息具有较高的经济价值更易受侵害。但是，由于社会公共管理中的信息强制采集制度和商业实践中“个人信息换取服务”经营模式，所有人不仅是本人个人信息的生产者，同时不可避免地成为个人信息侵害的潜在受害人。最后，个人信息具备一定的公共属性，对公民个人信息的侵害同时也损害了社会公共利益。比如，非法收集、传播、贩卖个人信息等大规模侵权行为催生了相关的“黑色产业链”，进一步引发了网络诈骗、非法调查、报复要挟、敲诈勒索、绑架威胁等多种下游犯罪活动，已经超出了纯粹的私益范围。[②] 这表明，仅依靠既有的私益民事诉讼机制，无法适应我国个人信息保护的实践和发展。

有学者建议，通过将《民事诉讼法》第 54 条及其司法解释规定的集团诉讼（代表人诉讼）制度引入个人信息保护领域来有效回应这种“集体行动的困境”。[③] 同时，个人信息不完全是专属公民个人的事务，其权利保护也依赖国家规制。[④] 这意味着，负有个人信息保护职责的机关除了行政执法和监管，在诉讼环节也应当有所作为，立法可以通过公益诉讼制度进一步扩大诉讼主体范围，激发个人信息维权的积极性和活力，在客观上营

---

① 蒋都都、杨解君：《大数据时代的信息公益诉讼探讨——以公众的个人信息保护为聚焦》，载《广西社会科学》2019 年第 5 期。

② 张礲、赵玉现：《个人信息买卖黑色产业治理研究》，载《信息安全与通信保密》2017 年第 3 期。

③ 张新宝：《侵权责任编起草的主要问题探讨》，载《中国法律评论》2019 年第 1 期。

④ 张新宝：《我国个人信息保护法立法主要矛盾研讨》，载《吉林大学社会科学学报》2018 年第 5 期。

造有利于个人信息保护的整体社会氛围。

此前，立法关于民事公益诉讼的明文规定是《民事诉讼法》第55条，通过不完全列举的方式规定消费者公益诉讼和环境公益诉讼这两种类型（《消费者权益保护法》第47条和《环境保护法》第58条）。但是，从公益诉讼的立法目的和法律功能角度出发，不应该对此类诉讼的适用苛责过于严格的要件，只要是“损害公共利益的行为”同时具备当事人地位不平等、受害人不特定等特征，就存在公益诉讼的可能和适用余地。[①] 事实上，司法实践对公益诉讼的类型已经进行了必要扩展，并且取得了良好的司法实践效果[②]，这也为将侵害个人信息权益引入公益诉讼制度提供了有益借鉴。由于侵害个人信息行为本质上针对的是个人信息权利，在受众人数多、受害范围广、损害后果严重时，立法不能忽略对民事主体的救济，更不用说个人信息具备明显的公共属性。所以，在个人信息保护领域，民事公益诉讼制度的引入既具有紧迫性，也存在可行性。

首先，从法理基础的视角出发，《民事诉讼法》第55条对于公益诉讼采取的是不完全列举的方式，同时以“损害社会公共利益”作为本质要求。立法明确列举环境污染和消费者权益保护领域适用公益诉讼，实际上是回应社会关切和强调重点的立法技术的体现，至于其他未明确列举的领域，并不意味着完全没有适用余地。有学者指出：“在网络时代，信息交互日益明显，当数据投入社会化大生产，大量的信息存储平台及海量的数据处理使得公民每时每刻都有可能面临算法歧视、信息泄露的危机，成为潜在的受害者。面对网络运营商，用户个人的认知、技术等能力弱，处在不平等的地位，私益保护已经无法解决这一社会性问题。网络信息侵权具有特殊性，一次侵权行为往往涉及上亿条信息主体，单条个人信息所承载的价值较低，个人面临诉讼程序启动受限的问题。此外，高技术手段使得

---

① 胡云红：《比较法视野下的域外公益诉讼制度研究》，载《中国政法大学学报》2017年第4期。

② 在最高人民检察院发布的“检察公益诉讼十大典型案例”中，公益诉讼的类型已经突破相应的类型限制，广泛适用于环境和资源保护、食品药品安全和虚假医药广告整治、生态环境破坏等领域。参见《检察公益诉讼十大典型案例》，载《检察日报》2018年12月26日。

侵权隐蔽、处理迅速、极易删改，还导致举证困难、侵权主体难确定等诸多问题，需要公权力介入以消除个体的不平等地位。”① 换言之，个人信息保护问题是大数据时代关注度高、关涉社会公益维护的关键问题，兼具民事权益受损严重性和公益保护紧迫性特征，应当纳入公益诉讼兜底性规定的保护范围。②

其次，从司法实践角度出发，公益诉讼符合个人信息保护的现实需要。在实践中，实施个人信息权益侵害行为的主要是巨型企业或互联网平台，私人主体力量不够强大而难以与其抗衡，检察机关恰好可以有效弥补这一不足。2020 年 9 月，最高人民检察院出台《关于积极稳妥拓展公益诉讼案件范围的指导意见》，明确将个人信息保护作为网络侵害领域的办案重点，要求检察机关积极稳妥开展个人信息保护公益诉讼。2021 年 4 月 22 日，最高人民检察院发布 11 件检察机关个人信息保护公益诉讼典型案例。③ 2021 年 8 月 21 日，最高人民检察院发布《关于贯彻执行个人信息保护法推进个人信息保护公益诉讼检察工作的通知》，要求各级检察机关根据个人信息保护法有关规定在履行公益诉讼检察职责时应当突出重点、从严把握以下方面：生物识别、特殊身份、医疗健康、金融账号、行踪轨迹等敏感个人信息应当严格保护；儿童、妇女、残疾人、老年人、军人等特殊群体的个人信息需要特别保护；教育、医疗、就业、养老、消费等重点领域处理的个人信息，以及处理 100 万人以上的大规模个人信息应当重点保

---

① 薛天涵：《个人信息保护公益诉讼制度的法理展开》，载《法律适用》2021 年第 8 期。

② 张炜达、呼啸：《大数据时代下个人信息行政公益诉讼制度之建构》，载《西北大学学报（哲学社会科学版）》2020 年第 4 期。

③ 其中，行政公益诉讼案件涉及教育、市场监管、公安、网信、农业农村等行政机关个人信息监管、政府信息公开问题，涉及快递、医疗机构、校外培训机构等泄露个人信息问题；刑事附带民事公益诉讼案件涉及通过技术软件、物业服务等不同手段非法获取并交易个人信息问题，除了依法打击行为人侵犯公民个人信息的犯罪行为，检察机关还将网络运营者作为共同被告要求承担公益损害责任；民事公益诉讼案件包括互联网企业违法违规收集个人信息和非法获取个人信息并进行消费欺诈等问题，对互联网企业未履行个人信息管理和保护义务的，检察机关将通过公益诉讼要求其承担公益损害责任，推动落实企业主体责任。参见张璁：《最高检发布个人信息保护公益诉讼典型案例》，载《人民日报》2021 年 4 月 23 日。

护；对因时间、空间等联结形成的特定对象的个人信息应加强精准保护。[①]

最后，从比较法经验来看，GDPR 第 80 条确立了个人数据保护公益诉讼制度，明确规定符合条件的某些公益组织，有权代表信息主体向信息保护局以及信息控制者、处理者主张合法权益并在必要时有权提起个人信息公益诉讼。与此同时，司法实践中消费民事公益诉讼已经成为人们保护其个人信息保护的重要手段，并取得了良好的法律效果和社会效果。[②]

因此，本法立足于我国个人信息保护实际状况，构建了更加合理和全面的个人信息民事公益诉讼制度，同时探索适宜的诉讼机制与配套制度，包括减轻诉讼成本的诉讼机制和强化收益激励的配套制度，使其能够直接作用于侵害行为的实施主体，充分发挥民事公益诉讼的威慑、预防和监督功能。

对本条的理解，应当注意以下要点：

第一，本条确立个人信息公益诉讼制度，并对个人信息公益诉讼的主体范围进行了适度扩张。这是因为，除了个人信息主体提起民事诉讼外，仅依靠个人信息检察公益诉讼，很难发挥公益诉讼保护公共利益和增进公共福祉的效用。相反地，立法允许符合一定条件的社会组织提起公益诉讼，有助于完善多元主体参与社会协作治理的机制。按照本条的规定，能够以自己的名义向人民法院提起个人信息公益诉讼的主体仅限于人民检察院、法律规定的消费者组织和由国家网信部门确定的组织这三种类型。但是，不难发现，本法第 70 条关于个人信息公益诉讼主体的规定删去了《个人信息保护法草案（一次审议稿）》第 66 条和《个人信息保护法草案（二次审议稿）》第 69 条规定的“履行个人信息保护职责的部门”，这可能是为避免重复起诉、多头起诉等对公益诉讼制度滥用的现象。换言之，只有经国家网信部门的确定，其他个人信息保护监管机关和社会公益组织

---

① 闫晶晶：《个人信息保护纳入检察公益诉讼法定领域》，载《检察日报》2021 年 8 月 22 日。

② 2017 年 12 月 11 日，江苏省消保委针对 App 涉嫌违规获取消费者个人信息且未及时回应，提起消费民事公益诉讼。参见任文岱：《个人信息权利保护 公益诉讼值得推广》，载《民主与法制时报》2018 年 1 月 28 日。

才有权提起个人信息公益诉讼。此外，对于符合条件的消费者组织提起的个人信息公益诉讼，检察机关要积极予以支持。

第二，立法还应当鼓励建立和健全相关的配套措施，并设立专门的个人信息保护社会公益基金。根据诉讼法基本原理，有权提起公益诉讼的主体并非都是直接受害人，经由公益诉讼获得的赔偿金分配就成为一个难题。在比较法上，公益诉讼制度较为发达的国家和地区普遍采取了设立专项赔偿基金制度来解决受害群众广泛、救济成本高、难以实现公平受偿的问题。[①] 笔者认为，在个人信息公益诉讼中，通过诉讼获得的赔偿款项应当首先填补受害人遭受的损害，其剩余部分可以收归国库或者划入专门设立的“个人信息保护社会公益基金”，用于鼓励技术研发、促进诉讼维权、提供法律咨询、垫付侵权损害等与个人信息保护紧密相关的事项。与此同时，为了维护该基金的设立目的和公益性要求，检察机关可通过发送检查建议函等方式督促相关行政机关管理并运营专项基金，从而确保专项基金用于满足个人信息保护等社会公共利益。

【关联规定】

《中华人民共和国消费者权益保护法》第 47 条，《中华人民共和国民事诉讼法》第 55 条，《最高人民法院关于审理使用人脸识别技术处理个人信息相关民事案件适用法律若干问题的规定》第 14 条

（撰稿人：邓辉）

第七十一条　【治安管理处罚和刑事责任】违反本法规定，构成违反治安管理行为的，依法给予治安管理处罚；构成犯罪的，依法追究刑事责任。

---

① 张卫平：《民事公益诉讼原则的制度化及实施研究》，载《清华法学》2013 年第 4 期。

【释义】

本条是关于违反本法行为的治安管理处罚和刑事责任的原则规定。

本条沿用了《个人信息保护法草案（一次审议稿）》《个人信息保护法草案（二次审议稿）》的规定，并参考了《网络安全法》第74条、《数据安全法》第52条、《电子商务法》第88条等规定，对违反本法的个人信息处理行为应受治安管理处罚和刑事处罚作了衔接性规定。同一违法行为，依法可能同时承担行政责任和刑事责任。因此本条将违反《个人信息保护法》的行为，视情节不同，明确划分了个人信息违法行为可能引发的治安管理处罚责任和刑事责任。

对违反本法规定的行为，应依法给予治安管理处罚的情形主要包括：（1）个人信息处理者非法收集、存储、使用、加工、传输他人个人信息；（2）个人信息处理者非法买卖、提供或者公开他人个人信息；（3）处理个人信息未按照规定采取必要的安全保护措施，对个人造成损害的；（4）违反法律、行政法规的规定处理个人信息的其他行为。以上行为均属于违法处理个人信息的行为，应当根据本法第66条的规定，由履行个人信息保护职责的部门责令改正，视情节严重程度给予警告、没收违法所得、对违法处理个人信息的应用程序责令暂停或者终止提供服务、罚款等治安管理处罚。此外，其他个人信息处理行为违反治安管理规范的，也应依照治安管理处罚法给予相应的处罚。

对违反本法规定的行为，应依照《刑法》追究刑事责任的犯罪主要是侵犯公民个人信息罪。依据《刑法》第253条之一规定，侵犯公民个人信息罪，是指违反国家有关规定，向他人出售或者提供公民个人信息，或者将在履行职责或者提供服务的过程中获得的公民个人信息，出售或者提供给他人，以及窃取或者以其他方法获取公民个人信息，情节严重的行为。近年来，侵犯公民个人信息犯罪呈高发态势。人民法院充分发挥审判职能，依据《刑法》和《最高人民法院、最高人民检察院关于办理侵犯公民个人信息刑事案件适用法律若干问题的解释》以及其他司法指导性文件，审理了一大批侵犯公民个人信息的刑事案件。由于侵犯公民个人信息犯罪系互联网、大数据时代衍生出的新型犯罪，且前置法律法规供给相对不足，此类案件的审判出现了一些疑难问题亟待解决。首先，由罪状可知，此罪为情节犯，也就是说只有达到情节严重的状态才构成犯罪，不构成犯罪的则属于一般违法行为，应由本条前半句“治安管理处罚”予以规制。其次，侵犯公民个人信息罪的案件必然要涉及本罪客体的认定，即需要对“公民个人信息”予以明确界定。根据本法第 4 条规定，个人信息是以电子或者其他方式记录的与已识别或者可识别的自然人有关的各种信息，不包括匿名化处理后的信息。一般包括公民的姓名、年龄、各种有效证件号码、工作单位、婚姻状况、家庭地址、履历、学历、电话号码、不动产登记号等能够识别公民个人身份或者涉及公民个人隐私的信息、数据资料。此外，侵犯公民个人信息罪通常有三个行为类型：一是违反国家有关规定，个人信息处理者向他人出售或者提供（除本人提供外，必须有合法授权）公民个人信息；二是个人信息处理者在履行职务或提供服务过程中获得的公民个人信息，出售或提供给他人；三是窃取或以其他方法非法获取个人信息。

除侵犯公民个人信息罪之外，违反本法可能涉及的追究刑事责任的犯罪还包括：（1）非法侵入计算机信息系统罪。《刑法》第 285 条第 1 款规定，违反国家规定，侵入国家事务、国防建设、尖端科学技术领域的计算机信息系统的，处三年以下有期徒刑或者拘役。（2）非法获取计算机信息系统数据、非法控制计算机信息系统罪。《刑法》第 285 条第 2 款规定，违反国家规定，侵入前款规定以外的计算机信息系统或者采用其他技术手段，获取该计算机信息系统中存储、处理或者传输的数据，或者对该计算机信息系统实施非法控制，情节严重的，处三年以下有期徒刑或者拘役，并处或者单处罚金；情节特别严重的，处三年以上七年以下有期徒刑，并处罚金。（3）拒不履行信息网络安全管理义务罪。《刑法》第 286 条之一第 1 款规定：“网络服务提供者不履行法律、行政法规规定的信息网络安全管理义务，经监管部门责令采取改正措施而拒不改正，有下列情形之一的，处三年以下有期徒刑、拘役或者管制，并处或者单处罚金。（一）致使违法信息大量传播的；（二）致使用户信息泄露，造成严重后果的；（三）致使刑事案件证据灭失，情节严重的；（四）有其他严重情节的。”

个人信息处理活动中需遵循合法、正当、必要原则，《民法典》和本法中均明确规定自然人的个人信息受法律保护。当发现存在非法收集、使用个人信息的行为且自身个人信息受到侵害时，可通过向履行个人信息保护职责的部门投诉、举报或向人民法院起诉的方式主张权利，请求侵权人停止收集、存储、使用个人信息、赔礼道歉并赔偿损失。本条旨在强化行政机关、司法机关对个人信息的保护力度，对侵害个人信息的行为视情节严重程度科以行政处罚甚至刑事处罚。

关于本条的司法适用，根据《刑法》第 253 条规定，结合《最高人民法院、最高人民检察院关于办理侵犯公民个人信息刑事案件适用法律若干问题的解释》以及其他司法指导性文件，办理侵犯公民个人信息的案件，在审判实践中需要重点关注的问题主要包括以下方面：一是对公民个人信息的审查认定，二是对违反国家有关规定的审查认定，三是对非法获取个人信息行为的审查认定，四是对“情节严重”或“情节特别严重”的审查认定，五是行政责任（治安管理处罚）和刑事责任（刑事处罚）的竞合与衔接，六是对关联犯罪的审查认定。

【关联规定】

《中华人民共和国网络安全法》第 74 条，《中华人民共和国数据安全法》第 52 条，《中华人民共和国电子商务法》第 88 条，《中华人民共和国刑法》第 253 条之一

（撰稿人：丁金钰）

第八章　附　　则

【导读】

本章的规范对象是一些不适合放入总则和分则的内容。虽然本章放在本法的最后，但仍旧属于本法的有机组成部分。附则条文和总则、分则的条文有着同样的效力。本法的附则主要对本法的适用范围作了补充规定，对本法所列的专门术语和特殊术语做了解释和定义，同时规定了本法的生效时间。

首先是对本法的适用范围作了补充规定。本法第 3 条基于属地原则和属人原则对本法的适用范围作了正向的规定。本法第 71 条从反向规定了本法适用除外和优先适用其他法律的情景。本法第 3 条和第 71 条共同构成了本法的完整适用范围。本法第 71 条规定主要考虑到自然人因个人或者家庭事务处理个人信息，以及各级人民政府及其有关部门组织实施的统计、档案管理活动中的个人信息处理的特殊性。

其次是对本法所列的专门术语和特殊术语作了解释和定义。本法第 72 条所解释和定义的“个人信息处理者”“自动化决策”“去标识化”“匿名化”是基于本法保护对象和保护措施所涉及的专业术语，其他法律尚未规定或者罕有规定。进一步解释专业术语有助于明确本法的相关规定，澄清可能的误解，推动本法的普及和实施。

最后对本法生效时间作了规定。

（撰稿人：黄尹旭）

第七十二条 【适用除外】 自然人因个人或者家庭事务处理个人信息的，不适用本法。

法律对各级人民政府及其有关部门组织实施的统计、档案管理活动中的个人信息处理有规定的，适用其规定。

【释义】

本条规定了本法的适用除外制度。

首先，根据本法第3条有关适用范围的规定，自然人因个人或者家庭事务处理个人信息，以及各级人民政府及其有关部门组织实施的统计、档案管理活动中的个人信息处理等本应当适用本法相关规定。然而，基于立法上的特殊考量，自然人因个人或者家庭事务处理个人信息不适用本法，各级人民政府及其有关部门组织实施的统计、档案管理活动中的个人信息处理优先适用其他法律的规定。

其次，自然人因个人或者家庭事务处理个人信息的不适用本法主要考虑到自然人处理个人或家庭事务的特殊性。其一，个人或者家庭事务的各方主体较为平等。《个人信息保护法》主要防止自然人个人信息权益在商业领域和行政领域受到强势主体的侵犯。自然人在个人信息利用中处于弱势地位。个人信息利用法律关系需要国家介入制定具体规范，衡平各方主体权利义务，特别是保护自然人的个人信息权益。如此才能更好地促进个人信息保护和利用，促进形成良性的市场机制和商业规范。自然人因个人或者家庭事务处理个人信息的场域中，不存在其他强势主体，本法制定的大多数保护性规范也无法适用。其二，个人或者家庭事务中个人信息受侵权的风险较小。个人或者家庭事务一般较为私密，一般发生在自然人家庭成员等较为亲密的群体之中。在个人或者家庭事务中，自然人的个人信息权益处于相对安全的情景，个人信息一般不会受到侵犯。因此，自然人因个人或者家庭事务处理个人信息一般不需要《个人信息保护法》的介入。

其三，个人或者家庭事务法律不适宜介入。法律无法介入生活中的方方面面。隐私性事务、私密性事务以及其他个人、家庭事务法律本身不适宜介入。

再次，各级人民政府及其有关部门组织实施的统计、档案管理活动中的个人信息处理具有极高专业性，应当优先适用其他专门法律。统计、档案管理活动相对于其他个人信息处理活动，具有极高的国家专属性、公共性和专业性。《个人信息保护法》主要规定的是一般性的个人信息保护规则。《统计法》《档案法》等相关法律对于个人信息保护的相关规定更为专业，对于信息处理主体的保护义务和保护要求的规定更为严格，对于违法行为惩处的规定更为严厉。在此情况下，在各级人民政府及其有关部门组织实施的统计、档案管理活动中的个人信息处理中优先适用其他专门性法律的规定，对于保护这些特殊的个人信息处理活动更有利。

最后，澄清一些误解。对于个人或者家庭事务应作狭义理解：个人事务是指自然人基于合法合理的目的在合理范围内处理自己的个人事务；家庭事务是指直系或者三代以内旁系血亲、有明确赡养或抚养关系的家庭成员等较为亲近的家庭关系相关人的家庭内部事务。统计、档案管理活动是指适用《统计法》《档案法》等现有法律的专门性活动，不应作扩大理解。

【关联规定】

《中华人民共和国民法典》第 111 条、第 1036 条，《中华人民共和国统计法》，《中华人民共和国档案法》

（撰稿人：黄尹旭）

第七十三条　【术语定义】本法下列用语的含义：

（一）个人信息处理者，是指在个人信息处理活动中自主决定处理目的、处理方式的组织、个人。

（二）自动化决策，是指通过计算机程序自动分析、评估个人的行为习惯、兴趣爱好或者经济、健康、信用状况等，并进行决策的活动。

（三）去标识化，是指个人信息经过处理，使其在不借助额外信息的情况下无法识别特定自然人的过程。

（四）匿名化，是指个人信息经过处理无法识别特定自然人且不能复原的过程。

【释义】

本条规定了《个人信息保护法》中四个核心术语的定义，分别为“个人信息处理者”“自动化决策”“去标识化”和“匿名化”。

一、个人信息处理者

作为个人信息保护领域中最为核心的义务主体，“个人信息处理者”是贯穿于整部《个人信息保护法》的基石性概念。为了对信息处理主体作出最为妥当的规范表达，我国立法者进行了反复的语词斟酌，此种探索在《民法典》人格权编的编纂进程中体现得尤为明显：2018 年 9 月的《民法典各分编（草案一审稿）》、2019 年 4 月的《民法典人格权编（草案二审稿）》、2019 年 12 月的《民法典（草案）》先后分别使用了“信息收集人、持有人”“信息收集者、持有者”“信息收集者、控制者”等不同表述。此后，在 2020 年 5 月正式审议通过的《民法典》中，上述概念又被最终修改为“信息处理者”（第 1037 条、第 1038 条）。从体系化的角度来看，《民法典》第 1035 条第 2 款赋予了“处理”一词极强的包容性，使其容纳了“收集、存储、使用、加工、传输、提供、公开等”各类信息活动，从而也使得“信息处理者”这一主体概念具有了内涵丰富的解释空间。《民法典》之所以在个人信息保护领域中统一使用“处理”这一概念，一方面系为表述上的方便，另一方面也能尽量与国际通行做法基本保持一致[①]，从而强化跨国法治交流的对话基础。相较而言，《个人信息保护法》采取了“个人信息处理者”的规范表述，仅比《民法典》使用的“信息处理者”多出“个人”二字，既与前法保持了必要的体系协调，也进一步在形式上凸显出此部单行法保护对象的特定性。

由于本法第 4 条第 2 款已对“处理”的内涵加以界定，故本条第 1 项在阐释“个人信息处理者”这一概念时，未对“处理”的行为类型再作展开，而是主要从“主体权能”及“主体类型”两个方面进行规范定义。一方面，与隐私权等典型人格权有所不同，个人信息权益并不具有严格的对世性，其义务主体较为特定。[②] 只有该主体具备“自主决定处理目的、处理方式”之权能，才能构成本法指称的“个人信息处理者”。[③] 同时，结合本法第 72 条第 1 款的规定，“因个人或者家庭事务处理个人信息”的“自然人”，亦不隶属于“个人信息处理者”这一概念范畴。另一方面，从主体类型的角度而言，本条并未使用民法领域中“自然人、法人、非法人”的特定概念，而是采取了“组织、个人”的表述。根本原因在于，《个人信息保护法》具有“领域法”的本质属性[④]，而非《民法典》的特别法，其需要借助民法、行政法等多个部门法的规制手段，才能有效实现个人信息权益的全面保护。其中，个人信息处理的组织体既包括网络服务提供者、线下经营主体等常规的市场经济主体，也包括为履行法定职责处理个人信息的“国家机关”以及“法律、法规授权的具有管理公共事务职能的组织”。[⑤] 基于后者的特殊性，本法第二章第三节对其作出了一系列专

---

① 黄薇主编：《中华人民共和国民法典人格权编释义》，法律出版社 2020 年版，第 201 页。

② 周汉华：《个人信息保护的法律定位》，载《法商研究》2020 年第 3 期。

③ 值得一提的是，《个人信息保护法草案（一次审议稿）》和《个人信息保护法草案（二次审议稿）》均将“个人信息处理者”界定为“自主决定处理目的、处理方式等个人信息处理事项的组织、个人。”与之相比，正式法律文本的概念界定除了对先前的语词顺序进行适当调换之外，还删去了“等”的表述。此种变化更加凸显出“处理目的”和“处理方式”在个人信息处理者自主权能中的核心地位。

④ 王利明：《和而不同：隐私权与个人信息的规则界分和适用》，载《法学评论》2021 年第 2 期。

⑤ 姚佳：《论个人信息处理者的民事责任》，载《清华法学》2021 年第 3 期。

门规制。

二、自动化决策

“自动化决策”是与“自然人决策”相对的概念，系信息时代背景下的智能产物。广义的自动化决策意指利用计算机技术、算法程序、深度学习或神经网络等替代人类处理关键数据，并借此自动生成对数据主体具有特定效果之决策的行为。[①] 但本条所称的“自动化决策”并非利用一切数据信息进行决策的活动，而是仅限于个人信息，此种规定契合本法的规制范围。自动化决策在实践中被广泛应用，既可被商业经营者用以提高客户点击率和交易利润率，同时也能够通过国家公共部门在社会保障、信用评价、司法监督等方面施加影响。[②] 虽然其能够有效帮助信息主体节约时间、提升效率，但也引发了诸多社会问题，如“信息茧房”效应以及“算法杀熟”现象等[③]，需要现代立法适时予以回应，故而，我国此次制定《个人信息保护法》时，明确将自动化决策这一概念纳入其中。在《个人信息保护法草案（一次审议稿）》及《个人信息保护法草案（二次审议稿）》对其作出界定之后[④]，正式的法律文本未再作实质性更改，仅通过个别的文字变动，使该定义更加简洁严谨。

关于自动化决策的立法定义，GDPR 提供了有益的参考蓝本。该法第 4 条将“自动化决策”（profiling）界定为：“为了评估自然人的个人情况而对个人数据进行自动化处理的任何方式，特别是针对自然人的工作表现、经济状况、健康状况、个人偏好、兴趣、可靠性、行为方式、位置或行踪而进行的分析和预测。”本条第 2 项在借鉴此种模式的基础上，进一步结合本土法制体系作出了相应改进。根据该项定义，自动化决策以“计

① 唐林垚：《“脱离算法自动化决策权”的虚幻承诺》，载《东方法学》2020 年第 6 期。

② 张凌寒：《商业自动化决策的算法解释权研究》，载《法律科学（西北政法大学学报）》2018 年第 3 期。

③ 孙建丽：《算法自动化决策风险的法律规制研究》，载《法治研究》2019 年第 4 期。

④ 《个人信息保护法草案（二次审议稿）》第 72 条第 2 项：“自动化决策，是指利用个人信息对个人的行为习惯、兴趣爱好或者经济、健康、信用状况等，通过计算机程序自动分析、评估并进行决策的活动。”

算机程序”为技术载体，以“个人的行为习惯、兴趣爱好或者经济、健康、信用状况等”为分析评估对象，以“进行决策”为目的指向。相较于 GDPR 而言，本项规定在对个人情况进行必要列举之后，进一步以“等”字兜底，更加确保了概念的周延性。

三、去标识化

伴随着个人信息保护意识的日益提高，越来越多的信息数据企业往往采取“去标识化”的技术手段将个人信息处理成普通数据，用于大数据分析和商业应用，此种方式有助于在保护信息安全的基础上推动数据的流通使用。[①] 2017 年 12 月 29 日，由全国信息安全标准化技术委员会（SAC/TC260）提出并归口的国家标准《信息安全技术 个人信息安全规范》（GB/T 35273—2017）正式发布[②]，其明确将“去标识化”（de－identification）这一概念界定为“通过对个人信息的技术处理，使其在不借助额外信息的情况下，无法识别个人信息主体的过程”，并注明“去标识化建立在个体基础之上，保留了个体颗粒度，采用假名、加密、哈希函数等技术手段替代对个人信息的标识”。在此基础上，国家市场监督管理总局、国家标准化管理委员会于 2019 年发布《信息安全技术 个人信息去标识化指南》（GB/T 37964—2019），对如何开展去标识化活动给予了详细指导。该标准对个人信息去标识化的目标、原则、技术、模型、过程和组织措施等作出了一系列细致规定，对于去标识化的规范发展起到了重要作用，可谓我国去标识化领域最为系统权威的研究成果。其仍然沿用了《信息安全技术 个人信息安全规范》（GB/T 35273—2017）中“去标识化”的定义，并进一步注明了此技术措施的核心特质，即“去除标识符与个人信息主体之间关联性”。

根据《信息安全技术 个人信息去标识化指南》（GB/T 37964—2019）

---

① 潘巧：《去标识化效果评估拟出台国家标准〈信息安全技术 个人信息去标识化效果分级评估规范〉公开征求意见》，载《民主与法制时报》2021 年 5 月 12 日。

② 2020 年 3 月 6 日，国家市场监督管理总局、国家标准化管理委员会发布《信息安全技术 个人信息安全规范》（GB/T 35273—2020），该标准代替了《信息安全技术 个人信息安全规范》（GB/T 35273—2017），于 2020 年 10 月 1 日实施。

的相关规定，对数据集进行去标识化，应当遵循“合规”“个人信息安全保护优先”“技术和管理相结合”“充分应用软件工具”“持续改进”的原则；去标识化的过程通常可以分为“确定目标”“识别标识”“处理标识”以及“验证审批”等步骤，并在上述各步骤的实施过程中和完成后进行有效的监控和审查。不过，尽管《信息安全技术 个人信息去标识化指南》（GB/T 37964—2019）针对如何开展去标识化活动提供了系统指导，但是究竟如何评价去标识化的效果仍不明晰。为了有效解决这一问题，全国信息安全标准化技术委员会秘书处于 2021 年 4 月发布《信息安全技术 个人信息去标识化效果分级评估规范（征求意见稿）》，旨在依据个人信息标识个人身份的程度进行去标识化效果分级，这既能用于评价个人信息去标识化活动的效果，从而在保护个人信息安全的前提下促进数据的共享使用，也能够细化不同分级个人信息的安全措施。可以预见，这一规范的未来出台将会为企业的去标识化操作提供更好的指引，继而推动更多企业采取此项技术实现数据的合规管理。①

值得注意的是，与《信息安全技术 个人信息安全规范》（GB/T 35273—2017）和《信息安全技术 个人信息去标识化指南》（GB/T 37964—2019）中对“去标识化”的定义稍有不同，更新发布的《信息安全技术 个人信息安全规范》（GB/T 35273—2020）与《信息安全技术 个人信息去标识化效果分级评估规范（征求意见稿）》将其界定为“通过对个人信息的技术处理，使其在不借助额外信息的情况下，无法识别或者关联个人信息主体的过程”。与前者相比，后者的定义中增加了“或者关联”的字样。

为了更好地保护个人信息安全并促进数据的共享适用，《个人信息保护法》将“去标识化”这一国家标准中的术语纳入正式的法律文本，将其作为个人信息处理者应当采取的“安全技术措施”之一加以规制（第 51

---

① 潘巧：《去标识化效果评估拟出台国家标准〈信息安全技术 个人信息去标识化效果分级评估规范〉公开征求意见》，载《民主与法制时报》2021 年 5 月 12 日。

条第3项）。不过，本法第73条第3项关于“去标识化”的定义，并未采取《信息安全技术 个人信息安全规范》（GB/T 35273—2020）及《信息安全技术 个人信息去标识化效果分级评估规范（征求意见稿）》中“识别或者关联”的表述，而是仍旧沿用了《信息安全技术 个人信息安全规范》（GB/T 35273—2017）及《信息安全技术 个人信息去标识化指南》（GB/T 37964—2019）的旧规定，仅强调“无法识别特定自然人”的后果。这一选择凸显出立法者更加重视个人信息的“识别性”，而非“关联性”。从规范文义的角度来看，“识别”与“关联”并非是相互排斥的并列概念，前者意味着比后者更强的程度要求，因为与特定自然人相“关联”的信息并非必然能够“识别”该主体。[①] 从这个意义上来说，本法在定义“去标识化”时所使用的“识别”一词，实际上覆盖了“关联”的概念范畴。此种规范表达更为严谨，亦更加简洁。

四、匿名化

与“去标识化”类似，“匿名化”（Anonymization）也是一种通过技术处理去除个人信息可识别性的安全措施，二者共同隶属于“去识别化”的概念范畴。[②]《信息安全技术 个人信息安全规范》（GB/T 35273—2017）将“匿名化”定义为“通过对个人信息的技术处理，使得个人信息主体无法被识别，且处理后的信息不能被复原的过程”，并特别批注：“个人信息经匿名化处理后所得的个人信息不属于个人信息。”此后更新的国家标准《信息安全技术 个人信息安全规范》（GB/T 35273—2020）则进一步在上述定义中增加“或者关联”的字样[③]，从而与“去标识化”在前后两处标准中的定义变化保持了同步。不过，我国立法者显然更加认同《信息安全

① 熊定中、张宇涵：《个人信息去标识化的法律效果——基于〈个人信息去标识化效果分级评估规范（征求意见稿）〉的技术趋势》，载微信公众号中国法律评论2021年4月15日，https：//mp.weixin.qq.com/s/lKLUad2GjWSl73HEXMqnkQ，2021年9月1日访问。

② 张勇：《个人信息去识别化的刑法应对》，载《国家检察官学院学报》2018年第4期。

③《信息安全技术 个人信息安全规范》（GB/T 35273—2020）第3.14条：“匿名化 Anonymization：通过对个人信息的技术处理，使得个人信息主体无法被识别或者关联，且处理后的信息不能被复原的过程。”

技术 个人信息安全规范》（GB/T 35273—2017）的概念界定，此与对待“去标识化”的立场选择一致。2016 年颁布的《网络安全法》、2020 年颁布的《民法典》虽未明确使用“匿名化”一词，但已将其定义纳入了相应的规范文本。前者第 42 条第 1 款中的“经过处理无法识别特定个人且不能复原”以及后者第 1038 条第 1 款中的“经过加工无法识别特定个人且不能复原”，虽然存在“处理”与“加工”的轻微语词差异，但无疑均指向的是“匿名化”的核心内涵。在此基础上，《个人信息保护法》进一步将“匿名化”这一行业术语上升为法律术语，于第 73 条第 4 项清晰界定了该术语的定义，并于第 4 条明确了“匿名化处理后的信息”的法律地位，从而为该技术的规范发展奠定了坚实的法律基础，有助于借此更好地实现信息安全保护和信息流通利用的价值平衡。

值得注意的是，虽然“去标识化”与“匿名化”同为规范个人信息处理的安全措施，但二者在技术效果、应用场景、规范适用等多个方面存在明显差异，需要注意区分。首先，从技术效果来看，经过匿名化处理的个人信息既不能“直接识别”信息主体，也无法做到“间接识别”，即与其他信息结合识别特定主体①，并且该信息必须“不能复原”。而经过去标识化处理的信息只需达到无法“直接识别”的效果即可，且能够复原或重标识（re－identification）。② 相较而言，“匿名化的技术手段更彻底，对个人信息的保护程度更高”。③ 其次，从应用场景来看，当超出个人信息存储期限后、个人信息主体注销账户后、个人信息控制者停止运营其产品或服务时，均应对个人信息进行删除或匿名化处理；若个人信息控制者将个人信息用于学术研究或得出对自然、科学、社会、经济等现象总体状态的描述，其在对外提供研究获描述结果时，需对其中包含的个人信息进行去标

① 程海玲：《个人信息匿名化处理法律标准探究》，载《科技与法律（中英文）》2021 年第 3 期。

② 《信息安全技术 个人信息去标识化指南》（GB/T 37964—2019）第 3.9 条：“重标识 re－identification：把去标识化的数据集重新关联到原始个人信息主体或一组个人信息主体的过程。”

③ 杨婕、王雅蓉：《十问十答看懂我国个人信息去标识化规则》，载微信公众号 CAICT 互联网法律研究中心 2021 年 5 月 28 日，https：//mp. weixin. qq. com/s/Ui_ GpJmj－5AvYqQueHnlUQ，2021 年 9 月 1 日访问。

识化处理。[①] 最后，从规范适用的角度来看，因《个人信息保护法》将“匿名化处理后的信息”排除于“个人信息”的概念范畴，故其并不适用个人信息保护的相关规范。而从体系解释的角度来看，既然立法未对“去标识化处理后的信息”之性质加以明确，故其仍应属于“个人信息”，个人信息处理者在处理此类信息时，仍须严格遵守知情同意原则、目的限制原则、最小必要原则、公开透明原则等一系列法定要求。

【关联规定】

《中华人民共和国民法典》第 1037 条、第 1038 条，《中华人民共和国网络安全法》第 42 条第 1 款，《信息安全技术 个人信息安全规范》（GB/T 35273—2020）第 3 条第 14 款、第 15 款，《信息安全技术 个人信息安全规范》（GB/T 35273—2017）第 3 条第 13 款、第 14 款，《信息安全技术 个人信息去标识化指南》（GB/T 37964—2019）第 3 条第 3 款

（撰稿人：张玉涛）

第七十四条 【生效时间】 本法自 2021 年 11 月 1 日起施行。

【释义】

本条规定了法律的施行时间。

---

① 孙艳华：《从 2020 版〈个人信息安全规范〉看匿名化和去标识化的区别与应用场景》，载全国信息安全标准化技术委员会，https：//www. tc260. org. cn/front/postDetail. html? id = 20200617154145，2021 年 8 月 1 日访问。

图书在版编目（CIP）数据

中华人民共和国个人信息保护法释义 / 龙卫球主编
. —北京：中国法制出版社，2021.9（2021.11重印）
ISBN 978 - 7 - 5216 - 2152 - 5

Ⅰ. ①中… Ⅱ. ①龙… Ⅲ. ①个人信息 - 法律保护 - 法律解释 - 中国 Ⅳ. ①D923.75

中国版本图书馆 CIP 数据核字（2021）第 179971 号

责任编辑　韩璐玮（hanluwei666@163.com）　　封面设计　杨泽江

中华人民共和国个人信息保护法释义

ZHONGHUA RENMIN GONGHEGUO GEREN XINXI BAOHUFA SHIYI

主编/龙卫球
经销/新华书店
印刷/三河市国英印务有限公司
开本/730 毫米×1030 毫米　16 开　　印张/22.5　字数/290 千
版次/2021 年 9 月第 1 版　　2021 年 11 月第 3 次印刷

中国法制出版社出版
书号 ISBN 978 - 7 - 5216 - 2152 - 5　　定价：78.00 元

北京市西城区西便门西里甲 16 号西便门办公区
邮政编码 100053　　传真：010 - 63141852
网址：http://www.zgfzs.com　　**编辑部电话：010 - 63141790**
市场营销部电话：010 - 63141612　　**印务部电话：010 - 63141606**

（如有印装质量问题，请与本社印务部联系。）